Danielle Quinodoz

Älterwerden – Eine Entdeckungsreise

Das Anliegen der Buchreihe Bibliothek der Psychoanalyse besteht darin, ein Forum der Auseinandersetzung zu schaffen, das der Psychoanalyse als Grundlagenwissenschaft, als Human- und Kulturwissenschaft und als klinische Theorie und Praxis neue Impulse verleiht. Die verschiedenen Strömungen innerhalb der Psychoanalyse sollen zu Wort kommen, und der kritische Dialog mit den Nachbarwissenschaften soll intensiviert werden. Bislang haben sich folgende Themenschwerpunkte herauskristallisiert:

Die Wiederentdeckung lange vergriffener Klassiker der Psychoanalyse – wie beispielsweise der Werke von Otto Fenichel, Karl Abraham, W. R. D. Fairbairn, Sándor Ferenczi und Otto Rank – soll die gemeinsamen Wurzeln der von Zersplitterung bedrohten psychoanalytischen Bewegung stärken. Einen weiteren Baustein psychoanalytischer Identität bildet die Beschäftigung mit dem Werk und der Person Sigmund Freuds und den Diskussionen und Konflikten in der Frühgeschichte der psychoanalytischen Bewegung.

Im Zuge ihrer Etablierung als medizinisch-psychologisches Heilverfahren hat die Psychoanalyse ihre geisteswissenschaftlichen, kulturanalytischen und politischen Ansätze vernachlässigt. Indem der Dialog mit den Nachbarwissenschaften wiederaufgenommen wird, soll das kultur- und gesellschaftskritische Erbe der Psychoanalyse wiederbelebt und weiterentwickelt werden.

Stärker als früher steht die Psychoanalyse in Konkurrenz zu benachbarten Psychotherapieverfahren und der biologischen Psychiatrie. Als das anspruchsvollste unter den psychotherapeutischen Verfahren sollte sich die Psychoanalyse der Überprüfung ihrer Verfahrensweisen und ihrer Therapie-Erfolge durch die empirischen Wissenschaften stellen, aber auch eigene Kriterien und Konzepte zur Erfolgskontrolle entwickeln. In diesen Zusammenhang gehört auch die Wiederaufnahme der Diskussion über den besonderen wissenschaftstheoretischen Status der Psychoanalyse.

Hundert Jahre nach ihrer Schöpfung durch Sigmund Freud sieht sich die Psychoanalyse vor neue Herausforderungen gestellt, die sie nur bewältigen kann, wenn sie sich auf ihr kritisches Potenzial besinnt.

Bibliothek der Psychoanalyse
Herausgegeben von Hans-Jürgen Wirth

Danielle Quinodoz

Älterwerden – Eine Entdeckungsreise

Erfahrungen einer Psychoanalytikerin

Aus dem Französischen von Eike Wolff

Psychosozial-Verlag

Titel der Originalausgabe: »Vieillir: une decouverte«

6, avenue Reille, 75014 Paris

Bibliografische Information der Deutschen Nationalbibliothek
Die Deutsche Nationalbibliothek verzeichnet diese Publikation
in der Deutschen Nationalbibliografie; detaillierte bibliografische Daten
sind im Internet über http://dnb.d-nb.de abrufbar.

2. Auflage 2012

Walltorstr. 10, D-35390 Gießen
Fon: 0641-969978-18; Fax: 0641-969978-19
E-Mail: info@psychosozial-verlag.de
www.psychosozial-verlag.de

Umschlaggestaltung & Satz: Hanspeter Ludwig, Wetzlar
www.imaginary-world.de
ISBN 978-3-8379-2012-3

Danksagung

Ich danke sehr herzlich all jenen, mit denen ich bei der Abfassung dieses Buches Gedanken austauschen konnte und die mir mit ihren Erfahrungen, Kommentaren, Überlegungen und ihrer Kritik zur Seite gestanden haben: an erster Stelle Jean-Michel, meinem Lieblingsleser, aber auch unseren Kindern und Enkelkindern, meinen Patienten, Freunden, Seminarteilnehmern und den jungen Analytikern, deren Behandlungen älterer Menschen ich supervidiert habe. Ganz besonders danke ich auch jenen meiner Kollegen, die meine Arbeit mit mir diskutiert haben: Henri Danon-Boileau, Mireille Ellonen-Jéquier, Juan Manzano und Paco Palacio. Schließlich richte ich einen ganz speziellen Dank an Gabriella Schäppi und Maud Struchen, die mich von der Abfassung meines ersten Manuskripts an mit ihrer tatkräftigen Präsenz ermutigt haben.

Inhalt

Prolog

Es stimmt, ich werde älter: Gespürt habe ich es an dem Tag, an dem die Kassiererin an der Kinokasse zum ersten Mal nicht mehr auf dem Vorzeigen meiner Seniorenkarte bestand. Ein einfacher Blick hatte ihr genügt. Und doch fühlte ich mich noch genauso jung wie bei dem Film zwei Wochen zuvor. Wann also wird man ein alter Mensch?

Altern ist für mich das Abenteuer des Lebens, das weitergeht.

Aber wie kann man vom Älterwerden sprechen, ohne den anderen in die Flucht zu schlagen? *»Mourir cela n'est rien/Mourir la belle affaire/ Mais vieillir … ô vieillir«*[1], sang Jacques Brel (1977). Das Alter, die Alten, die Greise, die Älteren, die Senioren, das dritte, vierte Alter, die alten Menschen: so viele Bezeichnungen und alle mit negativem Klang. Und meine Freunde reagieren konsterniert, wenn sie den Titel meines Buches hören: *»Altern! Würdest du ein Buch mit einem solchen Titel aufschlagen?«* Auch die Synonyme, die ich zu finden versuche, um sie an die Stelle von »Altern« zu setzen, bekommen schnell Falten. Dies kann den Jüngeren leider nur den Eindruck vermitteln, dass das Älterwerden eine unausweichliche Niederlage sei, der man sich allenfalls fügen kann.

Wenn die Begriffe, die das Alter bezeichnen, tatsächlich so schnell eine pejorative Bedeutung annehmen, so liegt dies daran, dass Altwerden Angst macht. Das Alter wird oft in so finsterem Licht dargestellt, dass man sich schämen müsste, älter zu werden, und man fast alles dafür täte, um den Anschein zu vermitteln, nicht zu altern. Im Übrigen sprechen die

---

1 Etwa: »Sterben ist nichts/Sterben, welch' feine Sache,/aber alt zu werden … oh je, alt zu werden« (Anm. d. Übers.).

Medien ausgiebig von jenen älteren Menschen, die enorme körperliche oder geistige Behinderungen aufweisen, und sehr wenig von der Mehrheit derjenigen, die selbstständig in ihrem Zuhause leben können.

Es gibt doch so viele Arten des Alterns! Ebenso wenig wie es zwei gleiche Personen gibt, gibt es auch keine zwei identischen Arten zu altern.

Gewisse Menschen machen Lust darauf, älter werden zu wollen. Ihr Leben ist für sie von der Geburt bis zum Tod ein Abenteuer, das eine innere Kohärenz hat, selbst wenn schwierige oder selbst dramatische Passagen mit dazugehören. Für sie ist das Ende des Lebens ein wesentlicher Bestandteil des Abenteuers, auch wenn sie es sich vielleicht besser gewünscht hätten.

Mit diesem Buch möchte ich dem Alter seinen Wert und seinen Adel zurückgeben.

Als Psychoanalytikerin in freier Praxis, aber auch während meiner zehnjährigen Beratertätigkeit am Geriatrischen Krankenhaus Genf bin ich sehr vielen älteren Menschen begegnet, die so unterschiedlich wie nur möglich waren: Alle waren auf ihre Weise interessant. Beim Schreiben dieses Buches denke ich an jeden von ihnen mit einem Gefühl von Dankbarkeit für das zurück, was er mir gebracht hat. Viele Jahre lang habe ich regelmäßig Artikel geschrieben, die von dem zeugen sollten, was uns diese Menschen haben entdecken lassen. Pflegepersonal und Familien hatten mich oft gebeten, meine Erfahrungen in einem Buch zusammenzufassen. Ich habe aber abgewartet, bis ich selbst ein älterer Mensch geworden bin, um über die Entdeckung des Altwerdens aus eigener Erfahrung und Kenntnis der Situation sprechen zu können.

Heute haben meine Kinder ihrerseits Kinder, und ich bin ihnen unendlich dankbar für alles, was sie mir entgegenbringen. Eine solche Bereicherung und Belehrung wird nicht jedem zuteil; auf symbolischer Ebene können wir dagegen alle Kinder und Enkelkinder haben. Jedes meiner *symbolischen* Kinder nimmt einen einzigartigen Platz in mir ein, insbesondere meine Patientinnen und Patienten sowie die jungen Kolleginnen und Kollegen, die ich ausgebildet habe oder denen ich in meinen Seminaren begegnet bin.

Im Gedenken an all jene, von denen ich gerade gesprochen habe, möchte ich – auch wenn sie sich noch keine Fragen nach ihrem Alter stellen – auf den Reichtum des Alters aufmerksam machen. Ich denke auch an jene, die das Älterwerden fürchten und deren Besorgnis zuweilen schon sehr früh einsetzt – lange bevor man wirklich alt ist!

Letztere möchte ich den Funken wahrnehmen lassen, der sich im eigenen Inneren entzündet, wenn man dem Gefühl nahekommt, im jeweils gegebenen Augenblick zu *sein* – mit dem erreichten Alter, mit der Geschichte, die mit all ihren Licht- und Schattenseiten sowie mit ihren grauen Abschnitten die unsrige ist – und wenn man versucht, keinen der Anteile verloren gehen zu lassen, der zu uns gehört, dann kann die Alternsarbeit einen Sinn annehmen: Altern ist vielleicht die Gelegenheit, zu entdecken, wie man sich selbst und überhaupt besser lieben kann.

Kapitel 1
Die eigene innere Geschichte rekonstruieren

Alternsarbeit: Die eigene innere Geschichte rekonstruieren

Ich schreibe einen Satz – und schon bin ich wieder älter geworden! Sie haben ihn gerade gelesen und sind dabei ebenfalls älter geworden. Wir können altern, ohne daran zu denken, *passiv*. Wir können aber auch *aktiv* altern. Deshalb spreche ich von der *Alternsarbeit* als einem Sonderfall der Arbeit des Lebens: Ich konstruiere mein eigenes Leben, niemand kann dies an meiner statt tun. In diesem Sinn bedeutet Altern nicht nur, *älter zu werden*, sondern gibt auch Auskunft über die Art und Weise, in der dies geschieht, und kann beispielsweise bedeuten, *Patina anzusetzen*.

Wie lässt sich diese Alternsarbeit charakterisieren? Sie besteht meines Erachtens in dem Versuch, den Blick auf die Gesamtheit unserer persönlichen inneren Geschichte zu richten, um das Ende unseres Lebens in dessen Gesamtverlauf einordnen zu können: mit seinem Anfang und seinem Ende. Dies bedeutet gleichzeitig, »unsere eigene innere Geschichte für uns selbst zu rekonstruieren« (D. Quinodoz 1999). Manch einer stellt zum Beispiel Fotoalben mit Bildern zusammen, die für die eigene Existenz von Bedeutung waren, andere schreiben oder erzählen ihre Geschichte, wieder andere ordnen ihre Angelegenheiten. Dieses Streben nach Kohärenz in unserem Leben nimmt vordringlichen Charakter an, wenn das Ende näher rückt.

Allerdings tritt dem oft auch der entgegengesetzte unbewusste

Wunsch entgegen, der im hohen Alter an Intensität zunimmt: *die Gesamtsicht unserer Geschichte aufzulösen*, um der Wahrnehmung aus dem Weg zu gehen, dass unsere Geschichte ein Ende hat. Dieses Streben zeigt sich in einer Tendenz, die Ereignisse unseres Lebens nebeneinanderzustellen, ohne sie miteinander zu verbinden, wodurch verhindert wird, dass unsere Geschichte Form annimmt. Die alten Patienten integrieren diese zwei widersprüchlichen Bewegungen manchmal nur schwer. Es kann sich daraus ein *innerer Konflikt* ergeben, auf den wir im folgenden Kapitel zurückkommen werden, in dem wir untersuchen, wie wir uns die *verrinnende Zeit* vorstellen.

Unsere innere Geschichte: Eine Aneinanderreihung von Ereignissen oder eine zusammenhängende Geschichte?

Manchmal vergisst der Lebensreisende, dass er auf einer Reise ist, und altert *passiv*. Er beendet die Gesamtsicht auf die Reise, um nur noch die Aneinanderreihung sich wiederholender Augenblicke zu sehen. Er schaltet die Intentionalität aus, den zeitlichen Ablauf, und berücksichtigt nur noch die Wiederholung gleichbleibender Handlungen – das Aufstehen, Essen, Schlafen und so weiter bis zum letzten Schlaf. »Alle Tage ähneln sich, nichts ereignet sich, wozu lebe ich überhaupt noch?« Diesen Satz habe ich aus dem Munde deprimierter älterer Menschen oft gehört, die Zeit und Raum in Monotonie hatten erstarren lassen. Sie ließen mich an eine Person denken, die mit einem Heimtrainer auf der Stelle tritt und nur noch die sich wiederholende Bewegung des Rades vor Augen hat. Sie wäre damit gewissermaßen im eigenen Radeln gefangen.

Zu anderen Zeiten kann dieselbe Person die gleichen Bewegungen auf einem Fahrrad ausführen und dabei auf Reisen sein: Das ändert alles. Auch wir können unsere Geschichte betrachten, indem wir etwas Abstand von der Bewegung des Rades einnehmen, die gesamte Reise in den Blick nehmen und die aktuelle Bewegung zur ganzen Reise in Beziehung setzen. Dazu ist es erforderlich, den linearen Ablauf der Wiederholung der täglichen Ereignisse auf gedanklicher Ebene für einige Augenblicke zu verlassen. Wir betrachten dann unsere eigene innere Geschichte in ihrer Gesamtheit, so wie sie jeder für sich selbst unter Berücksichtigung ihrer vielfältigen Verzweigungen rekonstruiert, über die sie sich netzförmig ausbreitet.

Die Tatsache, dass eine Person ihr gesamtes Leben in Form einer Synthese betrachten und einen inneren Zusammenhang darin finden kann oder es als ein Nebeneinander von Ereignissen mit wenigen oder gar keinen inneren Verbindungen zwischen den Einzelteilen wahrnehmen kann, eröffnet eine Analogie zu den psychoanalytischen Konzepten von *Gesamtobjekt* und *Teilobjekt*, wie sie von M. Klein eingeführt wurden[2].

Wird die Lebenszeit als eine Kombination aus vielen vergangenen und zukünftigen Elementen betrachtet, die in ständiger Interaktion mit der Gegenwart stehen, können wir sagen, dass sie als ein *Gesamtobjekt* betrachtet wird. Ausgehend von diesen Elementen konstruiert jeder Mensch ein ihm eigenes dynamisches, sich ständig umgestaltendes Ensemble: Es handelt sich nicht um eine *unstrukturierte, alles umfassende Mischung*, sondern um ein *organisiertes synthetisches Ganzes*; unabhängig von ihrer Dauer oder scheinbaren Reichhaltigkeit besitzt die jeweilige Lebenszeit einen unersetzlichen Wert für das Bild der Person, die sie gestaltet. Die kleinste Geste ist damit Träger von Sinn, denn sie tritt mit einer Vielzahl affektrelevanter Netze in Resonanz. Zum Beispiel kann ein einfaches »Guten Tag!« zwischen Nachbarn den tiefen Wunsch ausdrücken, dieser Tag möge wirklich *gut* sein, wobei implizit das ganze Geheimnis des Lebens sowohl desjenigen, der spricht, wie das der Person, an die er sich wendet, Berücksichtigung findet.

2 Die Psychoanalyse verwendet den Begriff »Objekt« in einem Sinne, der weder dem der Philosophie noch dem der Grammatik oder der Umgangssprache entspricht. Segal definiert ihn wie folgt: »Ich denke, ein Objekt im psychoanalytischen Sinne ist für uns jemand oder etwas, das eine emotionale Bedeutung für uns hat. Man braucht es; es wird geliebt, gehasst oder gefürchtet. Aus einer Notwendigkeit heraus ist es Objekt der Wahrnehmung« (1993 [1996], S. 49; Anm.d.Übers.: Übers. hier nach der franz. Ausgabe). Für mich ist wichtig, den Akzent auf den Charakter der Konstruktion des Objekts durch das Ich sowie auf dessen Variabilität zu legen. René Diatkine formulierte: »Das besetzte Objekt ist nicht ein Bild der Mutter oder der Brust [...] Es ist von Anfang an das Ergebnis der Verarbeitung eines Ensembles unterschiedlicher Erfahrungen, weil sie innerhalb der Zeit abgelaufen sind und sowohl die sensorischen Funktionen, die Motorik und die Erregung der erogenen Zonen betroffen haben« (1992, S. 66).

Wird dagegen jeder Zeitpunkt des Lebens für sich allein erlebt und bleibt so von der Gesamtheit losgelöst, können wir sagen, dass die Lebenszeit als ein *Nebeneinanderstellen von Partialobjekten* angesehen wird. Die Tragweite jeder Geste bleibt auf die Geste selbst begrenzt. Das gleiche »Guten Tag!« ist dann nur noch eine Höflichkeitsformel: Wenn ein Lebensereignis innerlich nicht durch eine innere Bewegung mit den anderen verbunden ist, wird der allgemeine Sinn des Ganzen nicht sichtbar. Der Lebensatem, der die ganze Geschichte durchziehen könnte, wird ständig dadurch unterbrochen, dass von einem Lebenszeitpunkt zu einem anderen übergewechselt wird. Jedes Ereignis verliert dabei die Bedeutung, die ihm sein Zusammenhang mit den anderen Ereignissen geben könnte.

Das Bedürfnis nach Kohärenz

Unternehmen Patienten eine Psychoanalyse, kommen sie unabhängig von ihrem Alter Schritt für Schritt dahin, ihr Leben als Ganzes zu überblicken und ihre innere persönliche Geschichte als ein zusammenhängendes Ganzes zu betrachten. Sie können dann jedes neue Lebensereignis als etwas wahrnehmen, das die vorangegangenen verändern kann und damit auch eine Weiterentwicklung des Ganzen ermöglicht. So können erwachsene Patienten im Verlauf ihrer Analyse einige Charakterzüge ihrer Eltern entdecken, die sie nie zuvor bemerkt hatten. Dabei sind nicht die Charakterzüge neu, sondern der Blick, den die Patienten auf ihre Umgebung richten. Ihr neuer Blick eröffnet ihnen ungeahnte Perspektiven, die sie dazu bringen, sich für neue Aspekte ihrer Eltern zu interessieren, und plötzlich verändert sich auch die innere Beziehung zu den Eltern, auch wenn sie längst verstorben sind.

Zum Beispiel hatte eine ältere Patientin, die ihren Vater seit Langem verloren hatte, diesen stets für unfähig gehalten, weil sie als Kind ihre Mutter oft klagen gehört hatte, er beteilige sich nie an den Hausarbeiten. Als sie aber im Verlauf der Analyse entdeckte, dass sie gute Anlagen zur Buchhalterin hatte, wurde ihr klar, dass ihr Vater ein genialer Buchhalter gewesen war. Sie konnte daraufhin ihre eigene Begabung als ein wertvolles Geschenk ihres Vaters betrachten, als ein Erbe. Die

Qualitäten des Vaters wurden damit ein Gegengewicht zu dem, was an Unzulänglichkeiten wahrgenommen worden war, und seine Persönlichkeit wurde infolgedessen ausgewogener betrachtet. Außerdem entwickelte sich daraus eine neue Frage an die Adresse ihrer Mutter: »Worüber klagte meiner Mutter eigentlich in Wirklichkeit? Welches Leid steckte hinter ihren Vorwürfen?« Eine geheimnisvolle Dimension der Mutter deutete sich darin an.

Ein solches Bedürfnis, im eigenen Leben einen Zusammenhang zu finden, kann in jedem Alter auftreten. Bei jüngeren Menschen bleibt es oft verborgen oder maskiert, weil sie mit allen möglichen Dingen beschäftigt sind, die für sie vordringlich sind. Sie sind von kurz- oder mittelfristigen Zielen völlig in Anspruch genommen: diese oder jene Prüfung abzulegen, Arbeit zu finden, einen Menschen zu finden, den man lieben kann, Kinder aufzuziehen und so weiter. Sie nehmen an, sie würden nach Erreichen des Ziels endlich Zeit haben, etwas Abstand zu nehmen. Darüber hinaus haben sie den Eindruck, sie erwarte ein langes Leben, und sie vertagen die Erfüllung ihres Wunschs nach Kohärenz unbewusst auf einen späteren Zeitpunkt. Manchmal erwacht dieses Bedürfnis, wenn sie gerade mit starken Gefühlsregungen konfrontiert werden, mit freudigen Ereignissen, mit harten Schicksalsschlägen oder schwerwiegenden Entscheidungen, also in Augenblicken, die sie aus dem Getriebe ihrer Aktivitäten herausheben und in denen sie aus einer übergeordneten Perspektive auf ihr Leben herabblicken und sich Gedanken über den Sinn ihrer Existenz machen können.

Ältere Menschen verfallen demgegenüber weniger leicht der Vorstellung, *dringend handeln zu müssen.* Sieht man das Lebensende näher rücken, verspüren diejenigen, die aktiv altern, mehr oder weniger bewusst das dringende Verlangen, der *Gesamtheit ihres Lebens eine Bedeutung zu geben*, indem sie ihre Vergangenheit in die Gegenwart integrieren, das Fröhliche wie das Schmerzliche, um die Zukunft vorzubereiten, selbst wenn sie vielleicht nur kurz ist.

Ich halte es für wichtig, dass dieses Bedürfnis von der Umgebung der älteren Menschen anerkannt wird. Oft wissen die Angehörigen eines älteren Menschen nicht wirklich, worüber sie mit ihm sprechen sollen. Sie machen sich nicht klar, dass die Wiedergewinnung von Erinnerungen an Vergangenes bei der Alternsarbeit eine wichtige Rolle spielt. Wenn sie sich aber dafür interessieren, können die jungen Leute ihren Beziehungen zu den Älteren eine neue Bedeutung abgewinnen: Sie fühlen, dass sie ihnen nützlich sein können. Auf der anderen Seite können die Älteren wahrnehmen, dass ihr aktives Altern den Jüngeren neue Perspektiven eröffnet. Zur Rekonstruktion der inneren Geschichte eines älteren Menschen beizutragen – und sei es auch nur in geringem Umfang – kann ein echtes, von beiden Seiten geteiltes Vergnügen sein.

Um seinen Platz abtreten zu können, muss man erst einmal einen haben

Manche Menschen verspüren erst im letzten Augenblick den Drang, das Verständnis ihres Lebens zu ordnen, um es in Frieden verlassen zu können. In einem meiner Seminare hatte eine Krankenschwester, die in einem Zentrum für Geriatrie arbeitet, hierzu ein ergreifendes Beispiel geliefert: Am Ende des Tages hatte eine Pensionärin hohen Alters, die aber an nichts Besonderem litt, darauf bestanden, sie dringend sehen zu wollen. Die Krankenschwester stellte überrascht fest, dass diese Patientin ihr einfach einen Überblick über ihr Leben geben wollte, wobei sie versuchte, bestimmte Punkte aufzuhellen, die für sie noch immer unklar geblieben waren. Am nächsten Morgen stellte man fest, dass diese Patientin im Schlaf verstorben war. Kein körperliches Anzeichen hatte darauf hingedeutet, dass sie ihren Weg in dieser Nacht beenden würde. Aber für die Krankenschwester stellte sich dies nun alles so dar, als ob diese Patientin die Notwendigkeit gespürt hätte, ihre persönliche Geschichte zu dem Zeitpunkt, zu dem sie das Leben verließ, noch einmal zu rekonstruieren. Ich denke, dass es tatsächlich schwierig ist, seinen Platz in Frieden zu verlassen, bevor man ihn gefunden hat, seine innere Geschichte zu beenden, bevor sie eine zusammenhängende Geschichte geworden ist, das *Leben in Frieden zu verlassen, ohne das Gefühl, eines gehabt zu haben.*

Einige Romanschriftsteller haben ältere Menschen in Szene gesetzt, die es sich nicht gestatten, ihr Leben zu verlassen, bevor sie nicht ein neues Licht auf eine von dessen dunklen Episoden werfen konnten. Anna Gavalda beschreibt beispielsweise in ihrem Roman *Zusammen ist man weniger allein* (2006) eine reizende ältere Dame namens Paulette, der es endlich gelingt, ihr Leben in Frieden zu verlassen, nachdem sie es geschafft hat, ihrer jungen Freundin Camille ein bis dahin unaussprechliches Schuldgefühl anzuvertrauen:

> »Paulette: ›*Maurice, meinen Mann. Ich habe ihn umgebracht.*‹
>
> Paulette erklärte dann, ihr Mann sei schwer herzkrank gewesen. Er hatte einen Herzinfarkt gehabt, war umgefallen und lag im Sterben. Statt bei ihm zu bleiben, war sie ausgegangen. Als sie zurückkam, war er tot.
>
> Camille schwieg …
>
> Paulette: ›*Warum sagst du nichts?*‹
>
> Camille: ›*Weil ich denke, dass seine Zeit gekommen war.*‹
>
> Paulette: ›*Meinst du?*‹ fragte sie flehentlich.
>
> Camille: ›*Da bin ich ganz sicher. Ein Herzinfarkt ist ein Herzinfarkt. Sie haben mir einmal gesagt, er habe fünfzehn Jahre Gnadenfrist gehabt. Tja, die hat er bekommen.*‹
>
> Und, wie um ihr zu zeigen, wie ehrlich sie es meinte, machte sich sie wieder an die Arbeit, als sei nichts gewesen.
>
> Paulette schlief lächelnd ein. Als Camille ihr später eine Decke brachte, stellte sie fest, dass Paulette sich nicht mehr rührte« (2006, S. 523f.).

Diese aus dem Zusammenhang gerissene Episode erweckt den Anschein, als sei Magie im Spiel, als genüge es, dass Camille die Aussage ihrer Gesprächspartnerin: »Es ist ein Herzinfarkt«, wiederholte, damit dieser ihr Schuldgefühl genommen würde. Betrachten wir aber das gesamte Werk, verstehen wir, dass Paulette die wohlwollende Haltung verinnerlicht hatte, mit der Camille ihr seit Monaten zuhörte. Sie war nun bereit, sich selbst ein Wohlwollen entgegenzubringen, das Camilles Güte ähnelte, und in ihrer inneren Welt wieder eine gute Beziehung zu jenem Ehemann aufzunehmen, der für sie so wichtig gewesen war.

Die Integration der Erinnerungen

Um die eigene innere Geschichte konstruieren und seinen Platz im Leben einnehmen zu können, spielt die *Fähigkeit, Erinnerungen zu integrieren*, eine wichtigere Rolle als der Umfang oder die Qualität dieser Erinnerungen. Diese Integrationsfähigkeit fehlte dem fliegenden Händler, den Cheng in seinem Roman Der *lange Weg des Tianyi* (2009) beschrieben hat. Diesem Mann gelang es nicht, seine Lebenserfahrungen zu integrieren und sie zu einer zusammenhängenden Geschichte zu verbinden. Er war

> »insofern ein Einsamer, als er niemandem sein ganzes Leben erzählen konnte, und damit auch sich selbst nicht. Es gelang ihm nie, dieses Leben, das aus einer Reihe von Rundreisen bestand, Stück für Stück zusammenzufügen. Er konnte nur jedesmal seinem jeweiligen Gegenüber einen Bruchteil liefern, so dass sein Leben verstümmelt war und er keine Möglichkeit hatte, die einzelnen Teile miteinander zu verknüpfen [...]. Sein früheres Leben nicht mit dem gegenwärtigen in Zusammenhang bringen zu können, es niemandem im ganzen erzählen zu können, nicht einmal sich selbst, das ist Einsamkeit« (Cheng 2009, S. 243f.).

Nicht die Fülle seiner Erinnerungen machte ihm, der *den Kontinent durchmaß*, diese Aufgabe so schwer, sondern seine Unfähigkeit, sie zu integrieren. Manche Menschen, die wenige Erinnerungen haben, können die gleiche Zerstückelung empfinden wie er, während andere aus einer Vielzahl von Reisen heraus, die von der Kraft eines integrierenden Lebensatems erfüllt waren, ein lebendiges Ganzes entwerfen. Cheng illustriert in seinem Roman treffend die Übereinstimmung zwischen einem Menschen und seiner Art und Weise, die eigene Geschichte aufzufassen: Ein Mensch, dem es nicht gelingt, in der eigenen Geschichte eine Einheit zu empfinden, leidet zugleich auch unter einem Gefühl mangelnder Einheit und Harmonie im Inneren der eigenen Person.

Kapitel 2
Eine Sekunde Ewigkeit

Vorstellungen von der *Zeit, die vergeht*

Wir haben alle eine implizite Vorstellung von der *Zeit, die vergeht.* Bei älteren Menschen bildet diese Vorstellung den Hintergrund für die Art und Weise, in der sie altern. Dazu ist mir nun aufgefallen, dass Menschen, die *aktiv* altern, eine andere Zeitvorstellung haben als diejenigen, die *passiv* altern.

Passives Älterwerden impliziert die Vorstellung einer monotonen Zeit, die die Illusion erzeugt, die Zukunft könne so weit hinausgeschoben werden, dass sie mit dem *Unendlichen* zusammenfiele: mit der Unendlichkeit einer Zeit *ohne Ende.* Diese Illusion unterstützt die Passivität, die ihrerseits wieder die Illusion verstärkt. Das Gefühl *endloser Zeit* ist von Thomas Mann im *Zauberberg* (1924) bewundernswert beschrieben worden. Er zeigt, wie in einem Sanatorium in den Bergen ein monotones Schonklima gepflegt wird, in dem sich dem Anschein nach nichts ereignet, sodass die unheilbaren Patienten vergessen, wie ihr Leben auf den Tod zugeht. Der Berg scheint Zauberkraft zu besitzen, denn er verwandelt für die Patienten die Kürze der Zeit, die ihnen bleibt, in die illusionäre Vorstellung unendlicher Zeit. Menschen die passiv altern haben den Eindruck, die äußere Realität biete ihnen nur Monotonie und mache sie passiv, ohne sich des Umstands bewusst zu sein, dass sie an der Strukturierung ihres eigenen Lebens beteiligt sind.

Aktives Altern impliziert im Gegensatz dazu eine Vorstellung von der Zeit, die der begrenzten Dauer unseres Lebens mit seinem Beginn, seinem Verlauf und seinem Ende Rechnung trägt: Die Zeit hat eine umgrenzte Form, in die sich der intensiv gelebte, wenn auch in steter Umwandlung begriffene gegenwärtige Augenblick einfügt. Diese Zeitvorstellung ermöglicht das Erleben von Zeitmomenten, die ich mit Bezug auf ein Gedicht von Jacques Prévert (1947) »Sekunden Ewigkeit« nenne[3]:

Le jardin	*Der Garten*
Des milliers et des milliers d' années	Abertausend Jahre Zeit
Ne sauraient suffire	
Pour dire	Fassen nicht
La petite seconde d'èternité	Die kleine Sekunde Ewigkeit
Où tu m'as embrassé	Da du mich küsstest
Où je t'ai embrassée	Da ich dich küsste
Un matin dans la lumière de l'hiver	Eines Morgens unterm Winterlicht
Au parc Montsouris à Paris	In einem Park zu Paris
A Paris	Zu Paris
Sur la terre	Auf dieser Erde
La terre qui est un astre.	Die ein Stern ist.

Mir gefällt dieser Ausdruck sehr. In ihm treffen die in Sekunden messbare *chronologische Zeit* und eine *andere*, nicht messbare *Zeit* aufeinander – die Ewigkeit, die sich unserer Chronologie und unseren üblichen Dimensionen entzieht. Es handelt sich hier weder um das Aufeinandertreffen einer unendlich kurzen und einer unendlich langen Zeit, noch um das Aufeinandertreffen der Zeitdauer einer Sekunde mit einer Dauer, die so lang ist, dass sie scheinbar nie endet. Es handelt sich also nicht um eine unendliche Zeit. Es geht vielmehr um das Aufeinandertreffen von zwei qualitativ unterschiedlichen und ihrem Wesen nach offensichtlich unvereinbaren Realitäten, deren eine

3 Zitiert nach Jacques Prévert (1947): Gedichte und Chansons. Französisch und Deutsch. Nachdichtungen von Kurt Kusenberg.

zur messbaren chronologischen Zeit gehört, während sich die andere – die Ewigkeit – unserer üblichen Bezugnahme auf die messbare Zeit entzieht.

Die Erfahrung einer Sekunde Ewigkeit

Die Erfahrung, eine Sekunde Ewigkeit zu erleben, machen wir, wenn wir intensive Momente durchleben, in denen wir das Gefühl haben, in eine andere Zeitdimension einzutreten, obwohl wir dabei unsere Wahrnehmung behalten, eine Frau oder ein Mann zu sein, deren oder dessen Leben in eine sehr reale Dauer eingeschrieben ist. Der Schock der Schönheit, der Liebe, bestimmter Momente von Stille, großer Schmerzen, gewichtiger Entscheidungen, von Konfrontation mit dem unendlich Großen oder dem unendlich Kleinen, auch der einer Bewusstwerdung – all dies sind Erfahrungen, die es uns ermöglichen, nicht eine chronologische Zeit ohne Ende, sondern eine *qualitativ andere Zeit* zu empfinden, deren Ablauf nicht linear ist. Es sind intensive Momente, in denen die Zeit aufgehoben zu sein scheint und die uns zugleich doch dazu verhelfen, die Höhen und Tiefen des Lebens und dessen unaufhörliche Überraschungen wahrzunehmen.

Wir berühren damit den Begriff der Ewigkeit und nicht den der Endlosigkeit. Der Unterschied zwischen beiden ist grundlegend: Endlosigkeit ist eine chronologische Zeit, die sich auf unbestimmte Zeit verlängert, während sich Ewigkeit der chronologischen Zeit entzieht, sie ist eine Zeit der anderen Art.

Sekunden Ewigkeit im Flug erhaschen

Manche alte Patienten versuchen, Erfahrungen mit dem Ziel zu machen, der Ewigkeitsfantasie nahezukommen, wollen die Klippe der Endlosigkeitsfantasie umschiffen. Sie möchten, dass man ihnen hilft, die Ereignisse ihres Lebens *von oben herab* zu betrachten. Ich denke zum Beispiel an einen älteren Mann, der nach einem alarmierenden

Herzanfall gerade wiederbelebt worden war: Aus seinem Fenster konnte er eine kleine Ecke des Sees sehen, und voller Rührung sagte er zu mir: »Sehen Sie doch, wie schön – ein Schiff, das vorbeizieht!« Er brauchte es, dass ich ihn in seiner Wahrnehmung begleitete, damit er die Tiefe der Erfahrung spüren konnte, die er gerade machte: etwas von der Schönheit zu erfassen, die über die Zeit hinausreicht, ohne deren Existenz zu leugnen.

In den *Tagebüchern*, die Etty Hillesum (1981) während des Zweiten Weltkrieges geschrieben hat, habe ich eine glänzende Illustration der Fähigkeit gefunden, Sekunden Ewigkeit einzufangen. Als verfolgte Jüdin, zunächst in Amsterdam, dann in einem Konzentrationslager, wusste sie, dass sie die Deportation nicht überleben würde. Alle Gräuel, die sie erlebte und anprangerte, hinderten sie weder daran, einen Sonnenuntergang zu bewundern, noch daran, bei einem Menschen, dem sie begegnete, eine Regung von Güte zu bemerken. Für sie waren dies umso mehr *Sekunden Ewigkeit*, als sie ihr dabei halfen, nicht in Verzweiflung zu versinken, sondern weiterhin daran zu glauben, dass das Leben wert sei, gelebt zu werden. Ihre Einstellung hatte nichts mit dem zu tun, was die Psychoanalytiker Manie nennen und einem pathologischen Gefühl grandioser Allmacht entspricht, mit dem eine Verleugnung der Depression und des Gefühls der Ohnmacht maskiert wird. Etty Hillesums Haltung war kreativ; sie gab ihr den Mut, in der Fantasie in eine andere Dimension einzutreten, während ihr in der Realität doch alle Auswege versperrt schienen.

Wenn ein Mensch physisch unerträglich leidet, denke ich, dass es für ihn unabhängig von seinem Alter schwer ist, Sekunden Ewigkeit aufzuspüren und empfänglich für sie zu sein. Ich finde gerade bemerkenswert, dass Etty Hillesum hierzu fähig war – trotz des Ozeans an Leid, in den sie geworfen war. Darüber hinaus, so finde ich, zeigt sie in ihren *Tagebüchern* eine noch bemerkenswertere Fähigkeit: Es gelingt ihr nicht nur, dass die Dramen die Funken der Freude nicht auslöschen, sondern sie ist auch noch in der Lage, sie in ihre Geschichte zu integrieren, indem sie sie mit den Zeiten der Freude verwebt, um so eine Gesamtsicht ihres Leben zu entwerfen. Dies trifft sich mit dem, was Irvin D. Yalom wie folgt formuliert: »Ist ewig, was in die Schwärze der

Nacht getaucht war« (2005, S. 186). Allerdings sollte, soweit möglich, das erste Bemühen gleichwohl dahin gehen, alles zu tun, um die Dramen und die *Schwärze der Nacht* zu vermeiden. Deshalb haben diejenigen, die die Palliativpflege eingeführt haben, das unermessliche Verdienst, dazu beizutragen, dass es den Patienten, die dies wünschen, ermöglicht wird, ihre innere Geschichte bis ans Ende zu konstruieren.

Wie kann man sich eine Zeit vorstellen, die nicht nur eine chronologische ist?

Manche Vorstellungen engen uns ein

Wenn wir versuchen, unsere Art und Weise zu erfassen, in der wir uns die Zeit vorstellen, wird uns nicht immer klar, dass wir dabei Opfer konventioneller Schemata werden, in denen unsere Vorstellungskraft befangen bleibt, und dass unser Denken neue Freiheitsräume bräuchte, wenn wir uns von diesen unbewussten Denkgewohnheiten freimachen wollten. Wenn wir an fremden Vorstellungen Anstoß nehmen, decken wir unsere eigenen auf. So wurde mir, als ich *La Désirade* (Deniau 1990) las, bewusst, dass ich der Überzeugung war, ich ginge in der Zeit in linearer Richtung voran, blickte dabei nach vorn in die Zukunft und ließe die Vergangenheit hinter mir. Meine unbewusste Vorstellung war so stark, dass sie zu meiner Wahrnehmung der Welt gehörte und ich mir zu dieser Selbstverständlichkeit keine mögliche Alternative vorstellen konnte. Jean-François Deniau schildert in seinem Roman nun aber die Angehörigen eines Stammes in Südamerika, die den Eindruck haben, unbeweglich in der Gegenwart zu stehen: Für sie bewegt sich die Zeit, sie kommt von hinten und zieht vorbei. Wenn die Zeit sie überholt hat, können sie die Vergangenheit *vor sich* sehen, denn es ist die Vergangenheit, die sie kennen. Die Zukunft kennen sie nicht, sie sehen sie nicht, da sie noch *hinter ihnen* ist, in ihrem Rücken. Sie entdecken sie erst, wenn sie auf gleicher Höhe angekommen ist und damit zur Gegenwart und anschließend Vergangenheit wird. In dieser

Vorstellung erschafft nicht der Mensch seine Beziehung zur Zeit. Es ist vielmehr die Zeit, die als eine äußere Realität voranschreitet. Diese Vorstellung, die meinem inneren Bezugsrahmen fremd war, hat mir ermöglicht, mit dem Vorstellbaren zu spielen und Abstand von meiner eigenen Perspektive zu gewinnen.

Es ist zuweilen sehr schwer, den Mut zu haben, sich Möglichkeiten vorzustellen, die aus unserem alltäglichen Rahmen herausfallen; gemessen an den Reichtümern, die es auf diesem Weg zu gewinnen gäbe, bleiben unsere Träume somit eher dürftig. So sagte mir einmal ein Freund, er habe das Gefühl, ungeahnte Reichtümer in sich zu tragen, wozu er mir folgende Geschichte erzählte: »Jeden Morgen begegnete ich im Garten meiner Freundin, einer reizenden jungen Raupe, und ich fragte sie: ›Kleine Raupe, wovon träumst du?‹ – ›Ich träume von dem Tag, an dem ich groß bin und eine große, sehr stark Raupe sein werde. Dann kann ich bis zur Krone des Rhododendrons klettern, an dessen Blätter ich so gerne knabbere!‹ Eines Morgens, als ich sie vergeblich suchte, flatterte ein prächtiger Schmetterling um meinen Kopf: ›Ich bin es, die kleine Raupe, schau' an, was ich geworden bin! Ich sehe den ganzen Garten, ich fliege! Wenn ich bedenke, dass ich keinen anderen Traum hatte, als den, eine große Raupe zu werden!‹« Dieser Freund beschrieb mir seine Freiheit, Chancen zu ergreifen nach Möglichkeiten zu greifen, die an der Grenze unseres Vorstellungsvermögens liegen. Er wünschte sich, die Türen zu entdecken, die sich uns die ganze Lebenszeit über öffnen und den Blick auf andere Dimensionen freigeben.

Die Freiheit, zu fantasieren und Sekunden Ewigkeit zu genießen, ist für ältere Menschen besonders kostbar. Wenn wir ihnen zuhören, wie sie ihre innere Geschichte rekonstruieren, sehen wir, dass sie sich gern an Sekunden Ewigkeit erinnern und sie uns mitteilen wollen. Oft erkennen sie sie aber gar nicht als solche, und dies umso mehr als diese Sekunden Ewigkeit zuweilen mit schmerzlichen Erfahrungen verbunden sind. Aber selbst in diesem Fall sind es wertvolle Momente, in denen die älteren Menschen die Erfahrung machen konnten, sich von der an den Ereignissen klebenden linearen Zeit abzulösen, ihr Leben in seiner Gesamtheit erleben und sich in ihrer Existenz als Gesamtperson spüren zu können. Es ist bisweilen Aufgabe der Mitmenschen, diese Erfahrungen in den Äußerungen älterer Menschen zu entdecken, damit auch letztere sie erkennen und von ihnen profitieren können: Oft ist es für sie notwendig, dass erst die anderen diese Erfahrungen wahrnehmen, damit sie dann auch selbst daran Geschmack finden können. Aber die Äußerungen älterer Menschen sind für die Personen ihrer Umgebung, die mit tausenderlei Aktivitäten und Belastungen überhäuft sind, oft nichtssagend. Das verlangt von den umgebenden Personen also große Aufmerksamkeit und ein Verlassen des eigenen Lebenszusammenhangs, wenn sie sich der Tiefe der Erfahrungen bewusst werden wollen, die die älteren Menschen mitteilen, sowie der Resonanzen, die dadurch ausgelöst werden.

An der Grenze des Vorstellbaren

Ich finde es schwierig, Bilder zu finden, die die – wenn auch flüchtige – Erfahrung illustrieren, in der wir uns über die kurzsichtige Betrachtungsweise des Ablaufs unserer Zeit erheben und eine Sekunde Ewigkeit erleben. Im Übrigen sind die einzelnen Bilder, die jeweils die Zeit zu repräsentieren versuchen, nie zufriedenstellend: Man bräuchte mehrere, um ein vollständiges Bild zu erhalten. Jedenfalls kombinieren die Bilder, die wir finden, fast immer Raum und Zeit, denn wir brauchen den Raum, um die Zeit veranschaulichen zu können. Zum Beispiel können wir das Bild der Parade hernehmen: *Stellen Sie sich vor, Sie sind Teil einer Parade, eines Zugs von Menschen. Sie sehen Ihre unmittelbaren Nachbarn, jene die vor Ihnen gehen, direkt hinter und neben Ihnen; Sie sehen, was um Sie herum vorgeht, aber Sie haben keine Vorstellung vom gesamten Umzug noch von dem, was sich im vorderen oder hinteren Teil des Zugs ereignet. Dazu müsste man vom Gipfel eines Hügels oder von einem Hubschrauber hinunterschauen können.* Wir können uns dagegen vorstellen, ohne den Zug zu verlassen, wie es wäre, wenn wir etwas Höhe gewinnen und mit einem Blick – aber dreidimensional – sehen könnten, was am Boden in chronologischer Folge abläuft. Wir brauchen diese Erfahrung nicht zu konkretisieren, um sie empfinden zu können: Wir können innerhalb der chronologischen Zeit bleiben und gleichzeitig die andere Zeit spüren.

Ein Leben ohne Ende oder ein Leben mit Ende?

Eine Vorstellung zum Verlauf der Analyse

Patienten der Psychoanalyse haben oft eine Vorstellung vom Ablauf ihrer Analyse, der eigentlich den Verlauf ihres Lebens symbolisiert. In der Tat verspüren viele Patienten, wenn sie an den Abschluss ihrer Analyse denken, zwei widersprüchliche, schwer integrierbare Regungen. Einerseits möchten sie, dass die Analyse niemals zu Ende geht, also dass sie unendlich ist; manche würden übrigens die letzte Sitzung vor den Ferienunterbrechungen unbewusst gern übergehen, um so zu tun, als gäbe es gar keine letzte Sitzung, und um die Illusion der Unendlichkeit auszuleben (indem sie zum Beispiel die Sitzung versäumen, sie schweigend verbringen oder das Gefühl von Leere durch Auffüllaktivitäten verbergen). Aber andererseits erscheint ihnen die Vorstellung einer Analyse, die niemals enden würde, unerträglich, weil sie die Vorstellung von Fortschritt abschaffen würde; nichts hätte noch eine Bedeutung: Warum sollte man heute etwas sagen, wenn man doch noch das *ganze Leben* Zeit dazu hat?

Die Einstellung dieser Patienten ihrer Analyse gegenüber illustriert in Wirklichkeit ihre Einstellung gegenüber dem Leben im Allgemeinen. Sie finden, das Unendliche sei beängstigend und die Würze des Lebens liege gerade darin, dass es vergänglich ist. Ein Patient sagte mir: »Eine Analyse, die nie zu Ende ginge, wäre das Paradies …«, um dann gleich anzuschließen: »Aber ein Paradies ohne Ende, wie furchtbar!« Er hätte genauso gut sagen können: »Ein Leben ohne Ende, wie furchtbar!« Selbst das Paradies würde furchtbar, stellte man es sich als eine chronologische Dauer ohne Ende vor. Dieser Patient dachte an seine Kindheitsträume zurück und fragte sich dann: »Womit könnte ich mich im Paradies denn die ganze Zeit beschäftigen?« Und entsetzt stellte er sich vor, auf einer Wolke endlos Harfe spielen zu müssen. Nur mit Aussicht auf Ewigkeit kann das Paradies begehrenswert erscheinen.

Aktiv altern: Der Tod ist gegenwärtig, aber Langeweile gibt es nicht

Wenn ein älterer Mensch im Lauf seiner Alternsarbeit versucht, die eigene Geschichte in ihrer Gesamtheit aktiv zu empfinden, blickt er in seiner Fantasie *von der Höhe des Hügels* herab und sieht dabei mit einem Blick die eigene innere Geschichte und den zurückgelegten Weg, wie er sich in der Gegenwart verdichtet. Er kommt dabei der *Sekunde Ewigkeit* nahe, ohne die aktuelle Realität aus den Augen zu verlieren. Es wird ihm dann aber sehr bewusst, dass seine Lebenszeit ein Ende haben wird. Der alte Mensch spürt genau, dass er einen großen Teil des Weges hinter sich gebracht hat und sich dem Ausgang nähert: Dies kann sehr belastend sein. In der Tat: Wenn wir an die Reise als Ganzes denken, ist das Ende der Reise recht greifbar und uns kann vor dem Eintritt des Todes grauen. Dieses Angstgefühl hat aber auch einen positiven Gegenpart: Die Gegenwärtigkeit dieses Endes, bevor es Wirklichkeit wird, prägt dem Verlauf der Reise selbst seinen Stempel auf und gibt jedem Ereignis, aus dem sie sich zusammensetzt, Höhen und Tiefen: Das Ende ist gegenwärtig, aber Langeweile gibt es nicht.

Die Illusion endloser Zeit: Sie schafft den Tod ab, führt aber zu Langeweile

Die Vorstellung einer *unendlichen* Zeit ist ebenfalls beängstigend, obwohl sie – anders als die zuvor erwähnte – die Todesangst ja erst einmal zu bannen scheint. Die Gesamtschau seiner eigenen Geschichte abzuschaffen hat dem Anschein nach tatsächlich einen offensichtlichen Nutzen. Dadurch kann vermieden werden, klar zu sehen, dass die Lebensdauer in eine begrenzte Zeit eingeschrieben ist, dass sie einen Anfang und eine Entwicklung hat und infolgedessen auch auf ein Ende zugeht – alles in allem also, dass sie eine Form hat. Diese Vorstellung ist die des Patienten, der in der Parade, die durch das Dorf zieht, nur das betrachtet, was er unmittelbar um sich herum sieht. Er schaut nur auf den unmittelbaren Augenblick, losgelöst von dessen innerer Verbindung zum Rest der Reise, als ob diese Unmittelbarkeit die gesamte Dauer durchzöge.

Eine solche Vorstellung unendlicher Zeit, die scheinbar die Todesangst lindert, hat allerdings einen gewichtigen Nachteil: Dadurch, dass sie das Ende hinausschiebt, löscht sie gleichzeitig die Bedeutung aus, die im gegenwärtigen Augenblick liegt. Sie führt zu Langeweile, denn der vergängliche Charakter des Lebens gibt ihm ja zu einem großen Teil seine Würze. Außerdem ist Langeweile vielfach die manifeste Form einer darunter verborgenen Depression, die verleugnet wurde. Die Depression *tarnt* sich, um auf diese Weise im Leben der Person wiederkehren zu können, die sie unbewusst daraus hatte verbannen wollen.

Einige ältere Menschen klagen, sie langweilten sich im Leben und seien in der monotonen Wiederholung der gleichen Handlungen eingeschlossen, ohne sich darüber klar zu werden, dass diese Wiederholung ein Abwehrmechanismus ist, auf den sie unbewusst zurückgreifen, um ihre Angst vor dem Tod zu kaschieren. Oft zögern sie, um Hilfe nachzusuchen, denn da sie die tieferen Gründe ihres Unbehagens nicht wahrnehmen, ist ihnen nicht klar, wobei ihnen geholfen werden könnte. In einem Teil ihrer selbst haben sie aber den Wunsch, aktiv zu altern und ihrer Gesamtgeschichte eine Bedeutung zu geben. Es ist an der Umgebung oder am Pflegepersonal, ihre Angst vor dem Tod zu hören, die unbewusst hinter den oberflächlichen Klagen steckt, in denen im Grunde genommen das Scheitern der Abwehrmechanismen zum Ausdruck kommt, die sie zur Maskierung ihrer Angst aufgebaut hatten.

Einige ältere Menschen haben eine besondere Art, den Ablauf ihrer Geschichte unbewusst erstarren zu lassen: Sie flüchten sich in *repetitive Geschwätzigkeit*. Indem sie die gleichen alten Geschichten endlos wiederholen, ohne sie auf lebendige Art und Weise mit der Gegenwart zu verknüpfen, können sie den trügerischen Eindruck vermitteln, ihre innere Geschichte rekonstruieren zu wollen; unbewusst versuchen sie dabei aber eher, Todesangst abzuwehren. Ein Mensch, der sich unablässig wiederholt, klammert sich unbewusst an einen Zeitpunkt in der Vergangenheit, den man – wie um ihn nicht zu verlieren – hat erstarren lassen; dadurch wird aber Weiterentwicklung verhindert, denn es wird keine Verbindung zur Gegenwart hergestellt. Der Mensch konstruiert seine innere Geschichte nicht, sondern lässt sie erstarren.

Das Leben spielt sich innerhalb der chronologischen Zeit und zugleich außerhalb dieser Zeit ab

Anlässlich eines banalen Lebensereignisses kann es vorkommen, dass sich die Zeit zu unserer größten Überraschung sowohl innerhalb des chronologischen Verlaufs wie auch außerhalb dieser chronologischen Zeit eingeschrieben hat. Ich möchte ein Beispiel für die subjektive Bedeutung geben, welche die Zeit hierbei annimmt, und von einer Analysesitzung sprechen, die nur einige Minuten gedauert hat, weil der Patienten viel zu spät kam, die aber trotz ihrer kurzen Dauer sehr ertragreich war. Diese Sitzung hat sich meinem Eindruck nach in beide Zeiten eingeschrieben: in die chronologische Zeit und in die Ewigkeit.

Seit 40 Minuten erwartete ich einen Patienten zu seiner Analysesitzung. Ganz außer Atem kommt er an: Sein Zug hat Verspätung gehabt, er ist in ein Taxi gesprungen, dann gab es Staus und nun ist er da. Äußerst enttäuscht sagt er zu mir: »Ich komme zu spät, wo mir doch gerade diese Sitzung so wichtig gewesen wäre.«

Ich: »Zu spät?«

Er: »Wir haben nur noch vier Minuten! Es lohnt ja gar nicht mehr, überhaupt anzufangen!«

Ich: »Als ob diese vier Minuten nicht wichtig wären!«

Der Patient legte sich auf die Couch, und diese vier Minuten waren von einer Dichte, die die Sitzung unvergesslich gemacht hat. Es ging nicht darum, in einem Minimum an Zeit das Maximum an Information zu liefern. Der Patient war da, präsent, und ich war da. Die Qualität unserer Beziehung und unserer Art und Weise, zugegen zu sein, hat uns spüren lassen, dass sich in diese vier Minuten *eine andere Zeit* hineinmischen konnte. In der Tat können uns einige wenige Minuten mit dem Gefühl von Ewigkeit in Kontakt bringen, also mit einem Augenblick, der sich chronologischer Zeitmessung entzieht. Auf symbolischer Ebene habe ich mit diesem alten Patienten ein Bild des Lebensendes gesehen; einige

Minuten am Ende des Lebens können die Bedeutung eines ganzen Lebens verändern.

In die gleiche Richtung geht, dass ich jene Frau nie vergessen werde, die dem Selbstmord ihres Ehemannes fassungslos gegenüberstand; sie war äußerst verzweifelt darüber, dass das Leben dieses so sehr geliebten Mannes in einer Weise zu Ende gegangen war, die sie als unerträgliche Zerstörung empfand. Am meisten hatte sie, wie sie mir sagte, die Reaktion einer Freundin erleichtert, die ihr einen Satz wiederholt hatte, den sie im Übrigen bereits kannte: »Zwischen der Brücke und dem Wasser hat er vielleicht noch Zeit gehabt, sein ganzes Leben noch einmal durchzugehen und ihm einen Sinn zu geben.«

So, wie eine kleine Sekunde ausreicht, um Ewigkeit empfinden zu können und eine *andere Zeit* wahrzunehmen, so reichen zuweilen einige Worte in der Gegenwart aus, um Gefühle auszudrücken, die die Richtung eines Lebens verändern können. Dies jedenfalls hat mich ein älterer Patient spüren lassen, dessen greiser Vater im Sterben lag. Im Laufe einer Analysesitzung zeigte sich dieser Patient sehr bewegt: Nach Jahrzehnten abgebrochener Kommunikation mit seinem Vater hatte er tatsächlich all seinen Mut zusammengenommen und ihm mit dem Gefühl, zum ersten Mal einen Sprung vom Zehnmeterbrett zu wagen, sagen können: »Weißt du, Papa, man mag dich.« Er hatte dabei nicht einmal gewagt, in der ersten Person zu sprechen. Sein Vater hatte ihn angeschaut und antworten können: »Ja ... ich auch ... Wir haben ja viel Zeit dazu gebraucht ...« Dieser Patient war ganz durcheinander, als er feststellte, dass sein ungeschickter kurzer, aber überzeugter Satz zu einer Tür geworden war, durch die sich die unermessliche gegenseitige Zuneigung gedrängt und lange Jahre gegenseitigen Unverständnisses weggewischt hatte. Aber auch ich war berührt – umso mehr, als ich die Übertragungsbedeutung dieser wenigen Worte wahrnahm. Es handelte sich nicht um Idealisierung: Weder Vater noch Sohn mussten perfekt sein, damit die Zuneigung durchkommen konnte. Einige Worte, Handlungen oder scheinbar banale Gesten reichen aus, sofern es Türen sind, die den Affekten einen Durchgang öffnen.

Und wenn Ewigkeit und chronologische Zeit miteinander vereinbar wären?

Sekunden Ewigkeit heben uns nicht aus der Zeit *heraus*, es gibt nicht auf der einen Seite Zeit und auf der anderen Abwesenheit von Zeit. Sekunden Ewigkeit lassen uns eine *andere Zeitqualität* erleben, die die Chronologie einschließt *und* über sie hinausgeht und uns so an einen Bereich des Zusammentreffens von zwei Zeitrealitäten stoßen lässt, von denen eine so real ist wie die andere.

Dass es einen Bereich gibt, in dem sich beide Realitäten treffen, stellen wir immer wieder fest. Zum Beispiel sind unsere Reaktionen als Erwachsene von unseren emotionalen Erfahrungen als Kinder geprägt und durchwirkt, obwohl sie uns nicht genau bewusst sind. Unser Erleben als Kind ist sowohl in eine chronologische Zeit wie auch in eine Zeit eingeschrieben, die der Chronologie entgeht, ohne sie zu zerstören: Unsere Gegenwart wird von unserer Vergangenheit gespeist. Unsere Träume, der »Königsweg zur Erkenntnis des Unbewussten im Seelenleben« (Freud 1900a), kombinieren Vergangenes und Gegenwärtiges. So stellte eine Patientin überrascht fest, dass ihr Traum eines ihrer aktuellen Probleme in Szene setzte, es aber in einer Wohnung ansiedelte, in der sie als kleines Kind kurz gelebt hatte.

Freud machte die Beobachtung, dass das Unbewusste keine Zeitvorstellung kennt. Aber vielleicht stimmt dies auch nur zum Teil. In der Tat kümmern sich unsere unbewussten Reaktionen nicht sonderlich um die Chronologie, aber sie nehmen gleichwohl Bezug auf die Zeit. So kann sich der Träumer in seinem Traum ein Alter zuordnen, die Traumszene in einem bestimmten Zeitabschnitt ansiedeln und Daten oder eine Dauer angeben, selbst wenn der Traum deren Chronologie nicht respektiert. Könnte man sich nicht vorstellen, dass im Unbewussten zwei Zeiten unterschiedlicher Natur aufeinandertreffen? Gibt es vielleicht ein Stück Ewigkeit, das im Unbewussten aufscheint?

Das Leben spielt sich in der Gegenwart ab

Wenn wir für die zweifache Einschreibung der Zeit – in Form von chronologischer Zeit und von Ewigkeit – empfänglich sind, bekommt die gegenwärtige Zeit ihren ganzen Wert: Sie entzieht sich uns unaufhörlich, trifft uns dann aber wieder in unserem Kern. Der ganze Strom des Lebens drängt sich durch die Tür des gegenwärtigen Augenblicks, um dort die Vergangenheit aufleben zu lassen und sich zur Zukunft hin aufzuspannen, wobei jede Zeit der anderen einen Sinn verleiht. Es gibt keine Altersgrenze für die Entdeckung, die Gegenwart in vollem Umfang erleben zu können. Dies ungefähr wollte mir jene Großmutter vermitteln, die mir sehr bewegt eine Szene erzählte, die sie gerade erlebt hatte. Beim Geburtstag ihres Bruders hatte die sechsjährige Helene sie gefragt: »Und du, Großmutter, wie alt bist du?« Die Großmutter hatte ihr Alter gesagt, woraufhin das kleine Mädchen ganz traurig geworden war: »Aber dann bist du ja sehr alt! Du wirst bald sterben!« Die Großmutter hatte ihr voller Überzeugung geantwortet: »Mach dir keine Sorgen, Helene: Ich werde nicht sterben, bevor ich mein Leben nicht beendet habe!« Helene hatte zu ihrem Lächeln zurückgefunden. Der innere Frieden war wiederhergestellt.

Kapitel 3
Arbeit an der Erinnerung

Verlorene Erinnerungen wieder integrieren?

Wir können uns nicht an alles erinnern, und ein gutes Gedächtnis besteht ebenso sehr darin, manche Dinge zu vergessen, wie andere in Erinnerung zu behalten. Ein gutes Gedächtnis lernt, Erinnerungen zu sortieren und die, die ihm nützlich sind, nahe am Bewusstsein zu halten, während die anderen im Schatten gelassen werden. Diese Schattenerinnerungen gehen nicht verloren; sie gehören zu unserer persönlichen Geschichte, sie bleiben lebendig und mit allen anderen Erinnerungen unbewusst verbunden: Sie sind abrufbar.

Es kann allerdings sein, dass wir bestimmte wichtige Momente unseres Lebens unbewusst, aber aktiv aus dem Verlauf unserer Geschichte verbannt haben, weil sie zu schmerzlich waren oder wir uns ihrer geschämt hatten. Unbewusst möchten wir nicht eingestehen, dass sie zu uns gehören und ein Teil unserer selbst sind. Erinnerungen solcher Art werden nicht lediglich vergessen, sondern wir haben sie abgespalten und sie scheinen verloren zu sein. Eine solche Spaltung lässt uns verarmen, schützt uns zugleich aber vor Leid oder Scham.

Außerdem: Was man durch die Tür hinausjagt, kommt durch das Fenster zurück; man sieht dabei, »daß das innerlich Aufgehobene von außen wiederkehrt« (Freud 1911c, S. 308). Das heißt, dass Lebensereignisse, die weder gedacht noch mitsamt ihrer emotionalen Bedeutung Gegenstand einer Vorstellung werden können, in unserem Leben in anderer Form wiederkehren. In diesem Fall können wir unbewusst so handeln, dass wir die verbannte Episode, an die wir keinerlei bewusste Erinnerung mehr haben, *in Handlungen* immer wieder reproduzieren. Wir arbeiten dabei dann auf Umstände hin, die jenen Gefühlszustand wieder auslösen, dem wir unbewusst doch entkommen wollen (Freud 1914g). *Kurz gesagt agieren wir dabei das aus, was wir nicht denken können.*

Gegen Ende des Lebens bringt der Wunsch, die eigene innere Geschichte zu rekonstruieren, zuweilen eine komplexe Arbeit am Gedächtnis mit sich, die insbesondere darin besteht, verlorene Erinnerungen wieder zu integrieren. Es geht dabei nicht nur darum, eine Episode unseres Lebens wiederzufinden, sondern auch die Gefühle und Fantasien, die mit ihr verbunden gewesen waren. Dieses hat sich uns in seiner Gesamtheit eingeprägt und dazu beigetragen, unsere Persönlichkeit zu formen, selbst wenn der Gesamtzusammenhang scheinbar verloren gegangen war.

Ein Beispiel der Reintegration einer verlorenen Erinnerung

Als Beispiel dafür, dass die Reintegration einer verlorenen Erinnerung zuweilen dazu führen kann, einen Menschen *wiederzubeleben*, indem sie seiner Geschichte eine Bedeutung gibt, möchte ich von Fred sprechen. Es handelt sich um einen Patienten, dessen Psychotherapie in meinem Seminar am geriatrischen Krankenhaus supervidiert wurde.

Fred hatte eine wichtige Episode seines Lebens *verloren*. Während der Psychotherapie fand er sie wieder und fügte sie in den Verlauf seiner bewussten Geschichte ein. Ins Krankenhaus eingeliefert worden war dieser etwa 80-jährige Patient wegen Lumbalgien unbekannten Ursprungs, derentwegen er jede Nacht vor Schmerzen stöhnte. Eine Infektion, die eine mögliche Quelle dieser Schmerzen war, war seit Langem ausgeheilt. Ratlos hatten die Ärzte nach einer Zusammenarbeit mit einem Psychiater verlangt, der an meinem Seminar teilnahm.

Daraufhin erwähnte Fred zum ersten Mal einen psychischen Schmerz, den er bis dahin »vergessen« hatte: Vor 50 Jahren war sein erstgeborener

Sohn, nur wenige Tage alt, gestorben. Seit dem Begräbnis hatte er nie wieder mit irgendjemandem über dieses Ereignis gesprochen. Fred hatte gelebt, als ob der Tod dieses Sohnes nicht stattgefunden hätte. Zum ersten Mal fand er nun den Mut, seinen Sohn zu beweinen. Er hatte dieses Ereignis unbewusst aus seiner Geschichte herausfallen lassen, denn derjenige, den er seinen »Wohltäter« nannte, der Mensch, dem er »alles zu verdanken« glaubte (die Verbesserung seines sozialen Ranges, seine Arbeit und selbst seine Ehe), war für Fred – wenn auch unfreiwillig – verantwortlich für den Tod seines Sohnes. Das Kind befand sich in einem Auto, das von diesem Mann gesteuert wurde, als es zu einem Unfall kam, für den dieser Mann aber nicht verantwortlich war. Fred hatte ihm keine Vorwürfe machen können. Er »musste« die Realität des Todesfalls und damit auch die der Geburt seines Sohnes vergessen.

Im Gespräch mit dem Psychotherapeuten stellte Fred verblüfft fest, dass die Schmerzen, die er empfand, an einer Stelle lokalisiert waren, an der auch jener Wohltäter seit einem (anderen) Unfall bis zu seinem Tod an Schmerzen gelitten hatte. Im Lauf der Arbeit mit dem Therapeuten verringerten sich Freds körperliche Schmerzen, verschwanden schließlich ganz und machten einem seelischen Schmerz Platz, der es Fred ermöglichte, seine innere Geschichte zu rekonstruieren. Er konnte das Krankenhaus am Ende sogar verlassen.

Im Seminar versuchte Freds Therapeut, gemeinsam mit der ganzen Kollegengruppe zu begreifen, was sich ereignet hatte. Hier unsere Hypothesen: Die Schmerzen dieses Patienten könnten psychosomatische Manifestationen eines Unbehagens sein, dessen Ursprung er nicht erkennen konnte, solange ihm in seiner Geschichte ein wichtiges Stück fehlte. Ohne dieses Element konnte seine Geschichte keinen Sinn annehmen. Es gab keine Übereinstimmung zwischen Freds bewusster Geschichte, einer ganz glatten, ruhigen Geschichte, und seiner versteckten, unbewussten Geschichte, zu der Geburt und Tod seines Sohnes sowie der Hass auf einen Mann gehörten, dem gegenüber er auf bewusster Ebene nur Dankbarkeit empfand. Da der Hass auf den »Wohltäter« für Fred nicht denkbar war, musste er sich schließlich auf dem Weg über Körpersensationen bemerkbar machen. Aufgrund seiner Schuldgefühle verspürte Fred im eigenen Körper die Schmerzen, die seinen unbewussten Fantasien nach dem Wohltäter als Strafe dafür zugefügt worden waren, dass er den Tod des Babys verursacht hatte. Es war so, als ob Fred sich dafür schuldig fühlte, diese Bestrafung herbeigewünscht zu haben. Am Ende seines Lebens war das innere Bedürfnis nach Kohärenz für Fred so stark, dass sich der psychische Schmerz durch den physischen Schmerz Gehör verschaffte: Leiden war eine Möglichkeit, sich zu erinnern.

Dieses Beispiel zeigt auch, dass der Verlust einer Erinnerung ein aktiver Vorgang sein kann, was nicht heißen soll, ein absichtlicher. In der Tat hatte Fred sowohl aktiv wie unbewusst ein Ereignis aus seinem Gedächtnis ausgelagert, das zu schwer zu integrieren gewesen war. Das Wiederfinden der Erinnerung war ebenfalls ein aktiver Vorgang.

Eine Erinnerung: Teil eines Puzzles oder Bestandteil eines lebendigen Organismus?

Die Elemente unserer inneren Gesamtgeschichte sind kein Puzzle: Um dieser Geschichte einen Sinn zu verleihen, reicht es nicht aus, lediglich das oder die fehlenden Teile einzusetzen. In einem Puzzle hat nämlich jedes Stück für sich genommen Bestand, und seine Form bleibt unverändert, unabhängig davon, ob es sich nun innerhalb oder außerhalb des Puzzles befindet – wenn auch das Bild, das es übermittelt, durch die angrenzenden Stücke sowie durch das am Ende herauskommende Bild modifiziert wird. Aufgrund ihres trägen Charakters entsprechen die isolierten Puzzlestücke dem Bild einer Zeit, zerlegt in Momentaufnahmen, die dann nebeneinandergestellt werden. Im Gegensatz dazu gleichen die Zeitpunkte, die gut in eine lebendige innere Geschichte integriert wurden, den voneinander abgegrenzten Organen eines gemeinsamen Körpers, der sich fortlaufend weiterentwickelt. Sie sind weder Puzzlestücke noch Perlen, die wir einem Halsband hinzufügen, um es zu vervollständigen. Das Leben, das den gesamten Körper erfüllt, belebt auch jedes der Organe, aus denen er besteht, und ermöglicht es dem Organ, sich zusammen mit der Gesamtheit weiterzuentwickeln.

Bei der Wiederherstellung unserer inneren Geschichte wird durch das Einfügen einer Erinnerung jeweils die ganze Geschichte modifiziert, und auch die Erinnerung selbst wird durch ihre Einbettung in die Gesamtgeschichte verändert. Im Zuge der Veränderung des Ganzen setzt sich die Weiterentwicklung der Erinnerung dann fort. Somit kennen wir bis zur letzten Minute unseres Lebens weder den Sinn unserer Gesamtgeschichte noch den Sinn jedes der Einzelmomente, aus denen sie besteht.

Die Menschen, die darüber klagen, alles zu vergessen, betrachten sich wahrlich als *Siebe* oder *löchrige Körbe*. Ohne sich dessen bewusst zu sein, stellen sie uns ihr psychisches Leben auf diese Weise als ein passives Objekt dar, als ein Sieb, einen Korb, als einen simplen passiven Behälter, der unzusammenhängende, bunt zusammengewürfelte Objekte auffängt. Wie kann man ihnen zu dem Bewusstsein verhelfen, dass unsere Psyche ein lebendiger Organismus ist? Wir umgeben nämlich jede Episode unseres Lebens mit einem dynamischen Netz von Assoziationen, das sie mit zahllosen Erinnerungen verbindet, die ihrerseits wieder andere Netze in Schwingung versetzen, mit denen sie verbunden sind. So steckt in jedem Lebensabschnitt eine Bedeutung, die in ständiger Weiterentwicklung begriffen ist.

Abgespaltene Episoden des Lebens verbleiben im Zustand der Erstarrung: Weil sie nicht mehr an die Gesamtheit der Lebensnetze eines Menschen angeschlossen sind, profitieren sie auch nicht von der Weiterentwicklung der Gesamtheit des psychischen Lebens dieser Person. Ein Mensch kann infolgedessen auf bestimmten Gebieten, die seinem inneren Lebensstrom entzogen wurden, kindlich bleiben, während er sich in seiner Gesamtheit doch als sehr entwickelte Persönlichkeit präsentiert. Allerdings ist es selten, dass ein ängstigendes Ereignis, das für immer in den Zustand der Erstarrung versetzt werden sollte, gänzlich verloren bleibt: Es bringt seine Existenz durch repetitive Handlungen zum Ausdruck, die unbewusst ausgeführt werden. Somit erzeugen die Menschen, die »die Zeit erstarren lassen, um die Erinnerung zu töten« (D. Quinodoz 1990a), oft geradezu die Angst, während sie unbewusst glauben, ihr ausweichen zu können. Wir haben übrigens alle Momente in unserem Leben, die dem allgemeinen Fortgang unserer Entwicklung entgangen und daher im Zustand der Erstarrung verblieben sind. Unsere Integrationsarbeit zur Steigerung unserer inneren Harmonie kommt nie an ein Ende. Alles ist eine Frage der Proportionen, wobei es sich mit der Integration so verhält wie mit dem Gleichgewicht: Zu glauben, wir hätten die Integration erreicht, wäre dann ein Zeichen dafür, dass wir sie schon wieder verloren haben.

Bestimmte Erinnerungen beiseiteschieben, um Angst zu vermeiden?

Fred, von dem bereits die Rede war, hatte die Erinnerung an den Tod seines Sohnes anscheinend vollkommen verloren. Und doch konnte er sich in der Psychotherapie darüber klar werden, dass er sein ganzes Leben lang in mancherlei Aktionen unbewusst das reproduziert hatte, was er dem Anschein nach verloren hatte. Er hatte den Tod seines Kindes wiederholt, indem er unbewusst jeweils das, was er erschuf, verschwinden ließ – was vielleicht der Wunsch seines Wohltäters hätte sein können. Zum Beispiel hatte er das Gärtnerhandwerk aufgegeben, in dem er sehr erfolgreich gewesen war, um sich dem des Maurers zuzuwenden, das eher dem Modell entsprach, das ihm sein Wohltäter lieferte – als wolle er damit unablässig seine eigenen gärtnerischen Kreationen *töten*.

Indem Fred den Tod seines Kindes aus dem eigenen Bewusstsein verbannte, hatte er offensichtlich auch seine Hassgefühle gegenüber demjenigen eliminiert, den er als ein Monstrum empfand. Diese unbewussten Gefühle blieben infolgedessen dem Einfluss der bewussten Gefühle von Dankbarkeit entzogen, die Fred für seinen »Wohltäter« empfand. Es gelang ihm nicht, in seiner inneren Welt jene Person in einer einzigen zu vereinen, die er unbewusst einerseits als gehassten Unmenschen empfand und andererseits als idealisiertes Wesen, dem gegenüber er auf bewusster Ebene Dankbarkeit empfand. Er konnte also aus beiden Teilen keine Gesamtpersönlichkeit mit Licht- und Schattenseiten bilden.

Indem Fred die Erinnerung an den Tod seines Sohns wieder integrierte, veränderte er aber die Auffassung, die er von diesem Drama hatte, und rückte damit von seinem früheren Erleben ab. Insbesondere akzeptierte er nun, er könne vielleicht doch Aggressivität gespürt haben, die für ihn früher undenkbar gewesen war, und er konnte die Möglichkeit in Erwägung ziehen, dass sie gleichzeitig neben seinen Gefühlen von Zuneigung bestanden haben könnten. Außerdem veränderte die Reintegration dieser Erinnerung Freds allgemeine Einstellung: Er fand zu seiner persönlichen Kreativität zurück. Da er den Tod seines Sohns nun nämlich *denken* konnte, brauchte er ihn nicht mehr *durch Handlungen erneut erleben*, in denen er das sterben ließ, was er erschaffen hatte. Damit hob er von nun an auf die psychische Ebene, was er zuvor ausagiert hatte. Freds Freude an der Gartenarbeit kehrte zurück, was sich selbst in seiner Sprache widerspiegelte: Er verglich sein Leben nun nicht mehr mit einem Haus, das er baute, sondern mit einem Baum, den er wachsen ließ.

Die emotionale Bedeutung eines Schmerzes variiert mit dem Alter

Es hat immer starken Eindruck auf mich gemacht, wenn ich Erwachsenen begegnete, die nicht in der Lage waren, ein Drama, von dem sie als Kind betroffen gewesen waren, in eine integrierbare Erinnerung umzuformen. Ihnen war nicht bewusst, dass dieses Drama schwer auf ihrem Leben lastete. Ich bin beispielsweise Menschen begegnet, die in ihrer frühen Kindheit ein Elternteil verloren hatten. Die Umgebung hatte damals die Entscheidung getroffen, dem Kind diesen Tod nicht mitzuteilen – mit der Vorstellung, es sei für das Kind weniger schmerzhaft, dies erst später zu entdecken. Aber in jedem dieser Fälle war dieses Unausgesprochene im Leben der Kinder bis in ihr Erwachsenenalter hinein so etwas wie eine unbewegliche Masse geblieben. Während der gesamte Rest ihrer Geschichte sich weiterentwickelte, blieb dieses Element dazu unfähig. Da ein Mensch aber mit seiner Geschichte untrennbar verbunden ist, sah es dann so aus, als ob bei diesen Menschen ein Teil ihrer Innenwelt abgetötet worden wäre. Gelang es ihnen dagegen, dieses Drama mit der Gesamtheit ihres Lebens zu verbinden, konnte es im Lauf der Weiterentwicklung ihrer inneren Welt umgestaltet werden. Wenn ein Kind, das seine Eltern in frühestem Alter verloren hat, sich dessen beizeiten bewusst werden kann, wird sich die Wahrnehmung ihres Todes zusammen mit dem eigenen Wachstum weiterentwickeln: Dieser Verlust wird dann durch den Blick eines kleinen Kindes, eines Jugendlichen, eines jungen Erwachsenen oder eines alten Menschen jeweils unterschiedlich wahrgenommen werden. Er stellt sich auf den verschiedenen Altersstufen nicht mit den gleichen Merkmalen und dem gleichen Leid dar: Beispielsweise verringert sich die Angst des Kleinkindes, im Leben ohne die Eltern nicht zurechtkommen zu können, wenn es in ein Alter kommt, in dem eine andere Art von Schmerz an diese Stelle treten kann.

Erinnerungen auftürmen oder integrieren?

Es gibt vielerlei Arten, mit Erinnerungen umzugehen. Für manche scheinen sich Erinnerungen gleichsam auf einen Stapel zu legen, der im Lauf der Zeit immer höher wird: Es sieht so aus, als achteten sie wenig darauf, ob die eine oder andere Erinnerung fehlen könnte, da sie untereinander nicht verbunden zu sein scheinen. Für andere hat Vorrang, dass sich die Erinnerungen im Lauf des Lebens integrieren. Vermissen sie eine, empfinden sie schmerzlich deren Fehlen, auch wenn sie gar nicht wissen, was genau eigentlich fehlt. Ich möchte ein Beispiel dafür geben, was ich unter »Integration« verstehe.

Laura litt, wusste aber nicht woran und warum. Es fehlte ihr eigentlich ein wichtiger Teil ihres Lebens, was sie aber nicht wusste, denn es betraf eine Episode, die sie für *nicht existent* hielt. Ausgehend von ihrer Leidenschaft für einen Schriftsteller, der alle seine Werke amnestischen Personen widmete, die nach einem Stück aus ihrem Leben suchten, dessen Spur sie verloren hatten, waren wir in unserer gemeinsamen Arbeit auf die Spur des Elements gekommen, das ihr selbst fehlte. Laura war nach der Geburt weggegeben und dann adoptiert worden; sie hatte keinerlei Informationen über ihre biologischen Eltern. Sie hatte das Gefühl, dass sie in ihrer eigenen inneren Realität nie existiert hatten. Sie waren wie *verloren*, wie aus ihrem Leben herausgefallen. In einer Analysesitzung wies ich sie darauf hin, dass sie manchmal über ihre biologische Mutter sprach, die sie weggegeben hatte, aber nie von ihrem Vater, als ob ihre Mutter die Einzige gewesen wäre, die sie weggegeben hätte. Darauf antwortete sie mir: »Aber er wusste ja gar nicht, dass ich existierte! Sie hatte es ihm nicht gesagt!«

Verblüfft angesichts der Kraft einer solchen Überzeugung bei einer Patientin, die nichts Objektives über ihre Eltern wissen konnte, schwieg ich ostentativ. Laura nahm mein Erstaunen wahr und wurde sich bewusst, dass diese Überzeugung ein Produkt ihrer Fantasie war: Sie hatte also tief in ihrem Inneren phantasmatische Vorstellungen von ihrem Vater und ihrer Mutter sowie von der Beziehung, die die beiden zueinander gehabt hätten. Sie realisierte, dass sie, ohne sich dessen bewusst zu sein, in ihrer Innenwelt über ein Bild ihrer biologischen Eltern verfügte und sie also tatsächlich *innere Eltern* hatte. Ohne es direkt zu wissen, konnte Laura an sie *denken*, ihnen Absichten oder Aussagen unterstellen und innerlich mit ihnen verbunden sein – nach einem Muster, das ihr so offensichtlich erschienen war, dass sie es nicht einmal bemerkt hatte. Dabei ist es von untergeordneter Bedeutung, ob ihre Vorstellung der Realität entspricht oder nicht: In ihrer inneren Fantasiewelt waren ihre biologischen Eltern gegenwärtig.

Dann hatte Laura folgenden Traum: »Ich entdecke in dem Zimmer, das mir als Bibliothek dient, eine Kiste Bücher, die ich nie zuvor gesehen hatte, die meinem Eindruck nach dort aber schon seit sehr langer Zeit gestanden hatte. Ich war unentschlossen, ob ich sie öffnen sollte, weil ich dachte, diese Bücher würden von einem ganzen anderen Stil sein wie der Rest meiner Bibliothek. Ich werde auch nie genug Platz haben, sie alle in meine Bibliothek zu stellen! Dann entdeckte ich, dass da noch weitere Regale waren, die ich bis dahin nicht gesehen hatte, und ich meine Bibliothek also leicht vergrößern könnte.«

Lauras Assoziationen dazu zeigten, dass sie sich ihr »Ich« jetzt als eines vorstellen konnte, das Aspekte ihrer selbst, die sie gut kannte, und andere Anteile, von deren Existenz sie bis dahin nichts gewusst hatte, miteinander integrieren konnte. Indem Laura bewusst wird, dass es in ihr etwas gibt, was sie lange Zeit als nicht existent betrachtet hatte – eine innere Gegenwärtigkeit ihren biologischen Eltern –, vergrößert sie ihr »Ich«, *ihre innere Bibliothek*. Die Erweiterung ihres »Ichs« ermöglichte es ihr, ihren inneren Objekten immer mehr Platz einzuräumen. Sie war darauf vorbereitet, dass die verlorenen Erinnerungen nicht den gleichen Stil haben würden wie die anderen. Sie war bereit, auch solche Anteile ihrer selbst, die ihr vielleicht missfielen, als zu ihr gehörig anzuerkennen.

Lauras Eingeständnis, dass sie Teile ihrer selbst aufgegeben hatte, war ein wichtiger Schritt auf dem Weg, diese Anteile wieder zurück- und annehmen zu können. Und, um Lauras Traumbild aufzugreifen: Erst nachdem ihre *Bücher* wieder zu *ihrer inneren Bibliothek* gehörten, konnte Laura sie *lesen*, d.h. sich Fragen nach den verschiedenen Qualitäten und Mängeln stellen, die sie jedem ihrer beiden Elternteile in ihrer Fantasie zuschrieb, sowie darüber, was sie ihrer Fantasie nach von ihnen bekommen hatte und welche Identifizierungen möglich wären.

Die Seite umblättern, ja – aber erst, nachdem man sie gelesen hat

Wenn wir ein Buch lesen, kommt es nicht nur darauf an, die Seiten umzublättern, sondern ebenso darauf, jede Seite auch zu lesen, zu verstehen, mit den vorangegangenen zu verbinden und das Ganze nach allen Seiten hin neu auszutarieren, bevor zur nächsten übergegangen wird. Mit der Erfahrung, die bei der Lektüre einer Seite gesammelt wurde, können wir die nachfolgende aktiv aufnehmen, und in umgekehrter Richtung wird die Lektüre der Fortsetzung das Verständnis der ersten Seiten des Buches modifizieren. Dieses kontinuierliche Hin und Her macht es möglich, das Buch in seiner Gesamtheit aktiv zu erfassen. Für jeden Menschen hat die Alternsarbeit mit der hiermit vergleichbaren Möglichkeit zu tun, mit den Erinnerungen zu spielen, um so die eigene innere Geschichte in der Gegenwart nachzeichnen und neu verankern zu können.

Manche Menschen halten die unaufhörliche Umgestaltung, die bei der Lektüre erforderlich ist, schlecht aus. Sie lesen nicht gerne. Ihre Lebensfreude wird dadurch nicht beeinträchtigt. Handelt es sich aber um das Buch des Lebens, wirkt sich dies sehr nachteilig aus, denn wenn wir aus vergangenen Erfahrungen keinen Nutzen für die Gestaltung der Zukunft ziehen, laufen wir Gefahr, im Wiederholungszwang stecken zu bleiben und auf die Situationen, die sich uns stellen, ähnliche Antworten zu geben wie in früheren Situationen, selbst wenn sich diese Reaktionen als sehr unheilvoll erwiesen hatten. Es gibt Menschen, die Hilfe benötigen – von ihrer Umgebung oder manchmal von einem Therapeuten –, damit sie es wagen können, mit der Lektüre ihres Lebensbuches zu beginnen. Sie brauchen dies, damit sie aus ihrer Erfahrung lernen, ihr Leben unablässig umgestalten und neue Antworten improvisieren können, die den Fehlern oder Dramen der Vergangenheit Rechnung tragen.

Solche Menschen haben sogar den Eindruck erwecken können, das menschliche Wesen sei dazu *verurteilt*, unaufhörlich die schlechten Erfahrungen zu wiederholen, die es erlebt hat. Oft denkt man zum Beispiel, die Mehrzahl der misshandelten Kinder werde zu Eltern, die ihrerseits wieder ihre Kinder misshandeln. Rufo (2000, S. 142), Professor für Kinderpsychiatrie, zeigt, wie wichtig es ist, nicht zu verallgemeinern. Er berichtet von den Ergebnissen einer Studie zur Entwicklung von 600 Kindern, die im Zweiten Weltkrieg alle durch die gleiche Institution aufgefangen worden waren. All diese Kinder waren Opfer schwerer physischer Misshandlung und Unterernährung und auf etliche von ihnen traf die Bezeichnung »unbeschreibliche Not« zu, weil sie in den Kriegswirren auf den Straßen umhergeirrt waren. Als Erwachsene waren 93% von ihnen hinreichend gute Eltern geworden, die darauf achteten, mit ihren Kindern eben nicht das zu wiederholen, was sie selbst erlebt hatten. 7% dieser Erwachsenen waren dagegen gewalttätige Eltern geworden, die ihre Kinder so schlugen und quälten, sie so behandelten, wie es ihnen selbst ergangen war. Letztere wiederholten die Erfahrung, anstatt sie zu verarbeiten; sie standen unter der Herrschaft des Wiederholungszwangs. Rufo hebt hervor, dass diese 7%, die in der Falle des Wiederholungszwangs stecken, allzu oft die 93% vergessen lassen, die aus ihrer Erfahrung lernen und ihr Möglichstes tun, sie nicht zu wiederholen. Natürlich sollten wir die 7% nicht übersehen, aber zu oft ziehen nur die schnell verübten spektakulären Zerstörungshandlungen unsere Aufmerksamkeit auf sich, während die langsame und diskrete Aufbauarbeit unbemerkt bleibt.

Hanna Segal hat gezeigt, dass wir auch bei soziopolitischen Gruppen und bei Völkern die Unfähigkeit vorfinden, der Erfahrung Rechnung zu tragen: »Es ist nicht damit getan, die Geschichte zu erinnern – wir müssen sie auch verstehen« (2002, S. 8). Sie stellt fest, dass die Völker meist keine Lehre aus den Erfahrungen ziehen, die während der Kriege gemacht wurden – obwohl sie uns doch zeigen, dass die Vergeltung von Hass mit Hass einen Teufelskreis erzeugt, der die Konstruktion von Frieden unmöglich macht. Wir können sehr wohl die Erfahrung gemacht haben, dass die Beantwortung von Gewalt mit Gewalt zum Hochschaukeln eben dieser Gewalt führt – die Völker sind oft geneigt, diese Lehre nicht zu berücksichtigen und sich infolgedessen im Wiederholungszwang einzuschließen. Hanna Segal drückt es – Santayana paraphrasierend – so aus: »Jene, die sich ihrer eigenen Geschichte nicht erinnern, sind dazu verurteilt, sie zu wiederholen« (ebd.).

Kapitel 4
Die Lebensalter

Unsere Gegenwart trägt die Spuren aller Altersstufen, die wir durchlebt haben

Alle Altersstufen unseres Lebens haben, samt den Dramen und Freuden, die zu ihnen zugehören, ihre Bedeutung, und wir müssen sie alle in unserer Gegenwart als in uns lebendig empfinden, damit wir die Individualität unserer Existenz wahrnehmen. Im Übrigen sehen wir, dass Kindheit, Jugend und reifes Alter mancher älterer Menschen in ihrem hohen Alter enthalten sind und dass gerade die Präsenz all dieser Altersstufen zur Harmonie ihres hohen Alters beiträgt. Zu altern und dabei zu versuchen, alle vorangegangenen Altersstufen des Lebens sorgsam in sich zu bewahren, ist eine Art und Weise, es zu etwas Ganzem zu machen und ihm die Form einer Gesamtgeschichte zu geben.

Andere ältere Menschen neigen demgegenüber dazu, ihre verschiedenen Lebensalter in getrennte, zuweilen hermetisch verschlossene Kästen zu stecken, als müssten sie auf das jeweils vorangegangene Alter verzichten, um zum nachfolgenden übergehen zu können. Im Übrigen sieht es manchmal so aus, als stünden nicht nur die verschiedenen Altersstufen eines Menschen einander gegenüber: Es ist dann der Mensch selbst, der aus mehreren Persönlichkeiten zu bestehen scheint, die in ihm einander gegenüberstehen. Dieser Mangel an Einheit kann sich auf mehrerlei Art und Weise darstellen: Ein Mensch kann zum Beispiel den Eindruck vermitteln, dass ihm ein Teil seiner selbst fehlt, während ein anderer so wirkt, als habe ein Teil seiner selbst Besitz vom Ganzen ergriffen.

Verschiedene Arten, sich von seiner Kindheit abzuschneiden

Ist es die Kindheit, die schlecht in die Gesamtheit des Lebens eines älteren Menschen integriert ist, geht von ihm oft ein Gefühl von Fremdheit aus, das daher kommt, dass sich ein Teil seiner selbst nicht in Harmonie mit dem Rest seiner Persönlichkeit befindet. Man könnte sagen, dass in einem Konzert immer wieder ein dissonanter Ton durchklingt. Er gibt unterschiedliche Arten, sich von seiner Kindheit unbewusst abzuschneiden – zum Beispiel, sie erstarren zu lassen, zu begraben, auszulagern oder auch, sie die ganze Szene beherrschen zu lassen. Ich möchte einige Beispiele dafür anführen.

Tania: Eine erstarrte Kindheit

Tania konsultierte mich im Alter von 75 Jahren, weil sie unter einem diffusen »Unwohlsein« litt. Mir fällt die Unstimmigkeit der Art und Weise auf, in der sie sich präsentiert: Sie war eine intelligente und kultivierte Frau, trug aber Mädchenkleider und sprach im Tonfall eines kleinen Mädchens. Im Laufe ihrer Psychotherapie wurde sich Tania bewusst, dass ein Teil von ihr im Alter von fünf Jahren *erstarrt* war, als es zwischen ihren Eltern zu einer Krise gekommen war. Ihre Mutter war depressiv geworden, nachdem sie die Untreue ihres Mannes entdeckt hatte, und meine Patientin hatte sich unbewusst die unmögliche Aufgabe gestellt, sie zu trösten. Aufgrund von Schuldgefühlen erlaubte sie es sich nicht, Erfolg im Leben zu haben, bevor sie nicht ihre Aufgabe erfüllt hätte. Ein Teil von Tania konnte sich nicht weiterentwickeln, sie hatte insbesondere die Stimme der Fünfjährigen behalten. Sie ähnelte einer alten Dame, die Kind spielen wollte.

Im Verlauf der Psychotherapie habe ich Tania gegenüber die Problematik ihrer Stimme nie direkt zur Sprache gebracht – ihrer Stimme, deren Intonation nur eine Folge der Fixierung auf eine Phase der Kindheit war. Dies anzusprechen wäre verletzend und zu eindringend gewesen; außerdem hätte Tania ihre Natürlichkeit verlieren und damit beginnen können, beim Sprechen zu sehr auf sich selbst zu achten. Sie fand jedoch später, ohne es selbst zu bemerken, zu einer normalen Erwachsenenstimme, was das äußere Anzeichen dafür war, dass sich der Teil Tanias, der auf die Kindheit fixiert geblieben war, weiterentwickelt und in ihre Gesamtperson integriert hatte.

Ich konnte auch bei anderen Patienten beobachten, dass nach erfolgter Reintegration der zuvor erstarrte Teil in den Genuss des Lebensstroms kommt, der die Gesamtperson mit Leben erfüllt, wodurch es ihm oft ermöglicht wird, sich schnell weiterzuentwickeln und zu normaler Ausdrucksfähigkeit zu finden.

Xavier: Eine begrabene Kindheit

Als weiteres Beispiel möchte ich Xavier anführen, einen alten Mann, der den Eindruck vermittelte, dass er seine Kindheit *begraben* hatte. Er hatte geglaubt, er müsse, um erwachsen zu werden, das Kind aus der Welt schaffen, das er gewesen war; er hatte daraufhin alle Eigenschaften der Kindheit verloren. Er konnte sich für nichts mehr begeistern, nicht mehr spielen, sich nicht mehr über die Gegenwart wundern, Unbekanntes nicht mehr bestaunen und sich seiner Unwissenheit nicht mehr erfreuen, die ihm doch Neugier ermöglicht hatte. Er hatte den Wert der nonverbalen Kommunikationsmittel vergessen. Seine intelligente Redeweise gefiel den gelehrten und vernünftigen Erwachsenen, aber er hatte die Gabe verloren, weniger gebildete Gesprächspartner zu begeistern und zu überzeugen. Er erinnerte mich an jenen Mann, von dem Nancy Huston (1999) sagte: »Ein armer Mann, der nichts als erwachsen war.«

Von dem Moment an, an dem er im Laufe seiner Analyse den Lebensstrom wieder in sich spürte, der ihn als Kind mit Leben erfüllt hatte, veränderte sich Xavier sehr. Ich konnte Gefühle in Worte fassen, die Xavier früher gehabt haben musste und von denen er jetzt abgeschnitten war, indem ich den Faden wiederfand, der zu einer Erfahrung führte, die zu weit zurücklag, als dass er sich an sie erinnern konnte. Um diesen Faden wiederaufnehmen zu können, war ich von einer aktuellen Situation ausgegangen, die Xavier beschrieben hatte: Er hatte mir von einer Verabredung berichtet, zu der er gegangen war, die Tür dann aber verschlossen vorgefunden hatte. Da er kein Gefühl verbalisierte, als er mir die verschlossene Tür beschrieb, ging ich das Wagnis ein, ihm eines anzubieten, durch einen Tonfall, der Sorge und Traurigkeit durchscheinen ließ: »Als ob Sie nicht erwartet worden wären …« Dann erinnerte ich mich an eines der wenigen biografischen Details, die mir mein Patient geliefert hatte: Seine Eltern hatten, kurz bevor er zur Welt kam, ein Kind bei der Geburt verloren. Daraufhin habe ich meinen Satz schließlich vervollständigt: »Wie bei der Ankunft in Ihrer Familie … – als ob Ihre Eltern ein anderes Kind erwartet hätten als Sie.«

Daraufhin kamen Xavier Kindheitserinnerungen, er konnte mit mir über sie sprechen und dabei auch die Gefühle wieder aufleben lassen, die mit ihnen verbunden gewesen waren. Wie konnte er ein Recht auf Leben haben, wo doch sein Bruder gestorben war und seine Eltern ihn beweinten? Xavier hatte sich in seiner Kindheit von seinen Gefühlen, wenn auch unbewusst, abgeschnitten, um weniger zu leiden, war aber doch von ihnen beeinflusst worden: Er fand die Fantasie wieder, in sich das Kind töten zu müssen, das er gewesen war und das sich schuldig dafür fühlte, dass es am Leben war. Nicht die Erinnerung an seine frühe Kindheit hatte er wiedergefunden, sondern die Fantasie, so begraben werden zu müssen wie sein Bruder. Diese Fantasie jetzt im Erwachsenenalter wiederzufinden, machte es möglich, sie zu modifizieren; Xavier brauchte sich nun nicht mehr mit diesem Bruder zu verwechseln und sich mit ihm oder an seiner statt begraben zu lassen. Es war, als ob frisches Blut in einem Teil des Körpers zu zirkulieren begonnen hätte, der über lange Zeit gleichsam eingerostet gewesen war. Sein ganzer Körper gewann dadurch.

Sofia: Eine alles durchdringende Kindheit

Sofia war ihre ganze Kindheit über Opfer sexuellen Missbrauchs gewesen. Ihr gesamtes Leben war von dieser traumatischen Erfahrung *durchdrungen*, die, weil sie sich nicht sich weiterentwickeln konnte, die Wahrnehmungen und Reaktionen der alten Frau, die da vor mir saß, immer noch in Bann hielt. Unbewusst führte sie alles auf diese

Erfahrung zurück: Innerhalb der Übertragung konnte die Analytikerin beispielsweise kaum anders als ein Missbrauchender oder eine Missbrauchte wahrgenommen werden. Diese magnetische Fixierung entzog allen anderen Lebensbereichen der Patientin vitale Kraft und Autonomie, sodass sich paradoxerweise Sofias Haltung dem gegenüber, was sie in ihrer Kindheit erduldet hatte, kaum weiterentwickeln konnte. Im Lauf der Analyse begann die Patientin, anderen Bereichen ihres Lebens wieder mehr Raum zu geben, als sie das Interesse bemerkte, das die Analytikerin ihnen entgegenbrachte. Andere Teile ihres Ichs konnten wieder mit Leben erfüllt und so zu einem Gegengewicht der traumatischen Erfahrung werden, die Sofias sonstiges Leben in der Folge zunehmend weniger einschränkte. Nachdem diese Erfahrung ihre magnetische Anziehungskraft verloren hatte, wurde es möglich, ihre Fantasien zu diesem Thema zur Sprache zu bringen, wodurch diese sich schließlich weiterentwickeln konnten.

Verschiedene Arten, sich von seiner Jugend abzuschneiden

Es ist für einen alten Menschen nicht immer einfach, die Originalität, die Schwierigkeiten und die Entdeckungen des männlichen oder weiblichen Jugendlichen oder jungen Erwachsenen, der/die er früher einmal gewesen war, in die Gegenwart zu integrieren. In ihrem Roman *Chaleur du sang* hat Irène Némirovsky (2007; dt. 2009) Personen in Szene gesetzt, die zum Zeitpunkt des Eintritts ins reife Erwachsenenalter versucht hatten, die leidenschaftlichen Kräfte, die in ihrer Jugend und zu Beginn des Erwachsenenalters in ihnen gebrodelt hatten, zum Verstummen zu bringen. Jede von ihnen hatte seine Art und Weise gehabt, sich mit seinen Trieben herumzuschlagen, sich ihnen zu stellen, vor ihnen zu fliehen oder sich von ihnen abzuschneiden – mit dem Ziel, zu dem zu gelangen, was sie als reife Gesetztheit betrachtete. Trotzdem wurden all diese Personen im Alter durch die libidinösen Triebe von einst eingeholt.

Eine Frau in diesem Roman hatte zum Beispiel versucht, die Triebkräfte, die sie überwältigt hatten, aus sich auszulagern: Sie hatte sich von dem Teil ihrer selbst abgeschnitten, der diese Wünsche ausdrücken wollte, und hatte so gehandelt, als habe es die Liebende, die sie gewesen war, nie gegeben. Sie hatte sogar das Kind, das aus dieser Leidenschaft erwachsen war, an eine andere Frau abgegeben. Viele Jahre über hatte diese Frau von jener libidinösen Kraft abgeschnitten gelebt, die nie zu ihr gehört zu haben schien. Allerdings war der verleugnete Trieb in keinster Weise verschwunden und hatte untergründig sogar andere Menschen in ihrem Umkreis angesteckt, die ihn auf mysteriöse Weise geerbt zu haben schienen. Und am Ende des Lebens, als sie überhaupt nicht mehr damit rechnete, sah diese Frau jene triebhafte Kraft wieder in der Gegenwart auftauchen. Wie würde sie sie reintegrieren können, nachdem sie sich so sich lange Zeit von ihr abgeschnitten hatte?

Eine andere Figur des gleichen Romans hatte vergeblich versucht, sich als junge Erwachsene von ihrer Triebenergie durch den Versuch loszureißen, sie durch vielerlei Aktivitäten und Abenteuer zu erschöpfen. Eine weitere Figur hatte diesen Trieb in sich behalten, ihn aber unterdrückt und versucht, ihn zu knebeln, auf die Gefahr hin, all ihre anderen Energien dadurch ebenfalls zu ersticken.

Im Gegensatz zu diesen Personen setzen ältere Menschen, die die Reichtümer ihrer Jugend in sich behalten haben und auch die anderen Lebensalter integrieren konnten, die Jugendlichen weder herab noch idealisieren sie sie: Sie respektieren sie. Sie erkennen die Triebenergie, die in ihnen brodelt – mit all ihren Lüsten, aber auch Dramen, Ängsten und zuweilen auch ihrer Depression. Sie respektieren den Reichtum dieses Lebensabschnitts in sich selbst ebenso wie bei den anderen, wobei sie aus Erfahrung wissen, dass diese Zeit der schwierigste Abschnitt eines ganzen Lebens sein kann.

Seine Kindheit präsent zu halten bedeutet nicht, »in die Kindheit zurückzufallen«

Manche ältere Menschen beeindrucken durch die Jugendlichkeit ihres Geistes: Sie sind von den Charakteristika ihrer Kindheit und Jugend beseelt, auf die sie nicht verzichtet haben, die aber transformiert wurden, ohne sich dabei zu verlieren. Nancy Huston findet dafür ein schönes Bild: »Man hat alle Alter gleichzeitig, meinen Sie nicht? Die Kindheit ist gleichermaßen der Kern der Frucht: Die Frucht wird nicht hohl, wenn sie wächst! Wenn das Fleisch um den Kern herum immer dicker wird, verschwindet deswegen der Kern doch nicht« (1999, S. 18). Ich denke, dass Kindheit und Jugend eigentlich viel mehr sind als nur der Kern der Frucht: Im Gegensatz zum Kern sind sie untrennbar mit dem Fleisch der Frucht verbunden und werden zu Bestandteilen eben dieses Fruchtfleischs. Deswegen war eine meiner Analysepatientinnen erleichtert: Je mehr wir dem kleinen Mädchen zuhörten, das sie gewesen war und das sie früher schamvoll verdrängt hatte, umso mehr entwickelte sich diese Kleine weiter und integrierte sich in die Erwachsene, die die Patientin inzwischen geworden war. Sie fand die innere Einheit ihres Lebenselans wieder. Ich bin in der Tat oft beeindruckt, wenn ich feststelle, dass manche Patienten den Eindruck erwecken, jünger zu werden, wenn ihnen im Verlauf der Analyse ihre früheren Altersstufen wieder zugänglich werden.

Wenn ich bei einer alten Patientin das kleine Mädchen heraushöre, das sie einmal war und das immer noch darauf wartet, gehört zu werden, weiß ich, dass meine alte Patientin kein Kind mehr ist. Sie weiß es auch. Sie ist auch nicht in die Kindheit zurückgefallen. Die früheren Altersstufen zu integrieren bedeutet nicht, dass der Greis sich noch für einen jungen Mann hielte – im Gegenteil: Um alle vergangenen Altersstufen in seine innerpsychische Welt integrieren zu können, musste er sich bewusst werden, dass er sie in der äußeren Realität nicht mehr hatte. Er weiß, dass im Reich der Realität »die Raupe verschwinden muss, damit der Schmetterling losfliegen kann«. Damit unsere früheren Altersstufen unsere Gegenwart mit Leben erfüllen können, ihr dabei aber doch ihre Freiheit lassen, müssen sie gut voneinander getrennt sein.

Eine freie Gegenwart, abgegrenzt gegen die Zukunft

Soll die Gegenwart *frei* bleiben, muss auch verhindert werden, dass sie von der Zukunft gestört wird. Eine 70-jährige Dame, der dies bewusst wurde, erklärte mir: »Ich habe in meinem Leben viel zu viel Zeit damit verloren, mich im Vorhinein über Dinge zu ängstigen, die vielleicht nie eintreten werden. Ich habe jetzt beschlossen abzuwarten, bis die Schwierigkeiten da sind.« Sie wollte sich nicht schon im Vorhinein wegen eventueller künftiger Leiden quälen. Sie verwendete auch noch ein anderes Bild: »Ich habe mein ganzes Leben lang im Vorgriff auf künftige Schwierigkeiten Pakete vorbereitet, die viel Platz wegnahmen, und habe mich danach damit aufgerieben, sie überallhin mitzunehmen *(eine zu große Wohnung, gesellschaftliche Verpflichtungen, ein aufwendiger Lebensstil usw.).* Ich habe mir Verpflichtungen konstruiert, die keinem Bedürfnis entsprachen. Ich möchte jetzt Ballast abwerfen.« In die gleiche Richtung ging, dass ihr bewusst wurde, dass sie einen großen Teil ihrer gegenwärtigen Energie damit verschwendete, sich unnötigerweise für Dinge zu rechtfertigen, die sie in der Vergangenheit getan hatte.

Man selbst bleiben, ohne der Gleiche zu bleiben

Für einen älteren Mensch versteht sich der *Fortbestand des Ichs* in der Veränderung nicht von selbst: vom nur einige Kilogramm schweren Baby, das er bekanntlich einmal war, zum jetzigen hohen Alter, dazwischen der Erwachsene im Vollbesitz seiner Kräfte, an den er sich noch erinnert – welch ein Unterschied! Wir wissen nicht einmal, wie wir morgen reagieren werden; wie kann es da sein, dass wir das Gefühl beibehalten, immer wir selbst zu bleiben? Wie kommt es, dass wir trotz überraschender Knalleffekte erkennen, dass es stets der gleiche Autor ist, der Stunde um Stunde das Szenario seines eigenen Lebens improvisiert? Und doch treffen wir von der ersten bis zur letzten Antwort unseres Lebens, von der Geburt bis ins hohe Alter immer wieder auf diese Beständigkeit in der Veränderung.

Das Gefühl, *man selbst zu sein*, hat zwei Gesichter: Jeder möchte gern *er selbst bleiben*, jedoch *ohne der Gleiche zu bleiben.* Wenn ein Mensch dazu bereit ist, sich für Veränderungen seiner selbst zu interessieren – und dies sogar am Lebensende –, dann deshalb, weil er sicher ist, er selbst zu bleiben. Aber gleichzeitig hat er auch, um sich nicht zu langweilen, den Wunsch, sich laufend zu verändern. Die Fähigkeit, sich über sich selbst zu wundern, ist der Garant dafür, sich trotz der eigenen Beständigkeit und der der anderen nicht zu langweilen. Umgekehrt führt die Sicherheit, dass die Identität nicht infrage gestellt ist, dazu, dass die fortwährende eigene Entwicklung und die der anderen nicht zu viel Angst macht – trotz der zuweilen schweren Überraschungen, die die Weiterentwicklung uns bescheren kann.

Veränderung kann nämlich auch schmerzhaft sein. Aber selbst in diesem Fall ist meiner Auffassung nach die Tatsache beruhigend, dass man dieselbe Person bleibt: Es ist in der Tat verwirrend, aber auch anrührend, wenn man feststellt, dass der Greis, der »den Kopf verliert«, eben der gleiche Mensch ist, der einst ein brillanter Gelehrter oder aufmerksamer Vater gewesen war. Wenn eine degenerative Krankheit das Ende des Lebens traurig gestaltet, bleibt eine Gewissheit: Jenseits von Gedächtnis, Intelligenz und Bewusstsein behält dieser Mann oder diese Frau einen verborgenen zentralen Ort, an dem er er selbst *ist*, an dem sie sie selbst *ist*. Die Fähigkeit, uns bis zur letzten Minute selbst zu überraschen, erlaubt uns trotz des schmerzlichen Krankheitsrisikos, uns für unser eigenes Leben zu interessieren. Das macht die Erfahrung lebendig, auch wenn sie uns leiden lässt.

Veränderung und Beständigkeit integrieren

Wenn mich ein Patient aufsucht, um eventuell eine Psychoanalyse in Angriff zu nehmen, fragt er mich oft ängstlich: »Wird mich eine Psychoanalyse verändern?« Diese Frage könnte zur Falle werden, würde ich die tiefe Ambivalenz übersehen, die in ihr zum Ausdruck kommt. Der Patient kann sich nämlich weder mit einem Ja noch mit einem Nein zufriedengeben. Änderte er sich nicht, wäre es auch nicht nötig, eine Psychoanalyse zu machen. Bliebe er dagegen nicht er selbst, würde der Persönlichkeit Gewalt angetan. Er wünscht, mehr und mehr er selbst zu werden, wobei er eine Weiterentwicklung akzeptiert, die seiner eigenen, im Werden begriffenen Person inhärent ist.

Einige Menschen schaffen es nicht, Veränderung und Beständigkeit zu integrieren. Die Veränderung macht Angst: »Alles ändert sich, auf wen kann ich mich verlassen?« Sie haben dann den Eindruck, mit niemandem mehr rechnen zu können. Aber gleichzeitig beklagen sie sich, wenn sich nichts verändert: »Wie langweilig, nie passiert irgendetwas!« Tatsächlich ertragen sie weder das eine noch das andere, weil sie sowohl durch Veränderung in Angst versetzt wie durch Monotonie gelangweilt werden.

In einer Analysesitzung zeigte sich einer meiner Patienten irritiert, als er bemerkte, dass ich die Anordnung der Bilder in meinem Arbeitszimmer verändert hatte. Für ihn war mein Arbeitszimmer gleichsam ich selbst, und nach einer Unterbrechung der Analyse befürchtete er immer, ich könne eine Unbekannte geworden sein. Die Veränderung war für ihn ein Beweis für meine Unbeständigkeit und für die Gefahr, ich könnte ihm entgleiten. Er sagte dazu: »Wem kann ich denn noch vertrauen, wenn sich sogar meine Analytikerin verändert! Ich muss auf Sie zählen können!«

Derselbe Patient rebellierte aber gegen die Langeweile, die von einem gleich bleibenden Objekt ausgehen würde, und am meisten fürchtete er, die Analyse könne eines Tages monoton werden und dadurch in ihm den Wunsch aufkommen lassen, die Flucht zu ergreifen. Für diesen Patienten war Nicht-Veränderung das Kriterium für die Zuverlässigkeit des Objekts. Aber das verlässliche und beständige Objekt, das sich angeblich nie ändern würde, wurde zu einem langweiligen Gefängnis, aus dem er ausbrechen wollte. Der Analysand steckte in einer Sackgasse: Damit das Objekt für ihn etwas anderes als ein langweiliges Gefängnis sein konnte, musste es sich unbedingt weiterentwickeln, aber dann wurde die Veränderung für ihn zu einer Quelle von Unsicherheit, weil er den Eindruck bekam, nicht mehr auf das Objekt zählen zu können, wenn es sich veränderte.

Insbesondere als der Patient entdeckte, wie weitläufig seine innere Welt war und dass er genügend inneren Reichtum hatte, um unterschiedlichste Bestrebungen fassen zu können, konnte er akzeptieren, dem Anschein nach widersprüchliche Regungen in sich zu tragen und sie miteinander zu verbinden. Wenn ein Patient Kontinuität und Veränderung integriert, realisiert er, dass ein Objekt Veränderungen vornehmen und dennoch beständig bleiben kann und er sich darauf verlassen kann. Veränderung wird zu Entwicklung, es gibt keine Unvereinbarkeit zwischen Kontinuität und Veränderung mehr. Nun kann ein Patient die Alternsarbeit leisten, zu der es gehört, sich trotz der gewichtigen physischen und psychischen Veränderungen, die auf das Alter zurückzuführen sind, weiterhin als er selbst zu fühlen. Er kann auch seine Umgebung weiter anerkennen, selbst wenn sie ebenfalls deutlich gealtert ist.

Sich über die Präsenz des anderen wundern

Alte Liebespaare langweilen sich nicht miteinander. Sich vom anderen und sich selbst überraschen zu lassen, scheint einer der Motoren zu sein, die ihnen Form geben. Eine Frau wurde gefragt: »Wie können Sie seit 50 Jahren mit demselben Mann leben? Ist das nicht Gleichgültigkeit?« Sie antwortete: »Mit demselben Mann? Aber überhaupt nicht! Mein Mann ist jeden Tag anders! Er setzt mich nach wie vor in Erstaunen!« Sie hatte die Fähigkeit, sich durch den anderen wie durch sich selbst überraschen zu lassen und ihr Erstaunen zu äußern. Im Übrigen treffen wir bei solchen Partnern auch die komplementäre Disposition an: das Vertrauen in ihre Fähigkeit, sich aneinander weiterzuentwickeln. Das fordert von jedem der beiden Partner eine große Aufmerksamkeit für den anderen, aber auch die Fähigkeit, die verschiedenen Altersstufen des Paares miteinander zu integrieren und die Dinge so zu sehen, dass der Reichtum des Paares in all den fröhlichen oder dramatischen Erfahrungen besteht, die dazu beigetragen haben, ihm die Form zu geben, die es heute hat.

Träume zur Integration verschiedener Altersstufen gegen Ende der Analyse

Den Wunsch alter Patienten, im Interesse der Kreierung einer Gesamtgeschichte die verschiedenen Altersstufen ihres Lebens zu integrieren, habe ich in ihren Träumen gegen Ende der Psychoanalyse oft angetroffen. Dies entsprach einem Verlangen nach Kohärenz mit sich selbst. Zum Beispiel träumte ein Analysand, er baue ein neues Haus, in dem er wohnen werde. Zu seinem Erstaunen bestand es aus Elementen des Hauses seiner Kindheit; dann erkannte er auch die verschiedenen Häuser wieder, in denen er später gewohnt hatte. Sie alle waren in seinem *Gesamt*haus vertreten, das seine gegenwärtige Person insgesamt symbolisierte.

Eine andere Analysandin träumte, sie sei in schönes Tuch gekleidet, das aus Wollen unterschiedlicher Beschaffenheit und vielerlei Farben gewoben war. All diese Wollen waren ineinander verschlungen und bildeten so einen einzigen Stoff. Anhand der Assoziationen zu diesem Traum wurde sich diese Patientin bewusst, dass die unterschiedlichen Wollen aus Kleidungsstücken stammten, die sie in verschiedenen Lebensaltern getragen hatte: von der rosa Wolle der Füßlinge bis zu denen ihrer Kleider als Erwachsene. Außerdem hatte sie im Traum dunkle und leuchtende, zurückhaltende und augenfällige Farben kombiniert. Alle Altersstufen ihres Lebens waren in diesem Wollstrick vereint, der sie wie eine zweite Haut umgab.

Das Leben beginnt heute

Die Freiheit, das Leben von Tag zu Tag neu zu erfinden, geht Hand in Hand mit der Entdeckung, dass unser Leben einmalig ist. Ich habe in meinem Seminar festgestellt, dass viele ältere Menschen ganz überrascht feststellten, dass sie bis dahin die Dinge so erlebt hatten, als wäre ihr Leben ein bereits anderenorts geschriebenes Theaterstück, in dem sie sich zuweilen schämten, nicht die richtigen Repliken parat zu haben. Sie realisierten, dass es in Wirklichkeit keine richtigen Antworten gab, dass sie ihre Rolle im Leben Zug um Zug selbst erfunden und sie nach wie vor weitere Antworten zu improvisieren hatten. Sie konnten sich noch von dem überraschen lassen, was sie weiterhin erfinden würden. Den Sprung zu machen, sein eigenes Leben zu improvisieren, einfach nur das eigene, anstatt zu glauben, dass es ein erhabenes

Leben zu rezitieren gälte, verlangt die Akzeptanz des Umstands, dass man zu einem gegebenen Zeitpunkt nicht weiß, welche Antwort man im nächsten Moment geben wird. Auch muss man bereits im Voraus Nachsicht mit sich selbst haben, für den Fall, dass sie weniger günstig ausfällt, als wir es gewünscht hätten.

Das Leben, das für Paul Ricœur zählt, ist dasjenige, das heute beginnt. Er spricht von der *Fähigkeit, jeden Morgen wie ein absolutes Auftauchen von Neuem entgegenzunehmen*: Ein Lebensstrom nimmt täglich neue Form an und lässt sich nicht durch frühere Fehler hemmen. Die Integration der vorangegangenen Lebenszeit in die neue erzeugt die Gegenwart, die die einzige Zeit ist, die näher in Betracht gezogen werden sollte, selbst wenn sie uns unaufhörlich wieder entgleitet.

Hat das Fortschreiten der Altersstufen einen Sinn?

Hat das Auftauchen, von dem Ricœur spricht, einen Sinn? Zeichnet sich eine Richtung ab, wenn wir im Durchschreiten der verschiedenen Altersstufen unser Leben kreieren? Manchmal begegnen wir wirklich Menschen hohen Alters, die sich diesem Bild anzunähern scheinen. Ich nenne sie die Weisen.

Die Erfahrung, die diese Weisen durch die Integration ihrer verschiedenen Lebensalter erworben haben, scheint mir das Schwinden ihrer Vitalität weitgehend zu kompensieren. Sie wissen, dass ihnen das hohe Alter keineswegs eine Garantie dafür bietet, dass sie im Besitz der Wahrheit sind, und sehen die Dinge so, dass ihre Erkenntnisse nicht ihnen gehören. Sie benutzen sie nicht als Beweis dafür, dass sie noch »zählen«, oder dazu, ihre Macht zu zeigen. Sie sind deshalb bereit, sich um die neuen Erfahrungen zu bereichern, die von anderen beigesteuert wurden, bleiben dabei aber ihren Idealen treu. Diese Weisheit scheint mir umso wertvoller, je zerbrechlicher sie wirkt; es ist so einfach, an einer idealisierten Vergangenheit hängen zu bleiben und zu sagen: »Zu meiner Zeit war alles besser«, oder: »Zu meiner Zeit war alles viel schwieriger.«

In seinem Film *Wilde Erdbeeren* zeigt uns Ingmar Bergman mit Isak einen alten Mann, der nach und nach zu einem Weisen wird. Dieser alte Mann ist dabei, sein Leben als Einzelgänger zu beenden, weil er nicht lieben kann. Seine Karriere, die Objekte auf seinem Schreibtisch, die Regelmäßigkeit der Mahlzeiten – das ist sein Leben. Angeregt durch die Gegenwart seiner Schwiegertochter denkt er aber noch einmal über seine Existenz nach, seine verschiedenen Lebensalter, die Menschen, denen er begegnet war: seine Verlobte, seine Frau, seinen Sohn. Sie alle hatten erwartet, von ihm geliebt zu werden, und er spürt nun, dass er keinen von ihnen hatte lieben können. In seinem Albtraum wird die chronologische Zeit ausgesetzt, die Uhr hat keine Nadel; er nimmt die *andere Zeit* wahr, die nicht der Chronologie folgt: Der Leichenwagen ist da; er wird sterben, allein. Aber vor dem Hintergrund dieser Einsicht blickt er um sich, und unter seinem neuen Blick fangen die Menschen an, sich mit Leben zu füllen, seine Schwiegertochter und sein Sohn beginnen zu leben. In einem anderen Traum, in dem er zu lieben beginnt, findet er schließlich seine Kindheit wieder.

Der Lebensbogen dieses Mannes spannt sich zu dieser letzten Entdeckung hin: *lieben zu lernen.* Der Strom seines Lebens ist einer Richtung gefolgt, die den durchquerten Etappen nachträglich einen Sinn gegeben hat. Sind wir vielleicht wie Isak? Eröffnet uns das Durchschreiten der Lebensalter vielleicht die Möglichkeit, besser lieben zu lernen?

Kapitel 5
Angst vor dem Tod

Welchen Sinn hat unser Leben angesichts des Todes?

Von Kindheit an wissen wir, dass wir sterblich sind, aber dies bleibt eine rationale Erkenntnis, mit der wir uns mehr oder weniger gut arrangieren. Manch einer findet sogar Vergnügen daran, Abhandlungen zu diesem Thema zu schreiben. Aber alles wird anders, wenn wir unserem eigenen Tod gegenüberstehen, der näher kommt: Das ist ein Schock. Wenn er bewusst wird, spüren wir ihn in allen Fasern unseres Körpers: »Mein Leben wird enden, ich kann dem nicht entrinnen. Wenn ich dem Tod gegenübertrete, werde ich das ganz allein erleben.« Mit rationalem Wissen hat das wenig zu tun.

Wenn einem jungen Menschen gesundheitlich plötzlich etwas zustößt – etwa wenn er Opfer eines Unfalls wird – oder wenn einer seiner Angehörigen etwas Derartiges erleidet, trifft ihn dieser Schock mit voller Wucht: Der Tod kommt zu früh. Der junge Mensch wird sich urplötzlich bewusst, wie schnell die Zeit verrinnt, und entrüstet sich darüber, dass es ihm nicht gelingt, sie zu beherrschen: »Es ist ungerecht, dass ich in meinem Alter sterben soll!« Die Umgebung gerät in Aufruhr: »Es ist ungerecht, dass er in seinem Alter sterben soll!« Wie könnte der junge Mensch – aber auch seine Eltern – da nicht Missgunst und Empörung empfinden und auf den Greis deuten: »Warum nicht er? Er hat seine Zeit zu leben schon gehabt!«

Zu einer solch plötzlichen Konfrontation mit dem Tod kommt es nicht nur bei jungen Leuten. Auch Menschen reiferen Alters können sich einer unerwarteten Krankheit oder einem Unfall gegenübersehen. Die Mehrzahl der älteren Menschen gelangt dagegen, durch schrittweise Wahrnehmung ihres Älterwerdens, zur Auseinandersetzung mit dem eigenen Tod: Das unerbittliche Näherrücken des Lebensendes führt zu einem Umbruch in allen Fasern ihres Seins, der ihrer Denkweise sowie der Art, in der sie ihre Umwelt wahrnehmen, zunehmend eine gewisse Tönung gibt. Dieser schrittweise Umbruch unterscheidet sich vom Schock, der vom jungen Menschen empfunden wird, da ein älterer Mensch viel weniger als ein Jugendlicher die Illusion hat, dem Vorrücken der Zeit dadurch entgehen zu können, dass er sein Lebensende weit hinausschiebt.

Im Übrigen ist ein kranker alter Mensch, da er nie zu einer guten Lebensqualität zurückfinden wird, unter Umständen auch nicht sonderlich daran interessiert, das unausweichliche Ende um einige Zeit hinauszuschieben. Meistens ist es nicht der Umstand, dass der Tod zu früh käme, gegen den er sich auflehnt. Ihn ängstigt dagegen eher, dass die Sterblichkeit Teil der *Conditio humana* ist, die Unausweichlichkeit des Todes also, denn tief in seinem Inneren hat er das Gefühl, für die Ewigkeit geschaffen zu sein. Deshalb stellen sich die Alten, auch wenn sie nicht direkt darüber sprechen, in ihrer Mehrzahl die Frage nach dem Sinn ihrer Existenz, wenn sie an ihren Tod und damit indirekt auch an ihr Leben denken.

Wann werde ich mir Zeit zum Leben nehmen?

Wenn ältere Menschen sich ihres Alterns bewusst werden, stellen sie sich oft (wieder) mehr oder weniger direkt die großen existenziellen Fragen: »Ich habe immer darauf gewartet, ›später zu leben‹: wenn ich diese oder jene Prüfung geschafft habe …, wenn ich Arbeit gefunden habe …, wenn ich eine Familie gegründet habe …, wenn … – und jetzt habe ich keine Zeit mehr vor mir, um noch länger auf das Leben warten zu können … Was habe ich aus meinem Leben gemacht? Welchen Sinn hat es gehabt, dass ich geboren wurde, wenn ich doch sterben muss?«

Manchmal hatten sie sich diese Frage bereits anlässlich verschiedener Wendepunkte ihres Lebens gestellt: mit fünf Jahren, einem Alter, in dem sich viele Kinder metaphysische Fragen stellen, später dann in der Jugend oder abermals anlässlich der Krise der Lebensmitte. Wenn sie bei diesen verschiedenen Anlässen keine zufriedenstellende Antwort gefunden hatten, stellen sie sich die Fragen erneut. Es ist nie zu spät … Allerdings schaffen es nur wenige ältere Menschen, diese Fragen klar zu formulieren, und finden deshalb auch kaum befriedigende Antworten. Außerdem vermitteln die Menschen aus seiner Umgebung dem Alten oft den Eindruck, dass man sich ihm entzieht oder ihm nur mit Herablassung zuhört, denn sie verstehen nicht richtig, um was es eigentlich geht. Infolgedessen entwickeln manche ältere Menschen depressive Symptome.

Die Psychoanalyse kann auf diese grundlegenden existenziellen Fragen keine Antwort geben. Sie kann aber einem jedem helfen, seine eigene Antwort zu entdecken, sie aus sich selbst heraus und für sich selbst zu entwerfen. Sie kann Bezugspunkte zur Verfügung stellen, die entweder dem älteren Mensch direkt nützlich sein können oder aber seiner Umgebung und den Therapeuten, die ihn eventuell begleiten. Einer dieser Bezugspunkte betrifft die Entwicklung von Menschen, die von einer Sorge um sich selbst zu einer Fürsorge übergehen, die anderen entgegengebracht wird.

»Nützlich sterben«

Für Henri Danon-Boileau hat sich ein älterer Mensch, der überzeugt ist, den anderen noch etwas geben zu können, dem Altern nicht *schicksalhaft ergeben*. Eine solche Fürsorge für andere hat er die Bezeichnung »nützlich sterben« gegeben. Er hat dies bei einem Psychoanalytiker-Treffen im Jahre 2007 in Lyon illustriert, indem er uns von der folgenden Erfahrung berichtete: Einer seiner Freunde, der wie er selbst sehr alt geworden war, war eine extrem kontrollierte Persönlichkeit, die ihrer Umgebung gegenüber stets eine große affektive Zurückhaltung gewahrt hatte. Dieser Freund, der am anderen Ende der Welt wohnte, hatte ihn eines Tages angerufen: Sein Arzt hatte ihm gerade mitgeteilt, dass er nur noch etwa drei Monate leben würde. Er fügte hinzu: »Natürlich spreche ich mit niemandem in meiner Umgebung darüber.« Danon-Boileau nahm das nächste Flugzeug, um seinen Freund wiederzusehen und ihm zu sagen (ich gebe das aus meiner Erinnerung wieder): »Wir sitzen beide im gleichen Boot, dir und mir bleibt nur noch kurze Zeit zu leben: Da sollte man doch nützlich sterben. Du hast Kinder, Enkelkinder, du hast genügend Zeit, mit jedem zu sprechen, Bindungen zu schaffen und zu jedem von ihnen in diesen drei Monaten etwas aufzubauen.« Danon-Boileau sagte uns, dass sich das Lebensende seines Freundes sowie das Leben seiner Familienmitglieder, zu denen dieser Mann zuvor nur wenig persönliche Gefühlsbeziehungen aufgebaut hatte, dadurch vollkommen verändert habe. Er bestand darauf, es sei sehr wichtig gewesen, dass er diesem Freund gesagt hatte, *sie säßen beide im gleichen Boot*, das heißt, sie seien beide alt und am Ende der Reise. Dies verlieh seinen Aussagen Glaubwürdigkeit und Gewicht: Sie waren damit keineswegs Ratschläge von außen, sondern – wie er sich ausdrückte – Ratschläge, die von einem *Nutzer* des Alters kamen.

Nützlich altern: Die Fähigkeit, sich leidenschaftlich zu engagieren

Ich möchte Henri Danon-Boileaus Ausdruck aufgreifen und ihn wie folgt erweitern: »nützlich altern«. Wir alle haben sicher schon ältere Menschen getroffen, die von einer Leidenschaft erfüllt waren und harmonisch alt wurden: Sie sind von einem Interesse getrieben, das nicht direkt ihre eigene Person ist. Ich denke zum Beispiel an eine opernbegeisterte Frau, die ihre alten Tage damit verbrachte, ihre Opernkenntnisse weiterzugeben, oder an einen leidenschaftlichen Buchhalter, der eine Sprechstunde abhielt, um Menschen weiterzuhelfen, die die Übersicht über ihre Buchführung verloren hatten, oder auch an einen geschichtsbegeisterten Mann, der Forschungsarbeiten zur Genealogie seiner Familie begonnen hatte, sowie an viele andere mehr. Die kostbare Seite des Objekts der Leidenschaft ist weniger wichtig als der zentripetale Charakter der Bewegung: Sich beispielsweise für Haustiere zu begeistern, kann eben auch eine nach außen gerichtete Bewegung ausdrücken, die auf Geben aus ist.

Diese Ausführungen verweisen auf eine Theorie von Liebe und Hass, die den von Melanie Klein eingeführten Begriffen verpflichtet ist. Die Menschen entwickeln sich von der Angst, von den anderen verfolgt zu werden, zu der Angst weiter, nun ihrerseits den anderen Böses zufügen und sie dadurch verlieren zu können. Dies entspricht dem, was Klein den Übergang von der *schizoid-paranoiden Position* zur *depressiven Position* genannt hat (1948): Die *schizoid-paranoide* Angst, von äußeren Verfolgern angegriffen zu werden, weicht der *depressiven* Angst, die geliebten Objekte beschädigen und verlieren zu können. Wenn die *depressive Position* erreicht ist, weicht die *Angst, das beschädigte Objekt zu verlieren*, der *Sorge ihm gegenüber.*

Diese Entwicklung vollzieht sich nicht in einem einzigen Schritt; das Gleichgewicht ist labil, nie ein für alle Mal sicher, ist ständig wiederherzustellen. Manche Menschen beginnen mit zunehmendem Alter (wieder), sich von äußeren Verfolgern gejagt zu fühlen, oder verlieren ihr Interesse an den anderen: Sie ziehen sich zurück und richten ihren Blick nur noch auf sich selbst. In dieser Situation könnte ein Psychotherapeut oder ein Psychoanalytiker ihnen eventuell dabei behilflich sein, sich aus dem Mittelpunkt herauszunehmen und sich wieder für die Außenwelt zu interessieren. Pierre Charazac (2005) und Jean-Marc Talpin (2005) lassen sich in ihrer klinischen Arbeit mit alten Patienten von diesen Konzepten leiten. Ein Erreichen der *depressiven Position* impliziert das Entdecken der Fähigkeit, sich selbst und den anderen als *Gesamtobjekt* zu lieben, bei dem man bestimmte Aspekte schätzt, andere dagegen ablehnt. Ein grundlegendes Wohlwollen, das es möglich macht, sich selbst und den anderen in seiner Unvollkommenheit zu akzeptieren – mit seinen Fehlern, Unzulänglichkeiten oder Krankheiten –, ist oft das, was ein älterer Mensch in der Übertragung mit einem Therapeuten wiedererleben muss.

Ordnung in seine innere und äußere Welt bringen, bevor man stirbt

Mit sich selbst und den anderen wohlwollend umgehen

Manche ältere Menschen messen guten Beziehungen zu den Menschen, die sie in ihrer inneren Welt tragen, eine immer größere Bedeutung bei; sie behandeln sie mit großer Sorgfalt. So versuchen sie, die anderen innerlich mit einem neuen Blick zu betrachten – als ob sie sie neu entdeckten. Dazu ist anzumerken, dass die Freundlichkeit, die ein Mensch sich selbst und den anderen *in seiner inneren Welt* entgegenbringt, sich auch in der Art und Weise niederschlägt, in der er sich selbst und die anderen *in der äußeren Welt* behandelt. Wenn es darum geht, die eigenen Qualitäten und die der anderen zu würdigen, ziehen ältere Menschen oft andere Wertmaßstäbe heran als jüngere, und achten dabei auf Aspekte, die letztere allein nicht bemerkt hätten.

Bemerken wir die Sorge um andere, die wiedergefunden wurden, dann verstehen wir besser, warum ein alternder Mensch Ordnung in seine innere Welt bringen und sich mit den Menschen innerlich versöhnen will, die für ihn zählen oder in seinem Leben gezählt haben: Einige, die als zweitrangig betrachtet worden waren, gewinnen an Bedeutung hinzu und umgekehrt; neue Nuancen tauchen auf, was die Versöhnung mit einigen dieser Menschen einfacher macht.

Selbst wenn wichtige Menschen seit Langem verstorben sind, gehören sie deshalb nicht weniger zu unserer aktuellen inneren Welt. Sich mit ihnen zu versöhnen führt seinerseits zur Einführung einer neuen inneren und äußeren Ordnung. Ich sage bewusst: auch zu einer *äußeren*, denn die innere Ordnung drückt sich oft in einem Wunsch aus, um sich herum in gleicher Weise »wirklich« Ordnung zu schaffen. Man sieht einen alten Menschen, der dann damit beschäftigt ist, sein Haus, seine Angelegenheiten, seine Fotos usw. zu ordnen; er hat den Wunsch, *all seine Angelegenheiten in Ordnung zu bringen.*

Versöhnung

In ihrem Wunsch, den Menschen Beachtung zu schenken, die in ihrem Leben eine wichtige Rolle gespielt haben – unabhängig davon, ob diese Rolle nun angenehm oder negativ gewesen war –, scheinen manche schwerkranke alte Patienten zum Sterben den Zeitpunkt abzuwarten, an dem sie endlich einen bestimmten Menschen wiedersehen, dem sie Lebewohl sagen, eine Mitteilung zukommen lassen oder mit denen sie sich, einem dringenden inneren Anliegen gemäß, versöhnen oder eine einst abgebrochene Beziehung wiederherstellen wollen.

Diese Versöhnungen oder Begegnungen lassen sich nicht immer verwirklichen, wobei die Unmöglichkeit einer Versöhnung auf äußere oder innere Faktoren zurückführbar sein kann. Manchmal kann der Mensch, mit dem sich der Patient versöhnen möchte, verstorben oder unerreichbar sein; zuweilen will die Person auf das Bemühen um Versöhnung nicht eingehen. Aber die reale Verwirklichung der Versöhnung ist gar nicht das, was am meisten zählt, auch wenn sie große Zufriedenheit nach sich zieht: Damit manche ältere Menschen ihr Leben in Frieden beenden können – was nicht heißt: ohne Leiden –, ist es wichtig, dass sie dahin kommen, in sich selbst den inneren Wunsch nach Versöhnung zu entwickeln, wobei dem anderen dann die Freiheit gelassen wird, darauf einzugehen oder nicht.

Dieser innere Wunsch nach Versöhnung erinnert auf psychischer Ebene an das, was Melanie Klein *Wiedergutmachung* genannt hat; sie besteht darin, die Person des anderen in unserer inneren Welt *wiederherzustellen*. Dieser Vorgang besteht darin, in sich einen Menschen als inneres Gesamtobjekt aufzurichten (durch eine Synthese ihrer geliebten und gehassten Aspekte), also nicht als ein Partialobjekt (indem man den betreffenden Menschen auf bestimmte isolierte Aspekte seiner selbst reduziert). Nehmen wir die anderen als Partialobjekte wahr, fühlen wir uns sehr schnell von ihnen verfolgt. Zum Beispiel kann dann ein verabscheuter Aspekt den ganzen Raum einnehmen und uns den Eindruck vermitteln, der ganze Mensch sei schlecht. Den anderen nur als Partialobjekt wahrzunehmen, ist so, als reduzierten wir das Volumen eines Hauses auf eine seiner zweidimensionalen Fassaden. Stellt man den anderen dagegen als Gesamtobjekt wieder her, ist es so, als entfaltete man das ganze Haus mit seiner Nord- und seiner Südfassade; man könnte sich dann im Inneren des Volumens dieses Hauses bewegen und einen unangenehmen Aspekt des Hauses mit einem anderen ausgleichen, den wir schätzen. Der Kontrast zwischen den verschiedenen Bereichen des Hauses verleiht ihnen jeweils ihren Wert. So können wir dann das Haus insgesamt lieben, obwohl uns bestimmte Aspekte dieses Hauses missfallen würden, wenn sie für sich alleine dastünden.

Ein Beispiel für Wiedergutmachung: Laura

Laura gelang es als alter Frau, das Bild ihres Vaters *wiederherzustellen*. Ihr vor langer Zeit verstorbener Vater hatte die Familie in der Jugend der Patientin verlassen und Laura implizit aufgebürdet, sich um ihre Mutter und ihre Brüder und Schwestern zu kümmern. Laura war über diese Trennung sehr traurig gewesen, war sich aber nicht bewusst, dass sie dieses Verhalten ihres Vaters als aggressiv empfunden hatte. Bewusst empfand sie keinerlei Groll ihm gegenüber, wie übrigens ihrer Analytikerin gegenüber auch nicht. Sie unterdrückte solche Gefühle mit aller Kraft, was dazu beitrug, ihre Kreativität und innere Freiheit zu beeinträchtigen. Die unbewussten Vorwürfe ihrem Vater gegenüber manifestierten sich in der Übertragung auf die Analytikerin aber schließlich doch, allerdings in indirekter Form. Zum Beispiel warf mir Laura nie irgendetwas direkt vor. Sie berichtete mir dagegen mit großer Heftigkeit von den Anklagen eines Dritten, der den Analytikern vorwarf, sich nicht genügend um die Patienten zu kümmern und sie alles ganz allein machen zu lassen, ohne sich darüber im Klaren zu sein, dass sie über die Stimme dieses Dritten auch mir Vorwürfe machte.

Anhand meiner Deutungen konnte sie sich bewusst machen, dass diese Vorwürfe tatsächlich die gleichen waren, die sie sich ihrem Vater gegenüber nie einzugestehen gewagt hatte und die sie in der Übertragung nun indirekt an mich richtete. Daraufhin konnte sie spüren, dass es sehr wohl eine unbewusste Aggression ihrem Vater gegenüber gab, die sich bisher aber nur indirekt, auf dem Weg über Angriffe auf sich selbst manifestiert hatte: In der Tat manövrierte sich Laura immer weder in unangenehme Situationen, in denen die anderen sie sich dann allein aus der Affäre ziehen ließen. Auch wurde ihr klar, dass sie mit den Attacken gegen sich selbst indirekt ihren Vater angriff: Durch ihre Misserfolge bewies sie ihrem Vater, dass er das Leben seiner Tochter dadurch verkorkst hatte, dass er ihr nicht erlaubt habe, sich voll zu entwickeln.

Laura gewann daraufhin in der inneren Beziehung zu ihrem Vater eine große Freiheit zurück; sie konnte ein nuanciertes inneres Gesamtbild seiner Person entstehen lassen, was ihr dann auch die Augen für all das öffnete, was sie an ihm nicht mochte. Seine Fehler zu sehen bedeutete nun nicht mehr die Gefahr, auch all das auszuradieren, was sie an ihm schätzte: Sie konnte ihn als Mensch in seiner Gesamtheit lieben. Dadurch *restaurierte* sie in ihrer inneren Welt das Bild ihres Vaters: Sie idealisierte ihn nicht mehr, denn sie konnte seine Fehler sehen, sie setzte ihn auch nicht mehr herab, denn sie konnte seine Qualitäten sehen. Dies ermöglichte es ihr, sich mit ihrem Vater innerlich zu versöhnen.

Der Begriff des Verzeihens

Psychoanalytiker haben oft Bedenken, den Begriff des *Verzeihens* ins Spiel zu bringen, da er missverstanden werden und eine moralisierende Herangehensweise ins Spiel bringen kann, hinter der sich eine masochistische Haltung verbirgt. Ich bin aber älteren Menschen begegnet, die von sich aus diesen Begriff ins Feld geführt haben. Sie überdenken noch einmal ihr gesamtes Leben und empfinden dann einen *Vergebungsschritt* als zwingend, wobei sie sich nicht vorstellen, sich selbst etwas vergeben zu lassen, sondern versuchen, einem Mensch innerlich zu verzeihen, der sie verletzt hatte, selbst wenn jener gar nicht damit rechnet, dass ihm verziehen würde, oder er dieser Frage gar keine Bedeutung zumisst.

Ein Beispiel: Elisabeths Vorgehen

Ich denke insbesondere an Elisabeth, die gegen Ende ihrer Adoleszenz sexuell missbraucht worden war. Mit 70 Jahren konnte sie erst mittels eines Ansatzes Frieden finden, die darin bestand, ihrem Missbraucher – wie sie es formulierte – zu *vergeben*, der sich des Schadens, den er verursacht hatte, im Übrigen anscheinend nie bewusst gewesen war. Elisabeth hat mir die Erlaubnis gegeben, ihr Vorgehen und das, was es für sie bedeutete, zu schildern. Mithilfe einer Psychoanalyse konnte sie sich unter Schwierigkeiten schrittweise von der Macht befreien, die der Missbraucher noch über sie hatte. Sie hatte als Erwachsene ein sozial gut angepasstes Leben geführt, sie hatte geheiratet, eine Familie gegründet, einen Beruf ausgeübt, aber all das hatte enorme Anstrengungen gekostet: Sie versuchte, mit Symptomen wie Schlaflosigkeit und Sozialphobien zurechtzukommen, deren Ursache sie nicht kannte. In dieser Zeit der Reife, die mehrere Jahrzehnte ihres Lebens umfasste, hatte Elisabeth nicht mehr an die Existenz jenes Mannes gedacht, der sie missbraucht hatte. Sie hatte ihn augenscheinlich ganz vergessen. Sie hatte nicht daran gedacht, dass er noch irgendwo leben könnte. Für sie war er weder tot noch lebendig, er existierte einfach nicht. Sie spürte keine Wut auf ihn, warf ihm nichts vor und kritisierte ihn sogar nicht einmal, zumindest nicht bewusst. Sie minimierte das Leid, das er ihr zugefügt hatte. Die Zeit, die sie unter dem Einfluss dieses Mannes verbracht hatte, war für sie wie unwirklich geworden, und schien jedenfalls nicht mehr Teil ihres Lebens zu sein.

Aber als Elisabeth 70 Jahre alt wurde, entschloss sie sich noch einmal zu einem therapeutischen Schritt, mit dessen Hilfe sie realisieren konnte, dass sich die auf diesen Mann gerichtete unbewusste Wut in dem manifestiert hatte, was sie glaubte, vergessen zu haben. Ihn zu vergessen war für sie ein unbewusster Modus gewesen, ihn symbolisch zu zerstören, ihn zu »töten«. Sie wurde sich jetzt ihrer Wut und damit zugleich dessen bewusst, was sie erlitten hatte. Sie realisierte zum Beispiel, dass ihr Leben in Gefahr gebracht worden war, als er sie zum Geschlechtsverkehr drängte, nachdem sie gerade abgetrieben hatte. Als sie sich ihrer Wut auf ihn bewusst wurde, nahm sie auch den perversen Charakter seiner trügerischen Annäherungsversuche deutlicher wahr, die sie früher kritiklos hingenommen hatte, wenn er ihr beispielsweise vorgaukelte, wie gut seine eigentlich indiskutablen Angebote doch gemeint seien. Ihre

Leichtgläubigkeit hatte in ihr seinerzeit ein unbewusstes Schuldgefühl erzeugt. Sie entdeckte jetzt, dass Erregung ein Leid sein kann, das nicht mit Lust zu verwechseln ist. Auch wurde ihr bewusst, dass eine starke Angst vor Einsamkeit sie dazu veranlasst hatte, sich den Forderungen ihres Missbrauchers zu beugen: Sie wollte sich lieber unterwerfen, als alleine gelassen zu werden.

Gegenwart und Zukunft vom Gewicht der Vergangenheit befreien, ohne sie zu verlieren

Danach wurde Elisabeth klar, dass dieser inzwischen sehr alte Mann noch real existierte. Sie hatte das dringende Verlangen, seine Adresse ausfindig zu machen und ihn aus der Distanz heraus zu betrachten, um sich Gewissheit zu verschaffen. Was sie damals erlebt hatte, nahm nun in der Realität Gestalt an, und zugleich begann dieser Mann mit all seiner Komplexität, auch in Elisabeths innerer Welt zu existieren. Eine neue Einstellung bildete sich in ihr heraus: Es ging weder darum, das Schlechte, das sie erfahren hatte, zu leugnen, noch darum, die Wucht des Dramas abzuschwächen, sondern darum, dem Missbraucher den Status einer *ganzen* und von ihr unabhängigen Person zurückzugeben, was ihr ihm Gegenzug erlauben würde, sich als *ganz zu empfinden* und von ihm befreit zu fühlen. Sie wurde sich bewusst, dass sie in ihrem Inneren diesen Mann sein Leben führen lassen konnte und ihn nicht mehr hindern musste, ein neues Leben zu führen, wenn er es wünschte. Das Leben dieses Mannes gehörte ihm und nicht ihr. Im Gegenzug gewann Elisabeth an Freiheit, ihr Leben setzte sich von diesem Mann und der Vergangenheit ab, mit der er verknüpft gewesen war.

Allerdings hatte Elisabeth daraufhin das Gefühl, sie müsse weitergehen und ihn persönlich treffen, um ihm sagen zu können, dass sie ihm *verzeihe*. Auf diese Art wollte sie herausfinden, ob er als ein von ihr unabhängiges Wesen existierte, und ihrer neuen Haltung Sinn verleihen. Sie wartete so lange ab, bis sie sicher war, frei genug zu sein, diese Geste des Verzeihens umsetzen zu können; weder wollte sie sich erneut faszinieren lassen noch aus Rache handeln. Da Elisabeth um das hohe Alter dieses Mannes wusste, hatte sie das Gefühl, dass dies die letzte Gelegenheit war, diesen Schritt in Angriff zu nehmen. Die Unterredung dauerte nur ein paar Minuten, auf sie folgte aber eine große Gelöstheit. Dabei war es für sie weniger wichtig, dass dieser Mann das Leid, das sie damals wohl empfunden hatte, zunächst ignorierte und behauptete, er habe nur die Absicht gehabt, ihr Lust zu verschaffen, noch zählte es, dass er erneut versuchte, sie zurückzuhalten: Dieses Verhalten gehörte zu ihm, nicht zu ihr. Etwas später hatte sie allerdings den Eindruck, dass ihr Vorgehen auch für ihn einen neuen Raum eröffnet hatte. Aber auch das gehörte für sie nicht zu ihr. Die Symptome, die Elisabeths Leben einschränkten, verschwanden umgehend; ihr inneres Vorgehen, das sie *Verzeihen* nannte, hatte eine entscheidende Wende bewirkt.

Ein Umgang mit dem Verzeihen, der dem von Elisabeth nahekommt, ist von Tim Guénard in seinem Buch *Boxerkind: Überleben in einer Welt ohne Liebe* (2007) beschrieben worden. Guénard, der während seiner Kindheit von Vater *und* Mutter schwer misshandelt worden war, hat darin die inneren Schritte beschrieben, die er vollziehen musste, um die Kraft zum Leben zu finden:

> »Vergeben ist nicht vergessen. Vielmehr ist es ein Akzeptieren, in Frieden mit der Kränkung zu leben. Gar nicht leicht, wenn die Verletzung das ganze Wesen erfasst, ja, den Körper wie eine Tätowierung des Todes gezeichnet hat […]. Um zu vergeben, muss man sich erinnern. Nicht die Wunde verschließen, sie verbergen, sondern, im Gegenteil, sie offen legen, ans Tageslicht bringen. Eine versteckte Wunde entzündet sich und scheidet ihr Gift aus. Sie muss gesehen, gehört werden, um sich zu einer Quelle des Lebens entwickeln zu können. Ich bezeuge, dass es keine Verletzungen gibt, die nicht langsam durch die Liebe heilen können« (ebd., S. 238f.)

In Frieden mit sich selbst sterben

Das Pflegepersonal beobachtet oft, dass die Präsenz eines wohlgesinnten Menschen bei einem Sterbendem wichtig ist, so als ob ihm dies bestätigen würde, dass seine innere Welt von guten – was nicht heißen soll: perfekten – Menschen bewohnt ist. In der Tat verspürt ein Kranker, bevor er stirbt, häufig das Bedürfnis, mit den Menschen, die seine innere Welt bewohnen, seinen Frieden zu schließen. Ich denke, dass dies auch der Grund dafür ist, warum bestimmte Menschen, die über ein spirituelles Leben verfügen und an die innere Gegenwart eines Gottes glauben, der sie liebt, im Augenblick ihres Todes so ruhig sein können.

Zahlreiche Aussagen bezeugen aber auch, dass einige Kranke scheinbar vorteilhaft war, gerade während der wenigen Minuten zu sterben, in denen der Mensch, der ununterbrochen bei ihnen gewacht hatte, gezwungen war, sich einmal kurz zu entfernen. Es kommt häufig vor, dass ein Patient die Dinge so einzurichten scheint, dass er beim letzten Atemzug allein ist. Dies ist zum Beispiel auch die Haltung, die Sophokles in *Ödipus auf Kolonos* dem Ödipus zuschreibt. Antigone hat ihren blinden Vater seit der tragischen Katastrophe treu begleitet; als die Zeit gekommen ist, diese Welt zu verlassen, befiehlt Ödipus ihr jedoch, ihn allein zu lassen. Für die Begleitperson ist dies oft sehr schmerzlich – als ob der Patient ihn ablehnte oder ihm eine kurze Abwesenheit zum Vorwurf machte.

Trotz des so erweckten Anscheins, scheint mir das finale Bedürfnis nach Einsamkeit nicht im Gegensatz zu dem Wunsch zu stehen, begleitet zu werden. Um loslassen und sterben zu können, ist es für manche Kranke notwendig, dass sie nicht durch einen Menschen, der ihnen lieb und teuer ist, im Leben zurückgehalten werden; andere müssen Abstand nehmen, damit sie nicht von der Sorge überwältigt werden, die Zurückbleibenden leiden zu lassen. Außerdem denke Ich, dass im Augenblick des Sterbens die chronologische Zeit zugunsten der *anderen Zeit* verfliegt: Manchmal berichten uns Menschen, die dem Tod knapp entronnen sind, sie hätten in einer Sekunde Ewigkeit ihr gesamtes Leben vor sich gesehen. Vielleicht beginnt der Sterbende in den letzten Minuten seines Lebens, eine Existenz, die für die Lebenden in eine Zeitdauer eingeschrieben ist, in nur einer einzigen Schau zu erfassen; der Kranke ist allerdings nicht in der Lage, diese Wahrnehmung einer anderen Zeit zu erklären, selbst dem Menschen nicht, den er von allen Menschen dieser Welt am meisten liebt, und er wählt die scheinbare Einsamkeit.

Bewusste Angst vor dem Tod

Die bewusste Angst vor dem Tod muss von der unbewussten Todesangst unterschieden werden

Wenn man von Angst vor dem Tod spricht, denkt man im Allgemeinen an die bewusste Angst vor dem Tod, es gibt aber auch eine unbewusste Todesangst. Ich halte es für wichtig, beide voneinander zu unterscheiden. Die bewusste Angst vor dem Tod ist die Angst zu sterben. Jeder von uns erlebt sie auf seine Art und Weise als eine bewusste Angst mit stark variierender Intensität und findet seine eigenen Mittel und Wege, sich vor ihr zu schützen. Viele Werke der Literatur beleuchten dieses Thema, zwei von ihnen möchte ich zitieren. Es handelt sich um zwei Romane, die sich diametral gegenüberstehen und doch in ihrer jeweiligen Zeit großen Erfolg bei den Lesern hatten: der eine von Irvin D. Yalom, der andere von Honoré de Balzac.

Lieben lernen und sterben lernen

In seinem Roman *Die Schopenhauer-Kur*[4] setzt Yalom (2005) mit Julius einen Mann in Szene, dessen Fähigkeit, das eigene Leben bis zum Ende in Bewegung zu halten, mit seinem Interesse für die anderen verbunden ist, was ihn dazu veranlasst, immer wieder Liebesbeziehungen aufzubauen, die auch Aggression integrieren. Die ihm innewohnende Lebenskraft verhilft Julius dazu, in einer zentripetalen Bewegung aus sich selbst herauszugehen und sich für die anderen zu interessieren. Dies führt zu einem Zuwachs sowohl an persönlicher wie an interpersoneller Harmonie.

Der Roman beginnt mit einer knallharten Konfrontation mit dem Tod. Julius, ein Psychoanalytiker reiferen Alters, der sich scheinbar guter Gesundheit erfreut, sieht sich mit einem unvermittelten Umbruch seines

4 Der französische Titel lautet: *Apprendre à mourir* (2005); wörtlich übersetzt: Sterben lernen (Anm. d. Übers.).

Lebens konfrontiert: ein banaler Check-up, die Entdeckung von Krebs im fortgeschrittenen Stadium, gefolgt vom Satz des Arztes, »es wäre nicht unrealistisch, auf mindestens noch ein Jahr bei guter Gesundheit zu hoffen« (S. 15). Der Satz des Epikur, den Julius sterbenden Patienten so oft gesagt hatte, fällt ihm ein: »Wo ich bin, ist der Tod nicht, und wo der Tod ist, bin ich nicht« (S. 7). Aber die Angst, die er jetzt hat, ist von derlei vernünftigen Erwägungen weit entfernt! Was er erlebt, ist etwas ganz anderes: »Oft wachte er mitten in der Nacht panisch auf, schreiend und nach Luft ringend« (S. 15).

Was soll er mit diesem Jahr, das ihm noch zu leben bleibt, anfangen?

Wir folgen Julius in seinem weiteren Vorgehen während dieses Jahres. Unmittelbar nach der Diagnose bittet er seine Tochter, ihm zu helfen: ihm zuzuhören und ihn einige Tage zu begleiten. Er spricht mit seinen Angehörigen. Dann hört er das Schweigen, nicht irgendeines, sondern das seiner Kollegen, denen er während einer Sitzung die Schwere seiner Erkrankung mitgeteilt hat. Nachdem sie ihn sprechen und seinen Schmerz haben ausbreiten lassen, schweigen sie – eine tröstliche Stille, die ihm »heilig« erschien (ebd., S. 19). Und dann: Ordnung schaffen, alte Akten durchgehen oder – besser gesagt – die menschlichen Dramen, denen er begegnet war, die Misserfolge, seine eigene Geschichte noch einmal überdenken. »Doch es gab Wissen und *Wissen*. Und die nähere Gegenwart des Todes beförderte sein Wissen« (ebd. S. 20).

Im Lichte dieser neuen Art des Wissens versteht er die Botschaften von Nietzsches Zarathustra in anderer Weise: »Lebe Dein Leben bis zum Äußersten, und dann, und erst dann stirb. Lass kein ungelebtes Leben zurück« (ebd. S. 22). Zarathustra scheint ihm für ein Erlernen der Liebe offen, und einer seiner Sätze berührt Julius ganz besonders: »*An seiner Reife teilhaben* – das traf ins Schwarze« (ebd.). Von nun an weiß Julius, was ihn das letzte Jahr seines Lebens über, das heute beginnt, beschäftigen wird: Er wird weiterhin das tun, was er tun kann, und das heißt das, was er mit Freude macht. »*Er würde genauso leben, wie er im vergangenen Jahr gelebt hatte – und im Jahr davor und dem davor.* Er liebte es, Therapeut zu sein; er liebte es, eine Verbindung mit anderen zu knüpfen, und dazu beizutragen, dass etwas in ihnen zum Leben erwachte« (ebd.).

Versuchen, seine Weisheit zu teilen? Lernen, besser zu lieben?

Anhand der von ihm geleiteten Therapiegruppe verfolgen wir von nun an Julius weiteren Werdegang in seinem letzten Lebensjahr: Er verbindet sich mit der Weiterentwicklung der gesamten Gruppe, aber auch mit der jedes einzelnen Gruppenmitglieds und der Fortentwicklung der Beziehungen zwischen den verschiedenen Mitgliedern der Gruppe. Diese einzelnen Entwicklungen fügen sich zu einem Gesamtbild zusammen und wirken aufeinander ein. Den Reichtum und die Originalität eines jeden Einzelnen zu entdecken fesselt Julius geradezu leidenschaftlich.

Das Interesse, das er dieser Therapiegruppe entgegenbringt, nimmt aber noch eine weitere Dimension an: Er erinnert sich an einen ehemaligen Patienten, an dem er seinerzeit gescheitert war, ein Patient, der sich nicht für die Menschen zu interessieren schien und jegliches Gefühl ablehnte. Könnte er nicht doch noch etwas für ihn versuchen? Es gelingt ihm, seinen Ex-Patienten zu überzeugen, in die Therapiegruppe einzutreten. Welches Motiv treibt Julius dabei an? Ein Schuldgefühl? Die Weigerung, einen Misserfolg zu akzeptieren? Ein Bedürfnis nach Versöhnung? Ein Wunsch nach Wiedergutmachung? Der Wunsch, einem Menschen, der jegliche affektive Bindung bewusst ablehnt und seinen Sadismus offen herausstellt, das Lieben beizubringen? Will er beweisen, dass kein Misserfolg als endgültig betrachtet werden muss und man stets noch Hoffnung haben kann? Vielleicht von allem ein bisschen …

Darüber hinaus bringt der Ex-Patient seine Schopenhauer-Kenntnis in die Gruppe ein. Wir erleben ein kontrapunktisches Spiel, bei dem versucht wird, diese philosophischen Kenntnisse mit affektivem und psychoanalytischem Wissen zu verknüpfen.

Ich fand diesen Roman außergewöhnlich interessant, weil er einen Menschen zeigt, der auch im Angesicht des nahenden Todes versucht, sein Leben bis zum Ende zu leben. Wir finden hier die verschiedenen Facetten und Etappen, aus denen für Julius die Arbeit aktiven Alterns besteht, während der Tod näher rückt: Er wagt es, seiner eigenen Angst ins Gesicht zu sehen, mit den Angehörigen darüber zu sprechen, sie um Hilfe zu bitten und zu versuchen, ihnen nützlich zu sein – in fortwährender Suche nach einer besseren Art und Weise, sie zu lieben.

Sein »Ich« schrumpfen lassen

Eine Vorstellung von der verbleibenden Lebenszeit

Balzacs Roman *Das Chagrinleder* (1831) steht Yaloms Roman diametral gegenüber, denn er zeigt einen Mann, der unter dem übermächtigen Einfluss der Angst zu sterben alles zerstört, was er geliebt hat. Raphael hat bei einem Antiquitätenhändler ein *Chagrinleder* erworben, das über magische Kräfte verfügt, verschafft es doch seinem Eigentümer die Befriedigung all seiner Wünsche. Allerdings schrumpft diese Haut nach jedem erfüllten Wunsch, und Raphaels Lebenszeit verkürzt sich ebenfalls. Die Symbolik liegt auf der Hand: Unser Leben besteht aus einer Vielzahl von Wünschen, die uns zur Zukunft hin in Spannung versetzen, und das *Chagrinleder* veranschaulicht Raphael die noch verbleibende Lebenszeit, die sich vor seinen Augen verringert. Obwohl Raphael noch ein junger Mann ist, ähnelt er Yaloms Hauptfigur, die Tag um Tag die Lebenszeit zusammenschrumpfen sah, die ihr noch gewährt war.

Nicht mehr lieben

Aber Raphael reagiert anders als Julius. Er ist vom nahenden Tod so besessen, dass ihn dies daran hindert, das Leben zu sehen, dessen weitere Gestaltung eigentlich noch in seiner Hand liegt. Damit nicht genug: Nach dem Muster alter Mythen, in denen der Held als ein Opfer der Götter dargestellt wird, die sein Schicksal bestimmen, ist Raphael nicht mehr Herr seines Lebens, sondern hängt scheinbar von einem allmächtigen äußeren Objekt ab, seinem Talisman: dem *Chagrinleder*. Er hat keinen inneren Antrieb mehr. Er hat nicht einmal mehr die Freiheit, eine Entscheidung zu treffen, die sich gegen seine Wünsche richtete. Zum Beispiel kann Raphael in einem Duell die Kugel zwar in bester Absicht ziellos in die Luft schießen, aber der Talisman sorgt dafür, dass sie den Gegner mitten ins Herz trifft und tötet. Unter diesen Umständen ist es Raphael unmöglich, aktiv zu altern, und er denkt nur daran, wie er auf die Außenwelt einwirken könnte. Er versucht beispielsweise, das Chagrinleder in die Länge ziehen zu lassen. Da sich dies als unmöglich erweist, schließt er sich immer mehr in sich selbst ein und schneidet sich von den anderen ab, damit kein Wunsch aufkommen kann. Sein Ich schrumpft wie sein Talisman. Sogar die Frau, der seine Liebe gilt, will er nicht mehr lieben, um der Gefahr zu entgehen, sie zu begehren. Der Schmerz seiner Geliebten berührt ihn nicht mehr, er denkt nur an sich, flieht vor ihr und schließt sich immer mehr ein.

Lebensquantität vor Lebensqualität

Im letzten Moment gelingt es der Geliebten, angespornt durch ihre Liebe zu Raphael, die Hindernisse zu überwinden, mit denen er sich umgeben hat; daraufhin erwacht in ihm ein dringendes Bedürfnis nach Kommunikation wieder zum Leben, und er erklärt seiner Freundin die Bedeutung des *Chagrinleders*, um seine Todesangst mit ihr teilen zu können. Aber diese Regung ist nicht von Dauer. Raphael, ganz in sich selbst zurückgezogen, findet es wichtiger, das letzte Stückchen *Chagrinleder* zu behalten – die letzte *Quantität* Leben, ungeachtet seiner *Qualität* – anstatt es mit seiner Freundin in Liebe zu teilen. Er zieht es vor, sich an das letzte Stückchen chronologischer Zeit zu klammern, auch wenn es dort keine Liebe mehr gibt, anstatt eine Sekunde Ewigkeit zu erleben. Im letzten Augenblick regrediert er auf die orale Ebene und wird zum Säugling, der die Heftigkeit seiner libidinösen und aggressiven Impulse nicht steuern kann, und stirbt, während er seiner Freundin »in die Brust beißt«.

Während Julius in Yaloms Werk bis zum Schluss lebt, hat Balzacs

Raphael sein Leben bereits abgeschlossen, bevor er stirbt. Der eine ist von der Sorge um andere und den anderen belebt, der andere von Sorgen um sich selbst aufgezehrt. Julius und Raphael sind Romanfiguren. Aber wir können auch im täglichen Leben Menschen begegnen, die uns an diese beiden Figuren erinnern. Sie wenden sich zuweilen an einen Psychoanalytiker mit der Bitte um Hilfe beim Übergang von der Verfolgungsangst, in der man von einem äußeren Feind angegriffen wird, hin zur Befürchtung, den geliebten Menschen eventuell Leid zuzufügen, worauf dann die Sorge um ihn und um sich selbst folgt.

Unbewusste Todesangst

Ihr Zusammenhang mit Verfolgungsangst und Schuldgefühl

Man spricht von unbewusster Todesangst, wenn unbewusste Motive die Aussicht auf den Tod unerträglich machen. Es geht dann eigentlich nicht mehr um die Angst, zu sterben, sondern um eine Angst die mit Verfolgungsängsten und Schuldgefühlen verbunden ist; sie steht im Zentrum eines unbewussten Konflikts, der die Alternsarbeit erschwert. Manchmal sehen wir in der Tat verbitterte Alte, die ihr Altern und ihren Tod unbewusst als eine Rache empfinden, die diejenigen Objekte an ihnen nehmen, denen gegenüber sie sich selbst als aggressiv erlebt hatten. Sie fühlen sich dann durch diese Objekte verfolgt und misstrauen ihnen; nach und nach gelangen sie an einen Punkt, an dem sie beginnen, ihrer gesamten Umgebung zu misstrauen, was das Leben in ihrem Umkreis immer belastender macht. Ihr Empfinden, verfolgt zu sein, verbindet sich bisweilen mit einem unbewussten Schuldgefühl: Sie lassen es nicht mehr zu, Aggression gegenüber einem Menschen zu empfinden, der für sie zählt, weil sie denken, dies hindere sie daran, diese Person weiterhin zu lieben oder von ihr geliebt zu werden.

Aber letztlich vergiftet diese zum Schweigen gebrachte Aggression unterschwellig all ihre Beziehungen. Solch verbitterte Alte, denen die

Umgebung im Interesse des Selbstschutzes oft reflexhaft aus dem Weg geht, könnten zuweilen von einem Therapeuten profitieren, mit dessen Hilfe sie die unbewussten Hass- und Liebesgefühle miteinander integrieren könnten, die sie wichtigen Personen ihres Lebens gegenüber hegen. Sie würden dann vielleicht die kleinen alltäglichen Handlungen besser wahrnehmen, mit deren Hilfe sie ihre Gefühle ausdrücken könnten. Vielleicht könnte ihnen auf diesem Wege geholfen werden, in ihrer inneren Welt die Beziehungen zu den bedeutsamen Personen ihres vergangenen und gegenwärtigen Lebens so umzugestalten, dass sie ihren Frieden mit ihnen finden könnten? So würden sie das Heranrücken des Todes in einer weniger verfolgenden Umgebung erleben (D. Quinodoz 1991). Erst müssten sie allerdings Zugang zu ihrem Leiden bekommen, damit ihnen bewusst werden könnte, dass sie Hilfe brauchen. In der Tat scheinen einige misstrauische Alte so sehr darum bemüht, diejenigen an den Pranger zu stellen, von denen sie sich verfolgt fühlen, dass sie dabei ihr eigenes Leiden gänzlich außer Acht lassen. Manchmal muss ein langer Weg der Annährung zurückgelegt werden, bevor sie es annehmen können, sich bei der Überwindung ihrer Angst helfen zu lassen.

Hanna Segal und die unbewusste Todesangst (1958)

In ihrem Artikel aus dem Jahre 1958 über die Psychoanalyse eines alten Patienten unterschied Segal erstmals zwischen *unbewusster Todesangst* und *bewusster Angst vor dem Tod.* Sie beschrieb die Mechanismen, die einen Patienten dazu veranlassen können, seine Todesangst zu verleugnen, sodass sie unbewusst wird. Sie hat aufgezeigt, auf Welche Art und Weise die Verfolgungsängste einen 73-jährigen Mann, der gerade mehrere Verluste erlitten hatte, dazu brachten, sie um eine Analyse zu bitten. Er hatte sich in einem chronisch psychotischen Zustand eingerichtet, der durch Depression, Hypochondrie, wahnhafte Verfolgungsideen und Wutanfälle gekennzeichnet war. Die Psychoanalyse dauerte 18 Monate mit fünf Sitzungen pro Woche. Sie war keine vollständige Behandlung, erlaubte dem Patienten aber, wieder ein normales Leben zu führen, alltägliche Aktivitäten aufzunehmen und zum ersten Mal in seinem Leben ein Gefühl von Stabilität und Reife zu empfinden. Hanna Segal unterteilt diese Analyse in drei Phasen.

Erste Phase: Vollständige Verleugnung des Alters und der Angst vor dem Tod

Der Patient hatte das Gefühl, seine Krankheit habe ihm die Jugend geraubt, und hegte die unbewusste Hoffnung, die Behandlung werde sie ihm zurückgeben. Er idealisierte seinen Sohn, der ein anderes eigenes Selbst repräsentierte, ein junges und ideales, auf das er seinen enttäuschten Ehrgeiz projiziert hatte. Er idealisierte auch seinen Vater, denn dessen negative Aspekte wurden sofort abgespalten und auf die Mutter projiziert, die er als distanziert und kalt bezeichnete, oder auf seine Brüder. Für den Patienten repräsentierte die Analytikerin in dieser ersten Periode hauptsächlich seinen idealisierten Vater und seinen idealisierten Sohn, manchmal aber auch eine ideale Pflegemutter. Negative Gefühle und Figuren waren zu diesem Zeitpunkt auf ferne Verfolger projiziert, die räumlich oder zeitlich unerreichbar waren.

Zweite Phase: Die Spaltung in idealisierte und verfolgende Objekte geht zurück

Nach der ersten Ferienunterbrechung gelang es der Analytikerin, die Spaltung in bewusst idealisierte Personen und solche, die unbewusst gefürchtet wurden, etwas zu reduzieren. Die Verfolgungsgefühle galten in der Übertragung nun auch etwas mehr der Analytikerin. Der Tod wurde nicht mehr verleugnet. Der Patient erkannte nach und nach die Enttäuschung an, die er im Hinblick auf seinen Sohn empfand, den er nicht mehr so bedingungslos wie zuvor bewunderte. Obwohl sich der Sohn aufopferungsvoll um ihn kümmerte, führte er sein eigenes Leben, was der Patient als den Verlust seiner größten Hoffnung empfand, nämlich, dass sein Sohn sein Leben neu beleben werde.

> »An diesem Punkt angekommen nahm der Patient deutlich wahr, dass sein ideales und sein verfolgendes Objekt ein und derselbe Mensch waren.

> In der Vergangenheit hatte die Angst vor seinem Vater eine Abspaltung erfahren und war auf seine Brüder verschoben worden. Nun sah er deutlich, dass sich seine Angst auf Bestrafung durch den Vater bezog. Er hatte Angst, sein Sohn könne ihn zur Beute seiner Verfolger und des Todes werden lassen, dass er sich also von ihm lossagen könnte, so wie er seine Familie verlassen und nicht als die seinige anerkannt hatte« (Segal 1958, S. 295).

In der Übertragung hatte der Patient angenommen, die Idealisierung der Analytikerin sei sein einziger Schutz vor dem Tod. Nun wurde ihm klar, dass die Analytikerin dadurch, dass sie die Quelle von Nahrung, Liebe und Wärme war, zugleich die Fähigkeit besaß, ihn zu töten, wenn sie all dies zurückzöge.

Dritte Phase: Anerkennung der Ambivalenz und der depressiven Ängste

Die Veränderung der Wahrnehmung der anderen, insbesondere der Wahrnehmung der Analytikerin, brachte den Patienten dahin, sich seiner Aggression ihr gegenüber schrittweise bewusst zu werden. Gleichzeitig begann er, sich einzugestehen, dass die Anwesenheit der Analytikerin Gier in ihm aufkommen ließ, wohingegen ihre Abwesenheit Ungeduld und Wut in ihm weckte.

Dann tauchte eine Erinnerung an seine Wut wieder auf, die er empfunden hatte, als er im Alter von zwei Jahren nach der Geburt seines Bruders abgestillt worden war. Als er mit aller Heftigkeit die Wut zum Ausdruck brachte, die er auf seinen jüngeren Bruder gehabt hatte, verschwand noch während der Sitzung ein Zittern seiner Hände, das als Symptom einer altersbedingten Parkinsonerkrankung diagnostiziert worden war.

Die Analyse ermöglichte auch ein Wiedererleben des Schuldgefühls seinen Angehörigen gegenüber, aus dem heraus er sich vorwarf, nicht alles, was möglich gewesen wäre, getan zu haben, um seine Mutter und andere Familienmitglieder vor der Verfolgung durch die Nazis zu retten. Er hatte auf eine Spaltung zurückgegriffen und war im Alkohol untergegangen, um sich von seiner eigenen Depression und den Schuldgefühlen zu befreien, die damit zusammenhingen, dass er nicht versucht hatte, seine Eltern vor den Konzentrationslagern zu retten. In seiner inneren Welt hatte er sich von seiner Mutter abgewandt und seinen Vater idealisiert.

Das Ende der Analyse symbolisierte für den Patienten den nahenden Tod. Nachdem das Datum der letzten Sitzung vereinbart worden war, trauerte er um seine verlorene Mutter und um die verlorene Brust. Er erlebte dies nicht mehr als Vergeltung und Verfolgung, sondern als Anlass für Kummer und für Trauer um den Verlust des Lebens, das ihm lieb und teuer war. Aber diese Traurigkeit war keine Depression im klinischen Sinn und schien seine Lebenslust nicht zu beeinträchtigen. An diesem Punkt seiner Analyse angelangt dachte er,

> »dass das Leben es wert war, gelebt zu werden; obwohl er so alt geworden war, hatten sich seine inneren Objekte verjüngt und verdienten es, erhalten zu werden. Es war ebenfalls ersichtlich, dass seine Kinder und Enkelkinder von ihm nicht mehr als Projektionen seiner selbst gesehen wurden, sondern als Liebesobjekte. Und er konnte sich an dem Gedanken erfreuen, dass sie nach seinem Tod weiterleben und wachsen würden« (Segal 1958, S. 301).

Die Analyse seiner Ängste und Abwehrmechanismen innerhalb der Übertragung ermöglichte es dem Patienten, die depressive Position des Kindesalters zu verarbeiten, und befähigte ihn, Alter und Tod mit größerer Reife entgegenzutreten. Bis zu seinem plötzlichen Tod, der ihn im Alter von 85 Jahren im Schlaf ereilte, blieb er bei bester Gesundheit.

Betrachtungen zum besseren Verständnis der Probleme des Alters

Hanna Segal hat den Bericht über diese Analyse mit dem Hinweis abgeschlossen, sie liefere einige allgemeine Aufschlüsse zu den Problemen des Alters. Sie schreibt: »Der Gedanke liegt nahe, dass mein Patient durch Alter und Tod, die er als Verfolgung und Bestrafung wahrnahm, unbewusst geängstigt war. Seine Hauptabwehrmechanismen gegen diese Angst waren Spaltung, Idealisierung und Verleugnung« (1958, S. 291f.). »Ich bin im Verlauf seiner Analyse daher zu der Schlussfolgerung gelangt, dass die unbewusste Angst vor dem Tod – verstärkt durch das Alter – zu diesem psychotischen Zusammenbruch geführt hatte. Ich denke, die gleiche Problematik ist die Ursache einer großen Zahl von Altersdepressionen« (ebd., S. 290). »Diese Analyse hat für mich ein Licht auf die Probleme des Alters geworfen. Sie hat meine Auffassungen zur Prognose einer Analyse in fortgeschrittenem Alter mit Sicherheit verändert« (ebd., S. 303).

Ich füge hinzu, dass dieser Analysenbericht die Einstellung der Psychoanalytiker älteren Patienten gegenüber in der Tat verändert und dazu geführt hat, dass man ihnen heute mit größerer Zuversicht eine Psychoanalyse anbietet.

Jeder Tod ist einmalig

Wer kann sagen, ob ein Leben großartig oder elend gewesen ist? Es gibt keine zwei Leben, die einander ähnelten, und es gibt keine zwei Tode, die einander ähnlich wären. Einige sind äußerst qualvoll, andere dagegen geradezu leuchtend. Die Begegnung mit einem Menschen, der unbeschwert stirbt, hinterlässt tiefe Spuren bei allen, die ihn dabei begleiten. Henri Danon-Boileau hat beschrieben, wie sehr ihn der Tod seiner Großmutter geprägt hat: Eines nach dem anderen segnete sie ihre Enkelkinder, die um ihr Bett versammelt waren:

> »Bis heute bleibt dieses Ende für mich *das* Beispiel, die Referenz schlechthin, und diese alte, eher harte Frau, die ich kaum kannte, hat mir durch das Schauspiel dieses so würdigen Todes und ihres so natürlichen Mutes in meinen Augen das schönste Erbe vermacht, das es geben kann« (Danon-Boileau 2000, S. 194).

Paul Ricœur richtet sich an die, die einen Menschen am Ende seines Lebens begleiten; er findet es sehr wichtig, dass ihr Blick sich auf den »noch Lebenden« richtet – als »erinnerten sie [den Sterbenden damit] an die tiefsten Ressourcen seines Lebens, gleichsam getragen durch das Auftauchen des Wesentlichen in seinem Erleben als noch Lebender« (Ricœur 2007, S. 46).

Kapitel 6
Was steckt hinter Verarmung im hohen Alter?

Zwischen psychischer Verarmung und Altern unterscheiden

Ich finde es wichtig, Altern und psychische Verarmung auseinanderzuhalten. In der Tat neigen viele Menschen zu der Annahme, Altern führe automatisch zu psychischer Verarmung, weshalb letztere auch dann unausweichlich sei, wenn der geistige Abbau keine organischen Ursachen hat.

Es gibt eine Vielzahl von Möglichkeiten. Einige ältere Menschen leiden aus organischen Gründen unter einer Verarmung ihres psychischen Lebens, zum Beispiel aufgrund von organisch bedingtem geistigen Abbau oder Alzheimer. Andere können unter einer psychisch bedingten Verarmung leiden, die ein Abwehrmodus, beispielsweise gegen starken seelischen Schmerz, sein kann. Dies ist aber bei Weitem nicht bei allen älteren Menschen der Fall. Von denen, die kein geistiges Defizit organischen Ursprungs haben, bleiben manche – wie Freud – geistig sehr lebendig. Ihre lange Erfahrung ermöglicht ihnen einen effizienten Ausgleich zwischen ihren geschwächten Fähigkeiten und anderen, die noch besser ausgebildet sind. Außerdem haben einige im Laufe der Jahre eine solche Erfahrung und eine solche Weisheit angesammelt, dass sie von den jungen Leuten ganz besonders geschätzt werden. Sie machen letztere auf eine Dimension aufmerksam, die diese in ihrem aufregenden Leben vielleicht übersehen würden. Also – ist Altern nun eine Verarmung oder eine Bereicherung?

Das Gehirn reorganisiert sich das ganze Leben über

Wissenschaftliche Beobachtungen haben ergeben, dass das sich Gesamtvolumen des Gehirns mit dem Alter tendenziell verringert, besonders in der Frontalregion (die mit der Aufmerksamkeitsfähigkeit verknüpft ist) und im Hippocampus (der mit dem Gedächtnis verknüpft ist), und dass die verschiedenen Regionen des Gehirns mit zunehmendem Alter weniger gut miteinander kommunizieren. Das bedeutet aber nicht, dass die Leistungen der Älteren zwangsläufig zurückgehen, denn es gibt Kompensations- und Adaptationsmöglichkeiten. Psychischer Abbau ist kein Schicksal. Forscher wie die Psychologin Catherine Ludwig (2007a, b) haben hervorgehoben, dass das Gehirn seine Verluste kompensieren kann – dank seiner Fähigkeit, sich das ganze Leben über neu zu organisieren. Ludwig, Oberassistentin am Fakultätsübergreifenden Zentrum für Gerontologie (Centre interfacultaire de gérontologie) in Genf, ließ junge Menschen und Senioren die gleichen Tests ablegen. Einer dieser Tests ist das *n-back Paradigma*, ein Test des zeitlich versetzten Erkennens von Buchstaben, der Gedächtnis und äußerste Aufmerksamkeit erfordert. Während bei jungen Menschen im Verlauf der Übung die Aktivität im linken Frontalbereich anstieg (linke Hemisphäre = buchstabenorientiert), nahm sie bei den Älteren links *und* rechts zu, obwohl die rechte Hemisphäre stärker für die räumliche Wahrnehmung zuständig ist. Ergänzende Tests zu räumlicher Wahrnehmung und Gedächtnis haben gezeigt, dass die Älteren, die beide Hemisphären in Anspruch nahmen, bessere Ergebnisse erzielten als die Senioren, die weiterhin nur eine Hemisphäre nutzten. Man kann daraus ableiten, dass die Verringerung hemisphärischer Spezifität von manchen Älteren zur Kompensation von Verlusten eingesetzt wird. Andere Regionen des Gehirns intervenieren zu lassen oder die Aktivität der üblicherweise benutzten Zonen zu intensivieren, sind ebenfalls wirksame Kompensationsmechanismen.

Pierre Magistretti hat bewiesen, dass die Plastizität des Gehirns nicht auf die Kindheit beschränkt ist und das ganze Leben andauert (Ansermet/Magistretti 2004). Im Übrigen kann die Bildung neuer Nervenzellen

– im Gegensatz zu dem, was man lange Zeit gedacht hatte – ebenfalls das ganze Leben über weitergehen (Purves et al. 2005).

Unter Rückgriff auf ihre Erfahrung können die Älteren eine Gewitztheit einsetzen, mittels derer sie sich an das Nachlassen ihrer Leistungen anpassen. In den Tennisteams der Senioren, die sich aus Spielern des dritten und vierten Alters zusammensetzen, ist die Atmosphäre beispielsweise oft ausgesprochen heiter, obwohl viele dieser Spieler die eine oder andere Körperbehinderung haben: Knie- oder Hüftprothese, Rückenoperation, Sehstörungen, Schwierigkeiten zu laufen usw. Man ist jedoch verblüfft, wenn man die Tricks entdeckt, die von diesen Spielern ab dem Zeitpunkt an benutzt wurden, als sie sich ihrem Handikap gestellt und sich daran angepasst haben. Sie verbessern Technik und Genauigkeit ihres Spiels, um den Mangel an Kraft oder an motorischer und sensorischer Wendigkeit zu kompensieren: So versuchen sie, ihre Bälle so zu platzieren, dass der Gegenspieler gezwungen ist, sie in ihr eigenes Aktionsfeld zu returnieren, wodurch sie weniger laufen müssen; sie antizipieren die Absicht des Gegners besser, um auf diese Weise ihre lange Reaktionszeit zu kompensieren. Außerdem verschafft ihnen die Veränderung ihres Wertmaßstabs eine andere Freude am Spiel, das sich dadurch besser ihren Möglichkeiten anpasst: Die wilde Entschlossenheit, gewinnen zu wollen, weicht der Freude am Gewinnen, die wiederum möglicherweise weniger ausgeprägt ist als das bloße Vergnügen am Spiel und daran, es mit anderen Menschen spielen und teilen zu können.

Psychische Verarmung und Trauerprozess

Psychische Verarmung:
Ein Zeichen pathologischen Trauer?

Psychische Verarmung ist nicht immer Folge eines organischen Mangels, sie kann auch ein unbewusster Abwehrmechanismus sein, der von einem älteren Menschen eingesetzt wird, um einen Schmerz zu bekämpfen, der durch Trauer ausgelöst wurde. Jeder neue Verlust reaktiviert frühere Trauersituationen, besonders dann, wenn diese nicht richtig verarbeitet wurden, sodass es bisweilen erforderlich ist, die früheren Trauerfälle neu aufzurollen, um die aktuelle Situation ertragen zu können. Ich habe dabei die beeindruckende Situation einer alten Frau vor Augen, die nach dem Tod ihrer Katze psychisch dekompensierte, nachdem sie zuvor in scheinbarer Gelassenheit – aber doch auch mit Traurigkeit – mehrere Menschen aus ihrer nächsten Familie verloren hatte. In der Tat sprach sie von dieser Katze mit Worten, die sich auf die anderen Toten bezogen: Dieser Tod brachte alle anderen Tode wieder an die Oberfläche. Hinter der psychischen Verarmung steckte eine pathologische Trauer.

Normale und pathologische Trauer

Trauer ist nicht mit Verarmung zu verwechseln

Meistens gibt es angesichts des Schmerzes, einen nahestehenden Menschen zu verlieren, nur Raum für Stille. Manche Schmerzen brechen uns, und jedes Wort tut weh. Das Schlimmste ist gar, einen »Tröster« sagen zu hören, dass das Leiden vorbeigehen und man andere Menschen lieben werde. Wer in Trauer ist, hat das tiefe Gefühl, dass der verlorene Mensch immer einen besonderen Platz im eigenen Inneren behalten und ihm eine Liebe vorbehalten bleiben wird, die nur dieser Person gelten kann. Ein solcher Schmerz bedeutet keine Verarmung, er gehört zu den Affekten, die zur normalen Trauer gehören.

Manche Menschen zeigen dagegen eine Verarmung, die mit einer pathologischen Trauer zusammenzuhängen scheint, die teilweise schon sehr lange zurückliegt. Eine solche Verarmung kann verschiedene Formen annehmen, aber oft sieht es so aus, als litten diese Menschen unter einem Verlust ihrer Energie, als erschöpften sie sich unbewusst damit, ihre Gefühle zu kontrollieren, die mit der Trauer zu tun haben, und als reduziere dies ihre Denkfreiheit. Einige werden den anderen, aber auch sich selbst gegenüber hart und verbittert. Die Schwierigkeit, einen Trauerprozess durchzumachen, hängt nicht nur von der Intensität der Zuneigung ab, die uns an die verlorene Person gebunden hat, sondern auch von der Bedeutung, die sie für unser Leben gehabt hatte. Deshalb kann es auch sehr schwierig sein, um einen Menschen zu trauern, der uns viel Leid zugefügt hat.

In Anbetracht der Komplexität des Trauerprozesses mag es etwas reduktionistisch erscheinen, zwischen normaler und pathologischer Trauer unterscheiden zu wollen: Er hat stets etwas von beiden Formen. Da aber alte Menschen mit zahlreichen Verlusten konfrontiert werden, ist der Versuch nützlich, die innere Arbeit besser zu verstehen, die für die Verarbeitung dieser Verluste erforderlich ist.

Dem verlorenen Menschen die Besetzung entziehen? Oder ihn entidealisieren?

Für Freud impliziert ein normaler Trauerprozess zum einen, dass die Person, die in Trauer ist, anerkennt, dass der Mensch, der ihr teuer war, tatsächlich verloren ist, und dass sie dann (unter dem Eindruck dessen, was er *Realitätsprüfung* nennt) der »Aufforderung« folgt, »alle Libido aus ihren Verknüpfungen mit diesem Objekt abzuziehen« (1916–17g, S. 430). Der erste Teil dieser Aussage ist vielfach bestätigt worden: Die Trauer um einen »verschwundenen« Menschen, dessen vermutlicher Tod keine sichtbare Spur hinterlassen hat, ist schwierig. Wir haben das Bedürfnis zu verifizieren, ob die Außenwelt tatsächlich leer ist, es sich also nicht nur um eine einfache Abwesenheit handelt.

Dagegen ist die »Aufforderung, alle Libido [...] abzuziehen«, schwieriger nachzuvollziehen, und Freud hat selbst eingestanden, dass er uns hiermit ein Feld überlassen hat, das urbar zu machen bleibt. Ich denke nicht, dass mit dieser Aussage gemeint ist, man dürfe die verlorene Person nicht mehr lieben, denn das hieße ja, sie gleich zweimal zu verlieren, und bedeutete eine hochgradige Verarmung. Meiner Meinung nach weist sie auf die Notwendigkeit hin, diejenigen Liebesbande *umzuwandeln*, die uns an der verlorenen Person festhalten: Die Verbindungen, die wir zu Lebzeiten der Person im täglichen Leben zu ihr unterhielten, als sie also noch in unserer Außenwelt präsent war, müssen sich in Bindungen an einen toten Menschen verwandeln, dessen Präsenz wir in einer psychischen Form in uns bewahren.

Melanie Klein hat in ihren Arbeiten über die Trauer (1940) wertvolle Beiträge geliefert, die das Verständnis dieser Vorgänge erweitern. Sie beobachtet, dass es bei normaler Trauer vor allem darum geht, das innere Bild der verlorenen Person in sich selbst wiederherzustellen, um sie als gutes inneres Objekt erhalten zu können. Das erfordert die Bereitschaft, sie trotz ihrer Unzulänglichkeiten zu lieben und eine gute innere Beziehung zu ihr behalten zu wollen, auch wenn wir sie zu anderen Zeiten nicht ausstehen konnten. Es geht also darum, sie zu *entidealisieren*.

Melanie Klein hat gezeigt, dass die Gefühle von Liebe und Hass bei normaler und pathologischer Trauer von unterschiedlicher Qualität sind. Bei pathologischer Trauer sehen wir eine Spaltung der Liebes- und Hassgefühle in Form einer Idealisierung des verlorenen Menschen einerseits und einer Entwertung andererseits. Den verlorenen Menschen zu entwerten oder ihn zu idealisieren sind unterschiedliche Haltungen, die aber zwei Seiten derselben Medaille sind, die beide den normalen Trauerprozess stören. Außerdem rufen sowohl Abwertung wie Idealisierung, aufgrund der beteiligten Aggression, ein unbewusstes Schuldgefühl auf den Plan: Wir lehnen einen Menschen ab, weil er uns leiden lässt, oder wir betrachten ihn als vollkommen, um nicht fühlen zu müssen, dass er uns leiden lässt – in beiden Fällen attackieren wir die Beziehung zu dieser Person. Wenn der Trauerprozess sich in Richtung Normalität weiterentwickelt, wandeln sich die Gefühle von Idealisierung und Entwertung in Liebes- und Hassgefühle um, die sich miteinander verknüpfen können, sodass wir einen unvollkommenen Menschen schließlich in seiner Gesamtheit lieben können.

Je mehr Volumen und Nuancen ein Mensch annimmt, um den wir zu trauern haben, umso besser können wir ihn in unserem Inneren als ein Gesamtobjekt mit Licht- und Schattenseiten bewahren. Dies hat mich ein alter Mann verstehen lassen, der in Trauer um seine Tochter war: Er sagte mir, der tröstlichste Beileidsbrief, den er bekommen habe, sei einer mit Anekdoten gewesen, die ihm kaum bekannte Aspekte seiner Tochter offenbarten. Das innere Bild, das er von ihr hatte, wurde dadurch bereichert.

Die »Melancholie«

Freud (1916–17g) hat aufgezeigt, dass pathologische Trauer zu einem Zustand führen kann, den er als *Melancholie* bezeichnet (heute würden wir eher von Depression sprechen), in dem sich der Trauernde Vorwürfe macht, sich herabsetzt und für »wertlos« hält. In der Tat kann bei pathologischer Trauer die verlorene Person, weil sie idealisiert wird, nur als ein vollkommener Mensch geliebt werden. Der Trauernde erträgt es infolgedessen nicht, sie zu kritisieren, und anstatt sie anzugreifen, richtet er die Kritik unbewusst gegen sich selbst. Das Ich des in dieser Form trauernden Menschen spaltet sich: Ein Teil, der sich mit dem Toten identifiziert, bekommt die Kritik ab, und der Rest der Person attackiert diesen abgespaltenen Anteil. Bei pathologischer Trauer verarmt der Mensch gleich zweimal: Er verliert eine wichtige Person und er verliert sich teilweise selbst.

Nach Freuds Auffassung muss sich der solcherart Trauernde, um aus der Melancholie herauszukommen, vom verlorenen Objekt losmachen, indem er es entwertet: »[S]so lockert auch jeder einzelne Ambivalenzkampf die Fixierung der Libido an das Objekt, indem er dieses entwertet, herabsetzt, gleichsam auch erschlägt« (1916-17g, S. 445). Diese Perspektive, nämlich, dass »das Objekt als wertlos aufgegeben« (ebd.) werden muss, ist letztlich eine zweite Art, es zu verlieren, und verstärkt noch die Verarmung des Menschen, der eine pathologische Trauer durchmacht.

Ein anderer Ausweg aus der Melancholie besteht für Freud darin, zu einem Zustand überzugehen, den er *Manie* nennt – ein Abwehrmechanismus, der ebenfalls verarmend wirkt, denn hinter der Allmachtsillusion des trauernden Subjekts verbirgt sich eine Verleugnung seiner Depression.

Anerkennen, dass uns ein geliebtes Objekt manchmal Leid zugefügt hat

Es ist unvermeidlich, dass uns die Menschen, die wir lieben, hier und da Leid zufügen. Es ist ebenso unvermeidlich wie der Umstand, dass wir böse auf sie gewesen sind, weil sie uns haben leiden lassen. Wenn zum Beispiel eine Mutter ins Krankenhaus geht, ist es legitim, dass ein kleines Kind Leid und Groll ihr gegenüber empfindet, denn sie lässt es durch ihre Abwesenheit leiden – wenn auch ungewollt. Es ist ebenfalls natürlich, dass ein kleines Kind zornig auf seine Eltern ist, weil sie es nicht deren Intimität teilen lassen – und doch verhelfen sie dem Kind dadurch, dass sie ihre Intimität schützen, dazu, dass es seine ödipalen Konflikte durcharbeiten kann. Will man gut für ein Kind sorgen, kann es manchmal wichtiger sein, es zu frustrieren als ihm gefällig zu sein, aber das bedeutet, zu akzeptieren, dass es uns dann böse ist, weil wir es leiden lassen.

Ich war deshalb sehr gerührt, als ein alter Freund, der gerade seine Ehefrau verloren hatte, mit der er länger als ein halbes Jahrhundert eine große Liebe gelebt hatte, mir sagte: »Meine Frau hat mir selten wehgetan, aber das letzte Mal ganz schrecklich: Sie ist vor mir gestorben und hat mich allein gelassen. Wir haben uns so sehr geliebt. Ich bin ihr böse, denn ich hatte immer gedacht, dass ich als der Ältere auch als Erster sterben würde.« Dieser Freund befürchtete nicht, dass dieser Groll seine Liebe zerstören könnte. Er konnte das Leiden wahrnehmen, das seine Ehefrau ihm, ohne es zu wollen, zufügte; das wertete sie nicht ab, und so konnte er sie in sich selbst als ein wertvolles inneres Objekt, das Kritik verträgt, wiederherstellen.

Je nach der Qualität der Trauer kann ein Erbe bereichern oder arm machen

Sich durch ein Erbe bereichern zu lassen, und das heißt: es dankbar entgegenzunehmen, impliziert, es wirklich anzunehmen und in ein Objekt umzuwandeln, das uns ähnlich ist – alles in allem, es uns zu eigen zu machen. »Was du ererbt von deinen Vätern, erwirb es, um es zu besitzen«, sagte Goethe (1808). Dies ist möglich, wenn der Trauerprozess normal abläuft. Wird der verlorene Mensch dagegen abgewertet oder idealisiert, gelingt es den Erben schwerlich, beide Bewegungen gleichzeitig einzubeziehen: die Respektierung des Erbes und seine Veränderung durch den Vorgang der Aneignung. Sie sind dann entweder durch ein Erbe eingeschlossen, das sie als ein unantastbares Mausoleum betrachten, oder dadurch verarmt, da sie es voll Bitterkeit verwerfen, gleichzeitig aber neidvoll begehren.

Innere und äußere psychische Verarmung können sich wechselseitig bedingen

Hat ein älterer Mensch eine Reihe realer Verluste erlebt, kommt bisweilen ein Moment, an dem es so aussieht, als könne er die Integrationsarbeit nicht mehr leisten: Er kann dann den Eindruck vermitteln, sein Ich dadurch zu verlieren, dass er wichtige Menschen oder Objekte verliert. Er geht vom »Ich habe nichts mehr« zum »Ich bin nichts mehr« über, als ob die Verarmung im äußeren Leben eine *innere* psychische Verarmung nach sich gezogen hätte.

Aber es gibt auch das Gegenteil, dass nämlich die *innere* psychische Verarmung zu Verlusten im äußeren Leben eines älteren Menschen führt: Letzterer fühlt sich innerlich dann so arm, dass er nicht mehr versucht, in seinem äußeren Leben an den bedeutsamen Menschen festzuhalten, mit denen er eigentlich auch weiterhin sehr gut Beziehungen unterhalten könnte. Ein »Ich bin mehr nichts« wird so zu einem »Ich habe nichts mehr«. So entmutigen gewisse depressive Alte selbst eine ihnen sehr wohlgesonnene Umgebung, weil sie Reichtümer aller Art durch ihre Finger rinnen lassen. Sie beklagen sich beispielsweise bei ihren Besuchern über die, die sie nie besuchen kommen, als ob die Anwesenheit derer, die da sind, für sie nicht zählte. Sie erzeugen um sich herum eine arme äußere Welt, die dem Bild ihrer inneren Welt entspricht, so wie sie sich diese vorstellen.

Die beiden Äußerungen »Ich bin nichts mehr« und »Ich habe nichts mehr« sind kaum voneinander zu trennen, denn die eine impliziert die andere – sie sind wie zwei Seiten derselben Medaille. Die Verarmung scheint dann gleichsam ansteckend zu sein, als ob ein Verlust den anderen kaskadenartig nach sich zöge: »Meine Katze ist gestorben, meine Nachbarin fährt in Urlaub, ich habe meine Schlüssel verloren, ich verliere alles, ich habe nichts mehr, ich bin nichts mehr …« Die Kaskade realer Verluste scheint eine Kaskade innerer Verluste auszulösen, die bis zur Depression führen kann. Verarmung wird zum psychologischen Phänomen.

Es ist nicht leicht, den Einsturz dieses Kartenhauses aufzuhalten und einem Menschen zu helfen, wahrzunehmen, dass die guten Beziehungen, die er mit seinen inneren Personen unterhielt, durch den zuletzt erfahrenen Verlust nicht vollständig verloren sind. Manchmal ist das Eingreifen eines Therapeuten erforderlich, damit einem Menschen dazu verholfen werden kann, zu einer wohlwollenden Haltung sich selbst und den Menschen gegenüber zurückzufinden, die in seinem Leben zählen oder gezählt haben.

Ein Sonderfall von Verarmung: Die Schwierigkeit, einen Lebensort zu finden

Jan-Philippe Bocksberger (1989) hat sich für den Sonderfall alter Patienten interessiert, deren Symptom darin besteht, »keinen Ort zum Leben mehr zu haben«. Zunächst scheint dies eine Realität zu sein: Alle Versuche der Familie oder der Sozialarbeiterin, einen Platz für sie zu finden, scheinen zum Scheitern verurteilt. Manche Menschen haben aber das Gefühl, keinen Platz im Leben zu haben, weil sie kein Empfinden für ihren Wert als *einzigartige Person* haben. Wenn es ihnen gelingt, ihr Ich besser zu *bewohnen* (oft dank einer Psychotherapie), beginnen sie, selbst unter sehr eingeschränkten Umständen einen Lebensort zu schaffen, der im Extremfall sogar nur aus einem Krankenhausbett bestehen kann, während es einem Patienten, der kein Vertrauen in seinen Wert als einzigartiges Wesen hat, nicht gelingt, sich einen Platz zu schaffen, selbst in der schönsten Luxusresidenz nicht.

Verschiedene Verarmungsmechanismen psychischen Ursprungs

Das Ich mancher älterer Menschen, die *Verschmelzungsbeziehungen* lieben, scheint zuweilen im Ich der anderen zu verschwinden. Anstatt ihre eigene Meinung darzulegen, sagen sie: »Meine Kinder haben das gedacht«, oder: »Wie wir da entscheiden, besprechen Sie mit meiner Frau.« Oder sie verschmelzen so innig mit einem Ort oder einer Institution, dass ihnen ihr Ich ersichtlich zum gleichen Zeitpunkt verloren ging, zu dem sie dieses Objekt verloren hatten: »Seit ich pensioniert bin, bin ich nichts mehr.«

Andere alte Menschen zerstückeln ihr Selbstbild und vermitteln den Eindruck, in der Fantasie Selbstanteile von ihrer Person loszulösen, derer sie sich wohl schämen. Sie scheinen sie für das verantwortlich zu machen, was bei ihnen schiefläuft: »Mein armer Kopf versagt!«, »Mein Gedächtnis spielt mir Streiche!« – als hätte ihr Ich seine Rolle als Dirigent verloren. Unbewusst vermeiden sie narzisstischen Kränkungen, indem sie sagen: »Das bin nicht ich, der da vergisst, seiner Freundin Glückwünsche zu schicken, es ist mein Gedächtnis.« Letztlich wird sogar das Alter zur Entschuldigung herangezogen: »Es ist mein Alter, das dies so will!« Und so hilft deren Ausstoßung aus dem strukturierenden Ich dabei, ein bestimmtes Idealbild seiner selbst aufrechtzuerhalten.

Alte greifen auch zur Projektion auf die anderen, um der Gefahr aus dem Wege zu gehen, jemanden zu enttäuschen. Sie sagen nicht: »Ich habe meine Verabredung vergessen«, sondern: »Die Krankenschwester hat vergessen, mich hinzubringen.« Die Teile ihres Ichs, die in dieser Weise losgelöst und auf Menschen der Umgebung projiziert wurden, reduzieren ihre Verantwortung und insofern ihre Schuld, sind zugleich aber Verarmungen ihres Ichs.

Verarmung kann durch die Umgebung gepflegt werden

Stellt sich ein älterer Mensch als von der Umgebung extrem abhängig dar, kann seine Verarmung in manchen Fällen durch eine unbewusste Kollusion zwischen ihm und seiner Umgebung gefördert werden. Die Psychoanalytikerin Mireille Ellonen-Jéquier (1985) hat erforscht, wie derartige Schwierigkeiten, die aus Kinderanalysen bekannt sind, umgangen werden können; ihre Schlussfolgerungen können auf die Behandlungen alter Patienten angewandt werden. Sie spricht von den

Schwierigkeiten, denen der Analytiker begegnet, wenn Eltern durch störende Verhaltensweisen unbewusst auf die Behandlung ihres Kindes einwirken (Terminirrtum; mehrfaches Vergessen, das Kind zu bringen oder das Honorar zu bezahlen; Erklärungen, die anstelle des Kindes abgegeben werden, usw.). Der Analytiker kann versucht sein, sich direkt an die Eltern zu wenden und das Kind seines Teils an Verantwortung für seine Behandlung zu entheben.

Einem entsprechenden Problem begegnen wir bei alten Patienten. Einige scheinen so sehr auf die Menschen angewiesen, die sich um sie kümmern, dass ihre Gesprächspartner (und ihr Therapeut) in Gefahr läuft, sich überhaupt nicht mehr direkt an sie zu wenden, ohne es richtig zu bemerken. In der Tat: Was soll man tun, wenn der Ehepartner einen Patienten zur Sitzung bringt und dann an dessen Stelle zu sprechen beginnt? Wie kann ein Psychotherapeut das Fernbleiben eines Patienten von einer Therapiesitzung interpretieren und wie kann er dieses Fernbleiben für den Patienten deuten, wenn jener sich verteidigt: »Die Krankenschwester hat vergessen, mich zu meiner Sitzung zu bringen«? Welche Haltung soll man einnehmen, um es dem Patienten zu ermöglichen, sich die Lebensenergien wieder anzueignen, die er an seine Umgebung delegiert hat?

Je nach seiner Einstellung läuft der Psychotherapeut Gefahr, dem Patienten zu verstehen zu geben, dass er einfach nur von der Krankenschwester abhängig und deshalb unfähig ist, sich selbst um seine Psychotherapie zu kümmern. Vermittelt er den Eindruck, die Krankenschwester sei schuld, nimmt er das Risiko in Kauf, dass sie für den Patienten zur Repräsentantin aller möglichen Verfolger wird. Greift der Therapeut selbst zu trickreichen Strategien, um Versuche von Einmischung seitens der Umgebung abzufangen (vor der Sitzung anrufen, Schilder anfertigen, die an die Sitzung erinnern, usw.), riskiert er, immer komplexere Strategien entwickeln zu müssen, um die Sitzungen zu erhalten. Und schützt ein Therapeut einen Patienten ohne dessen Zutun, kann er dessen Verarmung letztlich noch verstärken: Er spielt dann die Rolle des »reichen Erwachsenen«, der aufgrund seines Alters noch die Kraft besitzt, das Leben des »armen Alten« zu organisieren, der unfähig ist, dies selbst zu tun.

Nach der von Ellonen-Jéquier favorisierten Vorgehensweise kann der Analytiker dem Patienten dagegen deuten, »dass er die Menschen seiner Umgebung vielleicht unbewusst benutzt, um einen Teil seiner selbst auszudrücken«. Therapeuten könnten demnach dem alten Patienten sagen, er benutze die Vergesslichkeit der Krankenschwester vielleicht dazu, nicht selbst Worte dafür finden zu müssen, »um auszudrücken, wie sehr er sich verlassen fühlt«, oder »um dem Therapeuten nicht sagen zu müssen, dass er böse auf ihn war«, usw., wobei das Motiv je nach Kontext natürlich variiert. Eine solche Bemerkung kann es dem Patienten ermöglichen, sich seiner Gefühle bewusst zu werden und sie sich wieder anzueignen. Dies führt oft zu einer Bewusstwerdung, sodass manche Patienten dann nicht mehr den Weg über die Versuche der Einmischung seitens der Umgebung gehen müssen, um selbst etwas auszudrücken; dadurch kommt es auch zu Weiterentwicklungen der Umgebung. Sie finden zum Beispiel sehr gut Mittel und Wege, die Krankenschwester auch dann an ihre Sitzung zu erinnern, wenn diese gerade überfordert ist.

Welcher unbewusste Gewinn kann aus psychischer Verarmung gezogen werden?

Die Illusion, dass der andere nicht verloren wurde, und die Verminderung des Schuldgefühls

Wie wir im Zusammenhang mit der pathologischen Trauer bereits skizziert haben, zeigt ein Patient, der unter *Melancholie* (Depression) leidet, eine psychische Verarmung: »Der melancholische Komplex verhält sich wie eine offene Wunde, zieht von allen Seiten Besetzungsenergien an sich […] und entleert das Ich bis zur völligen Verarmung« (Freud 1916–17g, S. 439f.). Aber diese Verarmung kann einen scheinbaren Gewinn verschaffen, denn sie nährt die Illusion des Patienten, das Objekt sei nicht verloren. »Bei der Trauer ist die Welt arm und leer geworden, bei der Melancholie ist es das Ich selbst« (ebd., S. 431);

in der Tat verwandelt sich der Objektverlust in einen Verlust im Ich. Diese melancholische narzisstische Identifizierung eines Teils des Ichs mit dem verlorenen Objekt bietet den Vorteil des »dem Bewußtsein entzogenen Objektverlust[s]« (ebd.).

Die melancholische Identifizierung mit dem verlorenen Objekt bietet dem Patienten auch den Vorteil, der bewussten Schuld zu entgehen, die eine offene Aggression gegen den verlorenen Menschen (oder das Objekt) nach sich ziehen würde. Hier werden die Aggression und die Vorwürfe gegen den Teil des Selbst gerichtet, der in narzisstischer Weise mit dem verlorenen Objekt vermengt ist, wobei »man die Selbstvorwürfe als Vorwürfe gegen ein Liebesobjekt erkennt, die von diesem weg auf das eigene Ich gewälzt sind« (ebd., S. 434). Hierbei »pflegt es den Kranken noch zu gelingen, auf dem Umwege über die Selbstbestrafung Rache an den ursprünglichen Objekten zu nehmen und ihre Lieben durch Vermittlung des Krankseins zu quälen, nachdem sie sich in die Krankheit begeben haben, um ihnen ihre Feindseligkeit nicht direkt zeigen zu müssen« (ebd., S. 438). Hieraus erklärt sich, warum ein melancholischer oder depressiver Patient von den ihn umgebenden Personen sehr schwer zu ertragen ist: Letztere spüren, dass die Aggression des Patienten unterschwellig gegen sie gerichtet ist, selbst wenn sie sich scheinbar nur gegen den Patienten selbst wendet. Letzterer verarmt, weil er nicht erkennt, dass diese Kraft aus ihm selbst herrührt; sie ist umso destruktiver, je mehr sie im Verborgenen bleibt.

Weniger darunter leiden, sein Leben nicht besser genutzt zu haben

Sein vergangenes Leben abzuwerten oder ganz im Gegenteil zu idealisieren, das Gedächtnis zu verlieren, keine Projekte mehr zu haben, keine Beziehungen zwischen den Objekten mehr herzustellen und sie alle auf die gleiche Ebene zu heben, dies alles sind Formen psychischer Verarmung, die unbewusst eingesetzt werden, um weniger darunter zu leiden, dass man nicht in der chronologischen Zeit zurückgehen und die Vergangenheit noch einmal leben kann. In der Tat benutzen manche Menschen diese Formen von Verarmung unbewusst, um Bedauern und die Gewissensbisse – die Plagegeister des hohen Alters – zum Schweigen zu bringen und um sich nicht mehr denken zu hören: »Erst in der Menopause wurde mir klar, dass ich gern ein Kind gehabt hätte! Zu spät!« Oder: »Ich habe für die Freizeit mit meiner Frau so wenig Raum gelassen, habe nur an meine Arbeit gedacht, und jetzt ist es zu spät: Sie ist nicht mehr da!« Die psychische Verarmung verschafft dann den Anschein von Erleichterung, da »nichts mehr von Bedeutung ist«, versteckt aber das Leiden letztlich nur.

Demenz, eine Abwehr gegen die Angst vor dem Tod?

Die Demenz selbst wurde verschiedentlich als ein unbewusster Abwehrmechanismus angesehen, der von alten Menschen eingesetzt werden kann. Jean Maisondieu, Professor für Psychogeriatrie, hat die Alzheimerkrankheit das *»Maulkorbsyndrom«* (1997) genannt und vom »lärmenden Schweigen der Dementen« (1996) gesprochen. Er glaubt, dass einem manchmal »die Wörter auszugehen beginnen, weil die Gedanken so störend sind, dass es ungehörig wäre, sie auszusprechen [...], oder, weil die Gefühle zu unangenehm sind, als dass man ihnen Ausdruck geben könnte« (1996). Dann tritt zensierendes Schweigen auf den Plan.

> »Schenkt man nur dem defizitären Charakter der Demenz Beachtung, lässt man die Suche nach einem eventuellen Sinn der Verschlechterung außer Acht, indem man sich nur für die Ursachen der Demenz interessiert und dabei deren Zweckbestimmtheit vernachlässigt. Das intellektuelle Defizit ist nun aber verstehbar. Es hat mit einer größtenteils unbewussten Anstrengung des alten Menschen zu tun, der sich in Demenz begibt, um dadurch das Denken anzuhalten: um sich nicht weiter bei dem Gedanken an seinen Tod aufzuhalten, dessen Herannahen sich durch das eigene hohe Alter ankündigt und ihm in Verbindung mit der Weigerung, an dieses Thema zu rühren, verbietet, davon in einem existenziellen Projekt zu abstrahieren, das etwas anderes wäre als ein ängstliches Warten auf das Ende« (1997, S. 3).

Nach Maisondieu wartet die derzeitige Gesellschaft zu sehr darauf, dass es die Alten endlich satt haben, den Anschein aufrechtzuerhalten, jünger zu sein als sie sind, und er wünscht sich, dass sie das Recht haben, sie selbst zu sein. Wenn wir die Biologie für alles verantwortlich machen, dann seines Erachtens deshalb, damit wir nicht mehr auf das zu hören brauchen, was ein Älterer uns zu sagen hat: »Er sagt zu ernste Dinge: Er spricht von seiner Angst vor dem Tod, er erinnert schonungslos daran, dass das Leben ein Abenteuer ist, aus dem man nicht lebendig herauskommt« (1995, S. 7). Er findet, Therapie solle nicht allein darauf abzielen, den *Rumpf des Schiffes wieder flott zu machen, indem man das Gehirn wiederherstellt*, sondern darauf, den Lotsen wieder auf Kurs zu bringen, der die Steuerung seiner Existenz aufgegeben hatte, aus Angst, die Zuneigung seiner Angehörigen zu verlieren, wenn er sagen würde: »Ich werde sterben, aber auch ihr werdet sterben und Angst haben, dem Tod allein entgegenzutreten« (1997, S. 11).

Die Rolle des Neids: Teufelskreis, Tugendspirale

Psychische Verarmung kann auch ein Mittel zur Abwehr von Neid sein. Eine ältere Person kann einen anderen Menschen um seine Jugend beneiden, um seine Gesundheit und all das, was er seiner Vorstellung nach erreicht hat: Er kann seinen Neid nicht mehr – wie früher – verbergen, indem er denkt, dass er all dies später noch verwirklichen könne.

Melanie Klein (1957) hat die Rolle des Neids eingehend untersucht und gezeigt, wie eine neidische Person den Reichtum der anderen angreift, um nicht mehr neidisch darauf sein zu müssen – *ist er erst einmal zerstört, kann er keinen Neid mehr erzeugen.* Aber so laufen die Dinge nicht: Mit der Zerstörung des beneideten Reichtums zerstört ein neidischer Mensch zugleich auch sich selbst; denn da sein Blick ganz vom Reichtum des anderen gefesselt ist, sieht er den eigenen nicht mehr. Neid ist auch dann im Spiel, wenn manche ältere Menschen Jugendliche mit Aussagen angreifen, wie: »Die heutige

Jugend ist nichts wert!« Sie idealisieren das vermeintliche Glück der Jugendlichen, das ihren Neid weckt; sie greifen es an und zerstören es, wobei sie ihr eigenes Glück abwerten: »Zu meiner Zeit war das Leben sehr viel härter, die Jugendlichen von heute haben alle Reichtümer zu ihrer Verfügung, sind aber alle verlottert.«

Die unbewusste Schuld macht alles noch komplizierter. Ein neidischer Patient muss seinen Neid verheimlichen und darf vor allem nicht den geringsten Reichtum zeigen, der glauben lassen könnte, dass er dem anderen etwas weggenommen haben könnte. Es ist etwa so, als ob er sagen würde: »Ich bin so arm und alt, dass Sie ja sehen, dass ich Ihnen Ihre Jugend nicht weggenommen habe.« Außerdem stellt sich ein neidischer Patient vor, der andere sei ebenso neidisch wie er selbst, und er werde deshalb, wenn er auch nur den geringsten Reichtum zeige, dessen Neid provozieren, woraufhin dieser ihn angreifen und seinen Reichtum zerstören werde. Die Vorstellung, dass der andere sich darüber vielleicht auch freuen könnte, liegt ihm fern. Daraus ergibt sich oft, dass der Neidische unbewusst Armut an den Tag legt, um bei niemandem Neid zu wecken: »So wird niemand kommen, um mich bestehlen zu wollen.« Dies führt zu einem Teufelskreis: Je weniger der neidische Patient seine eigenen Reichtümer sieht, umso mehr schwillt sein Neid auf die Reichtümer des anderen an.

Im Laufe einer Psychotherapie sehen wir manchmal, wie diese Kreisbewegung in umgekehrter Richtung abzulaufen beginnt und aus einem *Teufelskreis* eine *Tugendspirale* wird: Sobald der Patient seine eigenen Reichtümer anerkennt, beneidet er den anderen weniger um dessen Reichtümer und hat deshalb auch weniger Angst, der andere könne ihm die seinigen wegnehmen. Folglich wagt er es, sich seiner eigenen Reichtümer noch stärker bewusst zu werden, und entdeckt, dass sie sich von denen der anderen unterscheiden. Die Patienten beginnen dann, stärker zu schätzen, was sie in ihrer Vergangenheit an Gutem erlebt haben, was in ihrer momentanen Gegenwart gut ist sowie den Wert der inneren Objekte, die ihre Innenwelt beseelen. Sie wagen es nun, ihre Zukunft freier zu denken, auch wenn sie nur kurz sein sollte. Dann kann die Freude, etwas geben zu haben, an die Stelle der Angst treten, bestohlen zu werden.

Die Freiheit, ins Unbekannte zu starten

Armut oder Reichtum einer Situation hängt zum Teil von der Einstellung dessen ab, der sie erlebt. Der argentinische Schriftsteller Carlos Gorostiza hat dies in dem humorvollen Theaterstück *Aeroplanos* (1990)[5] illustriert, in dem er uns die Möglichkeit bietet, sich zusammen mit ihm vom Konkreten zu lösen, hinter dem Alltäglichen das Symbolische wahrzunehmen und *nach den Sternen zu greifen*.

Der Autor bringt zwei alte Freunde, beide Witwer, auf die Bühne; einer der beiden leidet an einer unheilbaren Krankheit und hat nicht mehr lange zu leben. Letzterer hat soviel Angst, die medizinischen Befunde zu lesen, die die Diagnose bestätigen könnten, dass er den Brief trotz der Beharrlichkeit und Besorgtheit seines Freundes nicht öffnen kann. Die Aussicht auf einen unmittelbar bevorstehenden Tod schafft zwischen den beiden Männern zunächst eine sehr gespannte Atmosphäre. Der Kranke verleugnet die Krankheit und streitet ab, die medizinischen Befunde erhalten zu haben, ist den Freunden gegenüber aufgebracht, die sich beunruhigen, und gegenüber seinem Sohn, der wissen will, was sich Neues ergeben hat. Keinerlei Diskussion ist möglich, er kann nicht mehr denken; er hat das Gefühl, dass alle und alles ihn verfolgen, er macht sich über seine Vergangenheit und die seines Freundes lustig; er zeigt seinen Neid auf einen jungen Musiker, dessen Gruppe Erfolg hat und der gerade eingeladen wurde, in Spanien zu spielen; er macht seinem Freund gegenüber boshafte Bemerkungen, als wolle er ihn dazu zu bringen, die Flucht zu ergreifen und ihn verbittert allein in seinem Loch zurückzulassen, sodass er der ganzen Welt zeigt, dass man ihn fallengelassen hat. Alles in allem sieht er nur die Verluste; außerdem richtet er alles so ein, dass er auch das verliert, was ihm noch geblieben war. Er wird von Verfolgungsangst beherrscht. Alle Zeichen von Zuneigung verkehrt er in Aggression und Spott. Er versucht, die Realität zu verleugnen, aber in seinem tiefsten Inneren lässt er sich nichts vormachen. Er hat soviel Angst vor dem nahenden Tod, dass er selbst die Zeit nicht mehr sieht, die ihm noch zu leben bleibt.

---

5 Dramatische Komödie, aufgeführt im *Théâtre des Amis* (Carouge, Genf) im Juni 2007, inszeniert von Michel Rossy, mit Maurice Aufair und Michel Cassagne.

Aber die Atmosphäre wandelt sich

Der Zugriff der Verfolgungsangst lockert sich, und die Sorge um die anderen und sich selbst taucht wieder auf. Der Patient konzentriert sich auf die Zeit, die ihm zu leben bleibt. Warum sollte man sie nicht dazu nutzen, die alten Träume zu verwirklichen, statt sich schon jetzt zu beerdigen? Sein Freund konnte seinen Traum, die Apenninen-Kette zu sehen, bisher noch nie verwirklichen – warum es ihm also nicht zum Geschenk machen? Und er selbst hatte schon immer einmal nach Spanien fahren wollen – warum also nicht den jungen Musiker begleiten, der ihm dies angeboten hatte? Und schon sind die beiden alten Freunde – durch den bloßen Gedanken – sofort voller Freude, mit dem Flugzeug nach Spanien und in die Apenninen abzureisen. Als der Vorhang fällt, streicht eine Brise von Freiheit und Freundschaft über die Bühne.

Was hat den Wandel der Atmosphäre möglich gemacht?

Als Erstes die Haltung des Freundes, der – schon bereit, vor den sarkastischen Äußerungen das Weite zu suchen – dann doch geblieben war, weil er die Not und die Zuneigung gehört hatte, die sich hinter den harten Worten verbarg. Er begann also, über die Reaktivierung von Erinnerungen, ihre gemeinsame innere Geschichte zu rekonstruieren. Daraufhin wurde der Dialog zwischen den beiden alten Freunden lebhafter: Der Reiz ihres früheren Lebens wurde wieder sichtbar – mit all den Dummheiten, die sie begangen hatten, den Schicksalsschlägen, den guten Zeiten, ihren Ehejahren, ihren Ehefrauen, der Zärtlichkeit, ihrer beider Arten des Verliebtseins, ihren so unterschiedlichen Charakteren. Ihre Vergangenheit wurde gehaltvoll, interessant. Da sie ihren Reichtum wiedergefunden hatten, verringerte sich ihr Neid auf den jungen Musiker: Es konnte schließlich nicht mehr darum gehen, diesen jungen Mann lächerlich zu machen; sie nahmen seine Zuneigung wahr, sie konnten sogar erkennen, dass dieser Jugendliche ihnen tatsächlich anbot, die Reise gemeinsam fortzusetzen. Es wurde möglich, ein Geschenk anzunehmen und eines zu machen. Alle Altersstufen ihres Lebens verdichteten sich in der Gegenwart – nicht nur ihre Jugend, sondern auch ihre Kindheit fand sich in ihrem Alter wieder, sie konnten mit ihren Träumen spielen, wobei es von sekundärer Bedeutung war, ob sie das Flugzeug nun tatsächlich nehmen würden oder nicht: Sie hatten zur Fähigkeit der Kinder zurückgefunden, mit ihren Träumen zu spielen. Die Zukunft, auch wenn sie nur kurz sein sollte, war wieder voller Verheißungen.

Diese beiden alten Männer, die in ihrem imaginären Flugzeug von der Bühne abheben, bereit, ihre letzte Reise wie ein spannendes Abenteuer anzugehen, wie einen Aufbruch ins Unbekannte, scheinen wie Oscar Wilde (1892) zu sagen: »Das Leben ist viel zu wichtig, um ernsthaft darüber zu reden.«[6]

6 Im englischen Original: »Life is far too important a thing ever to talk seriously about it.«; in der französischen Übersetzung: »La vie est trop sérieuse pour être prise au tragique.«; zu Deutsch: Das Leben ist zu ernst, als dass man es tragisch nehmen sollte (Anm.d.Übers.).

Kapitel 7
Alles verlieren, ohne sich selbst zu verlieren

Manche alte Menschen scheinen im Laufe ihres Lebens die Fähigkeit erworben zu haben, in ihrem Inneren auf psychischer und symbolischer Ebene das bewahren zu können, was sie in der Realität verloren haben; sie bringen uns damit eine psychische Realität nahe, die für sie ebenso real ist wie die äußere Wirklichkeit. Es handelt sich um einen von ihnen geschaffenen inneren Raum, in dem sie gute Beziehungen zu Personen aufrechterhalten, die für sie wichtig sind und deren Präsenz sie sorgsam pflegen.

Im Älterwerden werden wir in allen Bereichen mit objektiven Verlusten konfrontiert: Wie wir im vorangegangenen Kapitel gesehen haben, sterben Menschen, die uns teuer waren, unsere Berufstätigkeit endet oder reduziert sich, unser Potenzial an physischer und psychischer Gesundheit einschließlich dem der Sexualität entgleitet uns, und schließlich kündigt sich uns der Verlust des Lebens an. Es gibt also etliche Gründe, deprimiert zu sein! Und dennoch kennen wir alle Menschen, die uns geradezu Lust darauf machen, älter zu werden. Das Leben hat sie nicht geschont, aber auf psychischer Ebene bewahren sie all das, was sie in der äußeren Realität objektiv verloren haben, ohne dabei aber ihren aktuellen Zustand zu verleugnen. Alles in allem konservieren sie die in der Außenwelt verlorenen Reichtümer in Form inneren Reichtums, sodass sie uns durch ihr hohes Alter bereichert zu sein scheinen. Jean-Michel Quinodoz (2004) nennt die Fähigkeit, Trennungsängste zu verarbeiten, »Auftriebsgefühl« und er hat hervorgehoben, dass es sich dabei um ein dynamisches psychisches Gleichgewicht handelt, das nie ein für alle Mal gesichert ist, sondern unablässig wiederhergestellt werden muss. Um dies zu erreichen, müssen manche die Hilfe eines Psychotherapeuten in Anspruch nehmen. Ich möchte dazu einige Beispiele geben.

Auf psychischer Ebene bewahren, was real verloren wurde

Als erstes Beispiel habe ich Xantia ausgewählt. Sie konnte um ihre Eltern trauern, nachdem sie sie nach Anerkennung des realen Verlustes auf psychischer Ebene in sich bewahren konnte, anstatt sie in ihrem Haus in einer konkreten Form konservieren zu wollen.

Xantia: Die verlorenen Eltern symbolisch im eigenen Inneren bewahren

Xantia, eine alleinstehende Frau ohne Familie, war etwa 80 Jahre alt, als sie in katatonem und mutistischem Zustand in die Klinik eingeliefert wurde. Laut ihrer Krankenakte war sie eine sehr intelligente und kultivierte Frau. Da die Ärzte keine somatische Ursache für ihre Symptome finden konnten, wandten sie sich an den Klinikspsychiater, der sich sehr für diese Patientin interessierte und in meinem Seminar regelmäßig über sie berichtete. Mit Unterstützung des Seminars hatte der Psychiater entschieden, sie an jedem Werktag zu einer 15-minütigen Sitzung aufzusuchen. In den ersten Sitzungen schwieg die Patientin und zeigte keinerlei Regung. Sie gab keinerlei Zeichen von sich. Der Therapeut entschied daraufhin, die Initiative zu ergreifen und selbst zu sprechen; einige Sitzungen lang sprach er laut aus, was er empfand. Er bekam den Eindruck, dass der Blick der Patientin sich etwas belebte. Daraufhin begnügte er sich nicht mehr damit, seine persönlichen Eindrücke mitzuteilen, sondern sprach das aus, was die Patientin seiner Vorstellung nach über ihren Blick zum Ausdruck bringen wollte. Er wusste, dass er sich täuschen könnte und dass die Patientin vielleicht etwas ganz anderes dachte als das, was er zu erraten glaubte. Auch dies sprach er laut aus. Langsam begann Xantia zu sprechen, weil sie richtigstellen wollte, was der Therapeut gesagt hatte. Dann kam es zur Herausbildung einer echten psychotherapeutischen Beziehung mit 45-minütigen Sitzungen zweimal pro Woche, in denen Xantia zusammen mit dem Therapeuten versuchte, ihre innere Geschichte wiederherzustellen. Nach einigen Monaten konnte sie wieder sprechen und laufen, ihre Symptome hatten für sie und den Therapeuten Sinn angenommen. Sie hielt allerdings an einer mythomanen Tendenz fest und erzählte hier und da erfundene Geschichten, als hielte sie sie für real, ohne aber wirklich daran zu glauben; insbesondere kam es vor, dass sie von ihren Eltern so sprach, als lebten sie noch.

Xantia hatte versucht, ihre verlorenen Eltern auf einer konkreten Ebene zu bewahren

Hier nun ein kurzer Überblick über das, was Xantia mit dem Therapeuten rekonstruieren konnte: Als sie etwa 60 Jahre alt gewesen war, hatte sie beide Eltern in sehr hohem Alter verloren, nachdem sie bis dahin immer mit ihnen zusammengelebt hatte. Diese energievolle Frau hatte es sich damals nicht erlaubt, die Trauer um diesen Verlust auszuleben. Sie hatte *gehandelt*, um nicht *denken* zu müssen. Sie hatte Objekte aus dem Haus, das sie mit ihren Eltern bewohnt hatte, in Kisten gepackt, war umgezogen und hat die mitgenommenen verschlossenen Kisten nie wieder geöffnet. Es sah so aus, als bewahrte sie die Präsenz ihrer Eltern tatsächlich in diesen Kisten auf. Unbewusst verleugnete sie damit den Verlust und trauerte nicht um ihre Eltern. In der Arbeit mit dem Therapeuten verstand sie Schritt für Schritt, dass die Objekte in den Kisten im Sinne einer primitiven Symbolik ihre Eltern darstellten, wobei sie – ohne dass ihr dies bewusst gewesen wäre – ihre Eltern nicht *repräsentierten*; wir können fast sagen, sie *waren* ihre Eltern (als totes Realobjekt). Diese primitive Symbolik entspricht dem, was Hanna Segal die *symbolische Gleichung* nennt (1957).

In den ersten 20 Jahren nach dem Tod ihrer Eltern war Xantia auf keine besonderen Schwierigkeiten gestoßen. Sie war sehr aktiv und gesellschaftlich anerkannt gewesen. Dann hatte sie selbst entschieden, sie dürfe nun, da sie alt sei, nicht weiter allein leben, sondern müsse in ein Heim gehen. Dabei hatte sie sich aber nicht klar gemacht, dass sie ihre verschlossenen Kisten nicht ins Heim würde mitnehmen können. Vor allem aber hatte sie sich, da sie nicht wusste, was diese Kisten für sie bedeuteten, nicht ausgemalt, welcher Schock es für sie sein würde, sich von ihnen zu trennen. Erst als sie sich ohne ihre Kisten im Heim wiederfand, reagierte sie plötzlich kataton und mutistisch. Später – am Ende der Psychotherapie – konnte sie schließlich sagen, dass sie in eben diesem Moment das Gefühl gehabt hatte, ihre Eltern zu verlieren. Bis zu diesem Zeitpunkt waren sie in Form der Kisten *konkret* präsent geblieben.

Die verlorenen Eltern auf psychischer Ebene bewahren

Im Heim, als sie von ihren Kisten getrennt wurde, wurde Xantia mit einer unverarbeiteten Trauer konfrontiert. Unbewusst hatte sie dann versucht, mit ihren Eltern trotzdem weiterhin konkret in Kontakt zu bleiben: In ihrem Mutismus und ihrer Katatonie war sie – wie jene – zu einer Toten geworden. Die ganze Psychotherapie hindurch durchlebte die Patientin in der Übertragung mit dem Therapeuten noch einmal den Verlust ihrer Eltern. Immer wenn der Therapeut sie verließ – am Ende jeder Sitzung, vor dem Wochenende, vor den Ferien – erlebte Xantia die Trennungen wieder, die sie einst mit ihren Eltern erlebt hatte – natürlich ihren Tod –, aber auch alle anderen Trennungen, die seit der Kindheit aufeinandergefolgt waren. Die Reaktionen und Gefühle, die sie damals unterdrückt, verdrängt oder abgespalten hatte, wurden ihr nun, da sie sie mit dem Therapeuten wiedererlebte, bewusst, allerdings auf eine Art und Weise, die nie genau dem entsprach, was sie erwartet hätte. Insbesondere konnte Xantia dem Therapeuten gegenüber aggressive Gefühle empfinden, obwohl sie ihn sehr schätzte, etwas, was sie sich ihren Eltern gegenüber nie erlaubt hätte. Sie entdeckte, dass man durchaus seine Eltern lieben und sie dennoch hinsichtlich mancher Gesichtspunkte hassen kann, ohne fürchten zu müssen, die Zuneigung zu ihnen ganz zu verlieren. Die Liebe zu den Eltern besteht aus einer Verbindung von Liebe und Hass. Auf diese Weise konnte Xantia den schmerzlichen Verlust ihrer Eltern in ihre innere Geschichte einbauen. Sie brauchte die konkrete Präsenz der Kisten nicht mehr; sie bewahrte ihre Eltern auf seelischer Ebene in ihrer Innenwelt.

Alex: Eigene innere Reichtümer können nicht gestohlen werden

Hier nun noch ein anderes Beispiel dafür, wie man innerlich, auf psychischer Ebene etwas bewahren kann, was man in der Realität verloren hat. Alex, 75 Jahre alt, begab sich nach einer posttraumatischen Depression in eine psychoanalytische Psychotherapie, die auf die Wiederherstellung seiner inneren Geschichte ausgerichtet war. Der Therapeut sprach in meinem Seminar regelmäßig über diese Therapie. Alle Teilnehmer fühlten sich durch die Entwicklung dieses Patienten tangiert, obwohl natürlich der Therapeut letztlich allein verantwortlich war, und einzuschätzen hatte, welche Deutungen zu geben waren. Kurz nach dem Ende der Psychotherapie wurde Alex Opfer eines Einbruchs in seine bescheidene Wohnung, wobei ihm der wenige Familienschmuck, den er besaß, und andere Erinnerungsobjekte gestohlen wurden. Die Seminarteilnehmer beunruhigten sich: »Wird Alex einen Rückfall erleiden?« Aber nein! Alex dekompensierte nicht; seinem Therapeuten, der anlässlich des Einbruchs noch einmal nach ihm gesehen hatte, sagte er: »Natürlich bin ich traurig, aber ich habe diese Erinnerungen alle in mir, da kommen die Diebe nicht dran.« Seine Reichtümer waren innere, seine Innenwelt war bewohnt.

Bruna: Erinnerungen in der eigenen Innenwelt bewahren und nicht in einem leblosen Behälter

Ein weiteres Beispiel ist Bruna, eine Diabetikerin, die nach einem Aufenthalt in der geriatrischen Klinik aus körperlichen Gründen nicht in ihre Wohnung zurückkehren konnte. Ganz gegen ihren Willen musste sie in ein Heim mit medizinischer Betreuung gehen.

Der Psychiater und Psychotherapeut der Klinik, der mit ihr in gutem Kontakt gestanden hatte, wurde gerufen, weil die Integration in das Heim keinen guten Verlauf nahm. Im Seminar erörterte er ausführlich den Sinn seiner Intervention bei Bruna. Sie hatte einige Kartons mit ins Heim genommen, die in ungeordneter Form Erinnerungsgegenstände enthielten, von denen sie sich nicht trennen wollte; sie betrachtete ihre Kartons und konnte sie nicht anrühren. Sie waren, so sagte sie, »ein wahrhaft schwarzes Loch in meinem Zimmer«. Der Therapeut brauchte mehrere Sitzungen, um Bruna das zu sagen, was ich folgendermaßen zusammenfassen würde: »Ich habe den Eindruck, dass diese Gegenstände mit allen möglichen Erinnerungen verbunden waren, als sie noch gut geordnet in Ihrer Wohnung standen. Jetzt, wo sie in diesen Kartons sind, wissen Sie vielleicht nicht mehr, womit in Ihrem Leben diese Dinge zu tun hatten. Das Wichtige sind vielleicht nicht diese Gegenstände selbst, sondern die Erinnerungen und Gefühle, die sie in Ihnen auslösen. Könnten Sie mir sagen, was sie Ihrer Erinnerung nach in diese Kartons gepackt haben, damit Sie diese Erinnerungen in sich wieder stärken können – in ihrer geheimen Geschichte?«

Bruna war zur Alternsarbeit bereit. Sie griff die Hilfe des Therapeuten auf, der sie dann eine Zeitlang regelmäßig aufsuchte. Ausgehend von den Gegenständen, die sie ihrer Erinnerung nach in die Kartons gepackt hatte, sprach sie von sich, um ihre früheren Erfahrungen noch einmal durchzugehen, zu sortieren und um ihnen einen passenden Platz in ihrer Innenwelt geben zu können. Es kam dabei gar nicht darauf an, ob sie die Kartons nun real öffnete oder nicht, um von sich und ihren Erinnerungen sprechen zu können: Mithilfe des Therapeuten brachte Bruna ihre Vergangenheit auf eine innerpsychische Ebene, obwohl sie zunächst versucht gewesen war, sie in Form inerter Gegenstände in leblosen Behältern außerhalb ihrer selbst aufzubewahren. Jetzt integrierte sie ihre Vergangenheit in die Gegenwart, in ihr Leben im Heim. In ihre Gesamtgeschichte eingeordnet konnte sich diese Vergangenheit von nun an zusammen mit Brunas gesamten Leben verändern, anstatt reglos zu bleiben, eingepackt in Kartons, durch die der Strom des Lebens nicht hindurchfloss.

Die Bewertung unserer inneren Reichtümer erfolgt zuweilen über den Blick der anderen

Es ist – besonders gegen Ende des Lebens – nicht immer leicht, die Originalität unserer Innenwelt immer wieder neu zu entdecken. Rekonstruiert ein älterer Mensch dagegen seine innere Geschichte unter Einbeziehung seiner Gegenwart, sieht er, wie seine Innenwelt an Volumen gewinnt und sich weitet. Je stärker sich seine Innenwelt entfaltet, umso mehr findet er Interesse an ihr und möchte sie weiterentwickeln. Das Gegenteil hiervon liegt vor, wenn sich ein alter Mensch durch die Konfrontation mit schmerzhaften Verlusten zunehmend gegenüber seiner Innenwelt verschließt, die daraufhin gleichsam schrumpft. Dies war bei Bruna der Fall.

Inwiefern konnte der Psychotherapeut Bruna von Nutzen sein? Indem er sich für die innere Geschichte dieser Patientin interessierte, hatte er sie dazu gebracht, sich ihr ebenfalls zuzuwenden und deren Originalität zu entdecken. In der Übertragungsbeziehung zwischen einem Patienten und seinem Psychotherapeuten (oder Analytiker) läuft zwischen beiden Beteiligten ein permanenter Affektaustausch ab, bei dem der eine auf den anderen reagiert und diesen wiederum zu einer Reaktion veranlasst. In bestimmten Fällen nimmt dieser Austausch eine besondere Form an: Der Patient projiziert seine eigenen Gefühle oder Sinnesempfindungen in den Analytiker. Empfindet der Analytiker daraufhin in sich selbst die Gefühle oder Sinnesempfindungen, die der Patient unbewusst dorthin projiziert hat, ist es seine Aufgabe, sich darüber klar zu werden, dass diese Gefühle vor allem vom Patienten stammen und keineswegs ganz seine eigenen sind. Es handelt sich hier in der Tat um einen Kommunikationsmodus, der vom Patienten unbewusst eingesetzt wird, um den Analytiker fühlen zu lassen, was er, der Patient, nicht in Worte fassen kann. Dieser Kommunikationsmodus kann von unterschiedlicher Intensität ein. Er kann der gewöhnlichen Empathie entsprechen. Er kann aber auch sehr viel intensiver sein und den Analytiker zum Einsatz einer therapeutischen Technik veranlassen, dank derer er sich auf das beziehen kann, was er in sich selbst empfindet, um daraus Erkenntnisse darüber zu gewinnen, wie er die Äußerungen des Patienten deuten soll.

Solche Gefühle, wie sie zwischen Patient und Therapeut hin- und hergehen, breiteten sich auch auf die Teilnehmer meines Seminars aus. Wenn ein Therapeut darüber sprach, dass ein Patient ihn entmutigte, stellte ich zuweilen fest, dass es sich um einen Patienten handelte, der sich mit sich selbst langweilte und innerhalb der Übertragung diese Langeweile auf den Therapeuten übertrug. Kam es in solchen Situationen dann vor, dass einer der Seminarteilnehmer zu gähnen begann, weil er nicht wagte, sich den Gedanken einzugestehen: »Was bringt das schon, sich um diesen Alten zu kümmern?«, stellte ich die Frage, ob wir in der Gruppe nicht vielleicht gerade dabei wären, uns von einer Art depressiver Reaktion befallen zu lassen, die eigentlich zum Patienten gehörte. Letzterer, dessen innere Welt geschrumpft war, interessierte sich dafür nicht weiter und kommunizierte seine Langeweile – ohne dies zu beabsichtigen – dem Therapeuten und sekundär auch unserer Gruppe. Deshalb war es wichtig, dass der Therapeut und die Seminarteilnehmer verstanden, dass diese Langeweile eigentlich nicht ihre eigene war, sondern die des Patienten, die er auf sie projiziert hatte.

Es war also Aufgabe des Therapeuten und der Seminarteilnehmer, diese Langeweile als wertvolles Kommunikationsmittel zu betrachten, mit dessen Hilfe dieser Patient uns wahrnehmen ließ, was er empfand. Die erste Aufgabe des Seminars schien mir also zu sein, die Originalität des Lebens dieses Patienten wiederzuentdecken, indem wir mittels Assoziationen rekonstruierten, was wir anhand des dürftigen Materials aus den Gesprächen wussten oder erraten konnten. Wir versuchten also, uns im Seminar vorzustellen, welche Art von Kind, Jugendlicher und junger Erwachsener er vermutlich gewesen war, welche Kämpfe er geführt hatte; und als ich sah, dass der Therapeut diesen Patienten in seinem gesamten Werdegang lebendig zu spüren begann und sich fragte: »Aber wie ordnet sich nun seine Gegenwart in dieses Gesamtbild ein?«, schätzte ich die Situation so ein, dass die Partie wahrscheinlich gewonnen war. Sobald ein Patient vom Therapeuten nicht mehr als jemand wahrgenommen wird, der er in seinem gegenwärtigen Zustand versteinert ist, sondern von ihm ansatzweise als Person empfunden wird, die einen ganz eigenen Werdegang hat, besteht gute Hoffnung, dass der Patient sich (wieder) für sich selbst zu interessieren beginnen und die Existenz seiner inneren

Welt entdecken wird. Wird er vom Therapeuten als ganz eigene Person wahrgenommen, wird er sich auch selbst so wahrnehmen und sich dann vielleicht für das interessieren, was die Originalität der Personen seiner Umgebung ausmacht. So beobachten wir zuweilen, wie sich die Richtung einer Strömung vom Negativen zum Positiven wandelt.

Bei der Alternsarbeit geht es ganz allgemein darum, sich für das eigene Leben zu interessieren. In bestimmten Momenten kann es aber notwendig sein, dass sich eine bedeutsame Person unserer Umgebung – eventuell ein Therapeut – für unser Leben interessiert, damit auch wir selbst es weiterhin interessant finden können.

Alles verlieren, ohne sich selbst zu verlieren

Ich bin alten Menschen begegnet, die jeden neuerlichen Verlust an physischem oder psychischem Potenzial als unerträgliche Verarmung ihrer äußeren oder inneren Welt empfanden, während andere dies als Erleichterung empfanden, dank derer sie dem näherkommen, was ihrer Auffassung nach das Wesentliche ihrer Existenz ist – etwa in dem Sinne, dass sie durch das Abwerfen von Ballast an Leichtigkeit gewinnen. Ich habe es als großen Gewinn gesehen, dass ich alten Menschen begegnen konnte, die psychisch so reich waren, dass ich mir vorstellen konnte, es könne tendenziell möglich sein, *alles zu verlieren, ohne sich selbst zu verlieren.* Sie waren offensichtlich in der Lage, ihre innere Welt als etwas zu betrachten, das von wertvollen inneren Objekten bewohnt ist, obwohl sie in der Realität eine ganze Reihe von Verlusten angesammelt hatten. Das soll aber nicht heißen, sie hätten nicht gelitten.

Alles wirkte so, als ob die Menschen ihrer Umgebung im Kontakt mit ihnen entdeckten, dass es möglich, wenn auch nicht immer ganz realisierbar ist, reale Objekte zu verlieren, ohne dass dabei Teile unseres *Ichs* mit ihnen abhandenkommen. Ich denke an Lou, eine durch Arthrose gelähmte mehr als 80 Jahre alte Witwe, die durch ihren Einzug in ein Altenheim das Klima dieser Residenz dadurch veränderte, dass sie eine Atmosphäre gemütlichen Zusammenseins erzeugte: Sie organisierte Kartenspiele, erzählte ihre Erinnerungen und hörte sich diejenigen der anderen an. Die Pensionäre begannen, sich füreinander zu interessieren. Sie zeigte, dass eine *psychisch reiche* alte Person seine Umgebung für die psychische Realität und die Bedeutung des inneren Raums sensibilisieren kann.

Ich denke auch an den Vater einer meiner Freundinnen, der in hohem Alter immer noch sehr mobil war, sich nach dem Tod seiner Gattin und mehrerer Freunde aber sehr alleine fühlte. Er hatte sich schließlich an Einrichtung für Alte gewandt, mit der Frage, ob es vielleicht Pensionäre gäbe, die sich freuen würden, von ihm besucht zu werden. Sein Angebot wurde sehr geschätzt und hat auch ihm viel gebracht. Er hatte seine Verluste in Möglichkeiten verwandelt, etwas zu geben.

Je sichtbarer der Verlust, umso schwerer ist der verborgene Reichtum wahrnehmbar

Psychotherapie und Psychoanalyse können eine wichtige Rolle spielen, wenn es darum geht, den Alten zu helfen, ihr Altern als Bereicherung und nicht als Verarmung zu erleben, indem sie für ihre innere Welt sensibilisiert werden und es ihnen ermöglicht wird, Zugang zu einer höheren Stufe von Symbolisierung zu finden. Sie können auch für die Familienangehörigen und die Pflegenden eine wichtige Rolle spielen, da sie zuweilen Hilfe brauchen, die bereichernde Seite des Alterns zu sehen – also dort, wo unsere auf Effizienz und Leistungskraft ausgerichtete Gesellschaft tendenziell nur Verlust sehen würde. In der Tat müssen die Familien und das Pflegepersonal spüren, wie nützlich ihre Haltung dafür sein kann, dass ein alter Mensch dort einen konstruktiven Verzicht erkennen kann, wo er zuvor nur Verarmung gesehen hatte. Die Alzheimerkrankheit möchte ich hierzu als ein extremes Beispiel anführen.

Von der Alzheimerkrankheit zu *Gegenwart pur*

Es gibt mehrere Arten und Weisen, »alles zu verlieren«. Die Alzheimerkrankheit ist ein Beispiel für einen extremen Formverlust, der nicht nur den Kranken betrifft, sondern auch diejenigen, die ihn lieben. Serge Rezvani (2003) beschreibt in einem ergreifenden Buch den unerträglichen Schmerz, den er spürt, als ihm die Liebe seines Lebens entgleitet: Die Frau, die er liebt, die so schön und so begabt ist, mit der er viele Lebensjahre geteilt hat, seine Ehefrau – sie leidet an Alzheimer. Sie erkennt ihn nicht mehr, ihren Ehemann, den Mann, den sie leidenschaftlich geliebt hat. Sie erkennt auch ihr Haus nicht wieder, das sie mit so viel Freude zusammen mit ihm gebaut hat, jenes Haus, in dem sie nach wie vor lebt. Sie drängt ihn, sie dorthin zurückzubringen, obwohl sie doch in ihm wohnt. Er versucht, die Krankheit seiner Frau Schritt für Schritt zu bekämpfen: Er versucht, ihre Irrtümer zu korrigieren, verblassende Erinnerungen zu korrigieren, ihre Vernunft wiederherzustellen – vergebens, es ist zum Verzweifeln, erschöpfend – er kann ihre Welt und ihr Denken nicht mehr erreichen. Ist sie immer noch die Frau, die er liebt? Die, die er geliebt hat? Es ist zu viel für ihn, zu schmerzlich ...

Obwohl mir bewusst ist, dass jeder Schmerz einzigartig ist und die Erkrankung einer Ehefrau etwas anderes ist als die Krankheit eines Vaters, hat mich Rezvanis Schilderung an die Reaktion einer jungen Frau erinnert, die ebenfalls eine Phase großer Verzweiflung zu durchleben hatte. Ihr Vater litt ebenfalls an Alzheimer. Sie liebte ihn sehr und wusste nicht mehr, wie sie sich ihm gegenüber verhalten sollte. Sie wünschte sich, er solle sich mehr anstrengen, sie hoffte, er werde Fortschritte machen und sich von ihr dazu bringen lassen, ein Minimum an korrektem Denken und an Gedächtnis wiederzufinden. Sie war böse auf ihn, dass er sie nicht erkannt hatte. Er verletzte sie. Bis zu dem Tag, an dem sie losließ. Sie realisierte, dass ihr Vater jetzt einer anderen Logik folgte als der ihren – in einer anderen Welt lebte. Sie kämpfte nun nicht mehr. Sie erwartete nicht mehr, dass er sich bemühen solle. Sie nahm eine neue Beziehung zu ihm auf und ließ sich von ihm durch seine ungewöhnliche Welt führen. Die Beziehung heiterte sich auf, was aber nicht heißt, dass sie nun ohne Leid funktionierte.

Wenn eine Person alles verloren zu haben scheint, wie dies bei der Alzheimerkrankheit der Fall ist, ist ein sehr aufmerksamer Blick erforderlich, wenn man darin noch deren Reichtümer erkennen will.

Es gibt gewisse Reichtümer die nach Christian Bobin »nur von den Engeln gesehen werden« (1999). Er hat dies selbst erlebt, denn sein Vater, der an Alzheimer litt, lebte daraufhin in einer Einrichtung, die Bobin *Langzeitheim* nannte. Er beschrieb seine Erfahrung in einem kleinen Buch, das so leicht daherkommt wie ein Gedicht: *La présence pure* (1999)[7]. Geschrieben hat er es in »der Hoffnung, einige Sätze zu entdecken, bloß einige Sätze, nur einige Sätze, die klar und ehrlich genug sind, dass sie so strahlen wie ein kleines Blatt, das vom Licht lackiert und vom Wind geputzt ist«. Für Bobin ist kein Wort rein genug, dass es »die intakte Souveränität derer, die alles verloren haben«, wiedergeben könnte. Er versuchte nicht, Vernunft oder Gedächtnis seines Vaters zu reaktivieren. Er beugt sich dieser Welt, die sich ihm entzieht, und als er den Vater treffen will, versucht er, sich dessen Gangart anzupassen:

> »Um zu Dir zu gelangen, schiebe ich alle Bezeichnungen für Krankheit, Alter und Beruf beiseite, so wie man jene Vorhänge aus bunten Plastiklamellen auseinanderstreift, die man im Sommer in den Hauseingängen sieht, bis ich dich in der Frische dieses einzigen Namens wiederfinde, der nicht lügt: Vater« (ebd., S. 62).

Für diesen Sohn ist der Vater fürderhin reine Gegenwart – wie der Baum, der vor dem Wohnzimmerfenster wacht: »Gegenwart pur, ohne jegliche Abwehr gegen das, was ihr Tag um Tag und Nacht um Nacht widerfährt« (ebd., S. 65). Er verneigt sich vor dieser Gegenwart, die er spürt, von der er aber nicht weiß, wie man sie beschreiben könnte. Er ist bewegt: Blüten sind auf einen Gartentisch gefallen. Der Vater betrachtete sie, und sein Sohn sieht, »ein Leuchten in den Augen, das nichts mit der Krankheit tun hat und zu dessen Entschlüsselung man ein Engel sein müsste« (ebd., S. 66). Es gibt in der Tat Reichtümer, die sich uns entziehen, deren Existenz wir aber dennoch erahnen. Vielleicht können nur die Engel sie sehen – oder auch diejenigen, in deren Erwachsenenleben noch etwas vom Sehnen ihrer Kindheit lebendig ist.

7 Zu Deutsch in etwa: *Gegenwart pur* (Anm.d.Übers.).

Seinen eigenen Reichtum im Blick des anderen entdecken

Oft sind sich die nahen Angehörigen eines alten Menschen – wie übrigens auch die Angehörigen eines Behinderten – nicht über die Bedeutung ihrer Rolle im Klaren. Wenn sie all das sehen, was diese Menschen verloren haben oder was ihnen genommen wurde, sind sie manchmal so verstört, dass sie nur mehr Augen für die Behinderungen und nicht mehr für die Person selbst haben. Sie stellen sich vor, wie es wäre, unter den gleichen Behinderungen zu leiden, und sie sind so schockiert, dass sie zu sehen vergessen, was unter den gegebenen Bedingungen für diese Menschen vorrangig bleibt und positiv bewertet werden kann.

So war eine hospitalisierte alte Dame sehr traurig geworden; seit sie gelähmt war, fühlte sie sich so geschwächt, dass sie von ihren doch so geliebten Enkelkindern nicht mehr besucht werden wollte. »Ich möchte, dass sie ihre Großmutter so lebendig in Erinnerung behalten, wie sie sie gekannt haben«, gab sie zu verstehen, und zu meiner Überraschung waren die Personen ihrer Umgebung einverstanden, so bestürzt waren sie angesichts der Behinderungen. In Wirklichkeit waren die anderen, wenn sie sich vorstellten, in einem solchen Zustand zu sein, entsetzt angesichts all dessen, was amputiert worden war. In Ihren Augen sah die Kranke nur noch ihre Behinderungen. Sie leitete daraus ab, dass sie sich nur noch zu verstecken hatte.

Sie sahen nicht, dass das Gesicht dieser alten Dame zu leuchten begann, wenn sie von ihren Enkeln sprach: Dieses Leuchten war ihr Reichtum. Es war für sie sehr wichtig gewesen, dass ein anderer dies erkennen und sie im Blick dieser Person ihren eigenen Reichtum sehen konnte, also nicht nur ihre Defizite. Von diesem Zeitpunkt an wagte sie es wieder, ihre Enkelkinder zu empfangen. Ihr Blick allein war es schon wert, dass sie sie besuchten. Dazu war es zwingend notwendig gewesen, dass jemand den Wert dessen, was in ihrer gegenwärtigen Situation ein Reichtum geblieben war, hatte erkennen können; so konnte sie ihn auch selbst wiederentdecken und alles, was sie zum Ausdruck bringen wollte, hierauf konzentrieren.

Von schmerzlicher Einsamkeit zum Reichtum, man selbst zu sein

Die Psychoanalytikerin Helene Deutsch meinte, das schmerzliche Gefühl von Einsamkeit setze ein, wenn man für niemanden die *Nummer eins* sei. Jeder kann diese Erfahrung machen, sie wird aber mit fortschreitendem Alter immer häufiger und ist zweifellos eines der schwerwiegendsten Verlusterlebnisse im hohen Alter. Das Einsamkeitsgefühl kann besonders schmerzhaft werden, wenn wir uns in einer Situation befinden, die uns mit der unausweichlichen Selbstverständlichkeit konfrontieren, dass unser Leben von niemand anderem als von uns selbst gelebt werden kann und dass diese unvermeidliche Erfahrung niemand an unserer statt machen kann. Oft handelt es sich hier um Momente, in denen der körperliche Aspekt des Ichs stark im Vordergrund steht, beispielsweise durch eine körperliche Erkrankung: Niemand kann physisch an unserer statt leiden oder auch nur unser Leiden teilen. Wir begegnen diesem Einsamkeitsgefühl auch immer dann, wenn eine uns teure Person eine schmerzliche Erfahrung macht, die wir lieber an ihrer statt gemacht hätten, damit sie ihr erspart geblieben wäre. Der entscheidende Moment, in dem ein alter Mensch dem Einsamkeitsgefühl besonders ausgesetzt ist, ist derjenige, in dem er mit dem eigenen Altern und dem Näherrücken seines Todes konfrontiert wird, insbesondere dann, wenn er diese Dinge stets in eine vage Zukunft verbannt hatte. Dieses Einsamkeitsgefühl kann dann so beängstigend werden wie ein Sprung ins Leere.

In bestimmten Augenblicken im Lauf unseres Lebens werden wir uns unserer Identität bewusst: »Ich bin ich«, das heißt: »Ich denke, was ich denke, ich fühle, was ich fühle, ich wünsche, was ich wünsche.« Eine solche Bewusstwerdung impliziert ein: »Ich bin nur ich«; sie ist also mit einem Gefühl von Einsamkeit verbunden. Einer meiner Patienten fasste dies in die Worte: »Es gibt kein Standarddenken, auf das ich mich beziehen könnte, um einzuschätzen, ob mein Denken richtig ist. Ich kann nicht anstelle des anderen und niemand an meiner statt denken, in werde immer nur meine eigenen Gedanken denken und mein eigenes Leben führen; ›ich‹ werde immer nur ›ich‹ sein.« Trotz seines Einsamkeitsgefühls bleibt ein Mensch, der sich bewusst ist, nur er selbst zu sein, »reich«, wenn er gute Beziehungen zu seinen inneren Objekten unterhält und sich um sie bemüht. Die Präsenz guter innerer Objekte wird somit zum Gegengewicht zum Verlust äußerer Objekte. Wir ertragen die Einsamkeit besser, wenn unsere innere Welt bevölkert ist.

Die Sexualität der Alten

Vom Abbau zum Reichtum

Wie lässt sich von der Sexualität im hohen Alter sprechen? Eine gewisse Scheu umgibt die Sexualität der Alten, aber auch eine Befangenheit und eine Befürchtung zu verletzen. Ob wir nun alt sind, an den Zeitpunkt denken, an dem wir es sein werden, oder ob wir einfach nur über die Senioren sprechen – die Leitbilder der Gesellschaft stürzen auf uns ein, sobald wir uns diesem Bereich nähern. Die Befürchtung, eine Art Kastrationskomplex wiederaufleben zu lassen, scheint uns zu hemmen. Das Kriterium der sexuellen Leistungsfähigkeit scheint auf, als gäbe es eine ideale Sexualität, an der wir uns alle zu orientieren hätten: Manche würden demnach auf ihre sexuellen Heldentaten stolz sein, als hätten sie es nötig, ihre Kraft zur Schau zu stellen, während andere sich versteckten, weil sie aus somatischen, psychischen oder sozialen Gründen keine sexuellen Beziehungen mehr haben können. Der ganze Bereich der Sexualität und der Psychosexualität läuft damit Gefahr, losgelöst von den Affekten, die sie eigentlich zum Ausdruck bringen, auf sexuelle Leistungsfähigkeit reduziert zu werden.

Zärtlichkeit, eine Kunst des Liebens

Nach Freud vereinigen sich im Erwachsenenleben die zärtlichen und sinnlichen Strebungen der Sexualität und kommen in der genitalen Liebe zum Ausdruck. Ich zitiere ihn: Die zärtliche Strömung

> »stammt aus den frühesten Kinderjahren, hat sich auf Grund der Interessen des Selbsterhaltungstriebes gebildet und richtet sich auf die Personen der Familie und die Vollzieher der Kinderpflege [...]. Im Lebensalter der Pubertät tritt nun die mächtige ›sinnliche‹ Strömung hinzu, die ihre Ziele nicht mehr verkennt« (1912d, S. 79f.).

Im hohen Alter verliert die sinnliche Strömung aber an Kraft, und die zärtliche Strömung beherrscht die Liebesszene. Mehrere Psychoanalytiker wie Danon-Boileau und Le Gouès haben die Bedeutung der Zärtlichkeit im Prozess des Älterwerdens hervorgehoben. Gleichwohl liegt hier aber keine Regression auf die zärtliche Strömung der Kindheit vor. Es handelt sich um den Zugang zu einer *neuen zärtlichen Strömung*, die von dem Wissen profitiert, das im reifen Erwachsenenalter erworben wurde:

> »Die mit dem Alter wachsende Zärtlichkeit ist also eine Mischung, die sich mit einer Rückkehr zu früher Zärtlichkeit in der Zeit vor der Sinnlichkeit verbindet, aber unter Beibehaltung einer reifen Genitalität, wie sie sich im Lauf des Erwachsenenlebens auf der Grundlage einer Legierung zwischen der zärtlichen und der sinnlichen Strömung herausgebildet hat« (Le Gouès 2006, S. 124).

Alte, die sich darauf versteifen, die Leistungen ihres früheren Sexuallebens wiederfinden zu wollen, und dann unglücklich werden, weil es ihnen nicht gelingt, entdecken Zärtlichkeitsgefühle dieser Art sehr viel schwieriger. Ein Psychoanalytiker oder ein Psychotherapeut kann ihnen eventuell helfen, zu akzeptieren, dass sie ihr Sexualleben weiterentwickeln müssen, was ihnen dann eventuell ermöglichen würde, den neuen Reichtum ihres gegenwärtigen Sexuallebens zu entdecken. In humorvoller Anspielung auf die Sexualität alter Menschen spricht Danon-Boileau (2000) von »der Kunst, aus den Resten etwas zuzubereiten«. Ich denke, dass in dieser Aussage etwas Richtiges steckt, dass diese Kunst aber noch viel mehr ist: Es handelt sich vielleicht ganz einfach um die *Kunst zu lieben*.

Das Gefühl sexueller Identität

Das hohe Alter macht deutlich, dass Psychosexualität sich nicht in der Existenz eines aktiven Sexuallebens erschöpft. Es gibt uns Gelegenheit, das Gefühl sexueller Identität zu hinterfragen: Wir können uns als Mann oder Frau fühlen, welche Farbe unsere Haare auch haben mögen oder welches Alter unsere Arterien, und zwar bei allem, was wir in unserem Leben tun und nicht nur dann, wenn wir mit einem Sexualpartner zusammen sind.

Alte Menschen halten dieses Identitätsgefühl meist intakt, bei manchen kann es allerdings schwächer werden, so als würden sie Neutren, Menschen ohne sexuelle Spezifität. Warum? Sich im Kopf zu bewegen, wenn man die Beweglichkeit des Körpers verloren hat, oder mit dem inneren Ohr zu hören, wenn man das Gehör verloren hat, ist nicht leicht. Auch im sexuellen Bereich haben manche Menschen große Schwierigkeiten, das, was sie in der Realität verloren haben, auf die psychische Ebene zu verlagern. So empfinden manche jungen Männer und Frauen, die körperlich beeinträchtigt sind, eine Art Kastrationsangst, als hinge ihre sexuelle Identität von ihrer körperlichen Integrität ab. Es ist eine Angst, die über die Beruhigung hinausgeht, die aus ihrem Gesundheitszustand resultiert. So ist es anscheinend manchmal ein Charakteristikum der Menopause, sich nicht länger als Frau zu fühlen.

In solchen Situationen spielen bestimmte ältere Personen eine wichtige Rolle, indem sie uns spüren lassen, dass das Gefühl, eine Frau oder ein Mann zu sein, mit ihrer Gesamtperson verknüpft ist und sich nicht allein auf der Addition aller ihrer femininen oder maskulinen Attribute beruht. Die Frauen können sich weiterhin ganz als Frauen fühlen, auch wenn die Menopause hinter ihnen liegt, sie eine Hysterektomie oder Brustoperation hinter sich haben oder aber sehr alt sind. Die Männer können spüren, dass sie Männer bleiben – trotz Aspermie, erektiler Dysfunktion oder ihres sehr hohen Alters. Diese Verluste können für den, der sie erleidet, sehr schmerzlich sein, müssen sein sexuelles Identitätsgefühl aber nicht unbedingt beeinträchtigen.

Das weibliche Identitätsgefühl hängt auch nicht davon ab, ob man Kinder hat oder nicht. Eine Frau kann keine Kinder haben, aber dennoch die mütterliche Seite ihrer Weiblichkeit gut entwickelt haben. Eine meiner Patientinnen, die von Beruf Lehrerin gewesen war, ist hierfür ein gutes Beispiel. Nach ihrer Pensionierung unternahm sie eine Psychoanalyse und erkannte, dass ihre Schüler für sie *symbolische* Kinder gewesen waren. Im Alter hatte sie eine Kolumne in einer Zeitschrift übernommen. Ihre Artikel waren eine kreative Aktivität, die für sie einer Art Mutterschaft entsprach. Es war dies also eine Art und Weise, auf psychischer Ebene etwas zu realisieren, auf das sie in der Realität leidvoll verzichtet hatte.

Auf »Vergangenheiten« verzichten, die wir gar nicht hatten, um die Lehren aus der Vergangenheit zu ziehen, die die unsrige war

Die Alten, die mich durch den Reichtum ihres psychischen Lebens am meisten beeindruckt haben, hatten alle ein gefestigtes Identitätsgefühl, womit auch die Akzeptanz der Tatsache einherging, nur eine einzige Vergangenheit gehabt zu haben: die ihrige. Es liegt wohl auf der Hand, dass diese Akzeptanz nichts mit Resignation zu tun hatte, sondern mit der Anerkennung ihrer Identität: »Entweder bin ich nur ich oder ich bin nicht.«

Wenn wir uns bewusst machen, dass wir nur *eine* Vergangenheit besitzen, wird uns außerdem bewusst, dass wir auf viele andere Möglichkeiten verzichten, wenn wir eine von ihnen auswählen. Selbst wenn wir eine Entscheidung später revidieren, wird unser Leben nie das gleiche sein wie das, das wir konstruiert hätten, wenn wir von vornherein eine Entscheidung getroffen und diese dann aufgeschoben hätten. Im Augenblick der Wahl sind wir allein, deshalb können Entscheidungen Angst machen. Die Angst kann aufkommen, bevor die Entscheidung getroffen wird, und sie dann manchmal unmöglich machen: Wenn man nicht alles behalten kann, dann lieber gar keine Wahl treffen. Aber dann kommt ein anderes Leid auf: Wenn ich nicht wähle, dann habe ich nichts; wenn ich mein Leben nicht erschaffe, bin ich nichts.

Die Angst kann auch im Anschluss an eine Entscheidung auftreten, die ohne das Bewusstsein getroffen worden war, dass dadurch die anderen möglichen Entscheidungen ausgelöscht wurden. Dies ist die Angst, wie wir bei alten Menschen oft vorfinden. Natürlich kann ein Mensch in jedem Lebensalter nachträglich erkennen, dass die Konstruktion, die er seinem Leben gegeben hat, andere Möglichkeiten ausgeschlossen hat. Eliott Jaques hat in seinem Artikel »Mort et crise du milieu de la vie« (1965) auf einen Aspekt dieser Angst angespielt: Manch einer, der in der Mitte seines Lebens angekommen ist, würde es gerne noch einmal von vorne beginnen, wieder bei null anfangen. Die Senioren aber sehen sich mit der Tatsache konfrontiert, nicht mehr in der Mitte ihres zu Lebens stehen und nicht mehr genügend Zukunft zu haben, um sich die Illusion erlauben zu können, alles noch einmal von vorne beginnen zu können. Dieser Abwehrmechanismus steht ihnen nicht mehr zur Verfügung. Sie können also von Angst gepackt werden, bei dem Gedanken, für immer auf andere mögliche Vergangenheiten verzichten zu müssen, die sie nicht hatten oder nicht gewählt haben. Sie haben dann manchmal das Gefühl, alles verloren zu haben. Einige greifen daraufhin auf andere Abwehrmechanismen zurück, indem sie ihr vergangenes Leben entweder abwerten oder aber idealisieren.

Die Alten, denen es gelingt, die Angst zu überwinden, ihre Vergangenheit nicht noch einmal leben zu können, erstaunen uns durch ihrer Fähigkeit, ihre – auch schmerzliche – Vergangenheit zu akzeptieren und im Leben voranzuschreiten, »ohne dabei ständig in den Rückspiegel zu sehen«, wie es einer von ihnen formulierte. Sie schaffen wirklich etwas, indem sie aus den teilweise erschreckenden früheren Erfahrungen Lehren ziehen, ohne dabei die Kraft zu verlieren, den früheren Weg unablässig noch einmal zu gehen, selbst wenn ihnen ein anderer Weg lieber gewesen wäre.

Den unbekannten Teil der Zukunft im Voraus integrieren, um uns nicht selbst zu verlieren

Im Voraus den Teil unserer Zukunft aktiv anzunehmen, der nicht von uns abhängt, stellt wohl ebenso eine Art und Weise dar, *uns* auch dann nicht zu verlieren, wenn wir Gefahr laufen, alles zu verlieren. Zu akzeptieren, man *selbst zu sein*, kann unter diesem Gesichtspunkt meines Erachtens dazu führen, im Vorhinein die Möglichkeit zu integrieren, dass sich das Ende unseres Lebens unserem Bewusstsein entziehen kann und wir beispielsweise von einem Wahn, von Demenz oder schwererem geistigem Abbau heimgesucht werden können. Vielleicht ist es wichtig, dies im Voraus als eine mögliche Zukunft bedacht zu haben, die uns eventuell ereilen wird. Sollte sich diese Eventualität letztlich bewahrheiten, dürfte sie von der Umgebung wohl leichter zu ertragen sein. Unser Zustand stellt sich vielleicht weniger als Verfall dar, wenn wir diese Eventualität von vornherein in die Gesamtheit unseres Lebens integrieren konnten. Unsere Akzeptanz könnte diesen Vorgängen, die keinen Sinn zu haben scheinen, einen Hauch von Bedeutung verleihen.

Altern, ein Kunstwerk

Zu unserer Vergangenheit und unsere Zukunft gehören Gegebenheiten, die wir nicht ändern können, aber wir können aus diesen gegebenen Materialien ganz unterschiedliche Konstruktionen entwickeln. So können wir Menschen begegnen, denen es durch Erfindung ihrer Gegenwart gelingt, den Sinn ihrer Vergangenheit und ihrer Zukunft zu verändern, auch wenn die Fakten selbst unverändert bleiben. Ihr Leben wird dadurch zu einem Kunstwerk, im Sinne Hanna Segals, die dieses in einem Text beschrieben hat, der wieder aufgegriffen und in New York am *Ground Zero* plakatiert wurde:

> »Wenn die Welt in unserem Inneren zerstört ist, sich in einem Zustand von Tod und Lieblosigkeit befindet, wenn die von uns Geliebten zerstückelt und wir selbst auf Trostlosigkeit beschränkt sind, dann müssen wir unsere Welt vollkommen neu erschaffen, die Stücke zusammensammeln, den toten Fragmenten Leben einhauchen, das Leben neu erschaffen« (1952, S. 317).

Kapitel 8
Der Reichtum des hohen Alters

Im Kontakt mit bestimmten alten Menschen habe ich entdeckt, dass Altern auch zu einem spannenden Abenteuer werden kann. Wie oben bereits erwähnt, haben sie mir sogar Lust gemacht, älter zu werden. Was war an diesen Personen so besonders, dass sie das Alter zu bereichern schien? Ich möchte versuchen, dies nachvollziehbar zu machen.

Die Intensität der Gegenwart

Marcelle, 72 Jahre alt, erzählt mir: »Ich war sechs Jahre alt und enthülste Erbsen mit meiner Großmutter, die mir damals sehr alt vorkam. Ich weiß nicht mehr, worüber wir geredet haben. Aber ich höre mich noch, wie ich sie fragte: ›Wenn man dir sagen würde, du würdest in einer Viertelstunde sterben, was würdest du tun?‹ Meine Großmutter sah mich aufmerksam an und antwortete: ›Ich würde weiterhin mit dir Erbsen enthülsen.« Marcelle fügte hinzu: »An diesen Satz erinnere ich mich bis heute noch ganz genau; ohne dass ich direkt an ihn gedacht hätte, hat er mich mein ganzes Leben über begleitet. Er öffnete die Tür zu einer Welt, die ich damals nur erahnen konnte und die ich jetzt in Worte zu fassen versuche.«

Marcelle hatte das Gefühl, dass ihre Großmutter und sie in diesem Moment genau die Aufgabe erfüllten, die sie zu erfüllen hatten: *gemeinsam Erbsen zu enthülsen.* Sie waren beide sehr präsent in dieser Aktivität, die deshalb sehr kostbar wurde. Die Szene zeigte auch, dass

Großmutter und Enkelin einander wertschätzten. Es gab in diesem Augenblick nichts Wichtigeres, was sie gemeinsam hätten schaffen können, dies war ihr Kunstwerk: Marcelle, die Großmutter und die Erbsen wurden alle unendlich wertvoll.

Intensiv den gegenwärtigen Augenblick erleben … Entdecken, dass jede Sache unter dem Blick, den man auf sie richtet, glänzt … In jedem Objekt oder in jeder Person eine Dimension wahrnehmen, die unter die Oberfläche geht und ihr unschätzbaren Wert gibt … All das scheint mir in dem Satz der alten Dame enthalten zu sein. Sie zeigte ihrer Enkelin den Reichtum des Alters.

Natürlich können Entdeckungen dieser Art auf jeder Altersstufe gemacht werden. Gegen Ende des Lebens ragen sie aber stärker heraus, und die Werthierarchie entwickelt sich weiter. Was zuvor als Detail betrachtet worden war, kann nun viel größere Ausmaße annehmen. Bedeutungen, Absichten und emotionale Inhalte werden zunehmend wichtiger als der bloße Anschein. In dieser neuen Perspektive werden die kleinen Dinge groß, und bestimmte scheinbar große Dinge werden zweitrangig. Deshalb finde ich es immer wieder bewegend, einen älteren Menschen dadurch aktiv altern und sich psychisch bereichern zu sehen, dass er es wagt, zum Wesentlichen vorzustoßen.

Der Reiz der kleinen Dinge

Solche Entdeckungen der Alten vermitteln den Jüngeren ein positives Bild des Alters, sofern sie nicht von Strenge, sondern von Lebensfreude und Suche nach Lebensqualität begleitet werden. Im Übrigen messen die alten Menschen, ohne besonders darauf zu achten, solch glücklichen Erfahrungen hohen Wert zu, sind sie doch das Gegengewicht zu den eher schmerzlichen. Sie erschließen sich Erfahrungen, die anscheinend keine große Bedeutung haben, aber doch sehr affektgeladen sind, und behalten sie als etwas Markantes in Erinnerung, während deren Urheber ihnen vielfach keine besondere Aufmerksamkeit schenken. Zum Beispiel sagte mir einmal ein Mann, er habe das Thema eines brillanten Vortrags vergessen, den er früher einmal gehört hatte, wohingegen er sich ganz genau an den kleinen Beitrag erinnerte, den ein Kongressteilnehmer aus dem Saal geliefert hatte, dem vom Vortragenden eine harsche Abfuhr erteilt wurde. Eine Frau sagte mir, ihre genaueste und bewegendste Erinnerung an einen früheren Aufenthalt im Orient sei die Geste eines Unbekannten gewesen, dessen Sprache sie nicht verstand, der ihr aber seine Sympathie dadurch zum Ausdruck gebracht hatte, dass er seine Hand zärtlich auf ihren Arm gelegt hatte. Ein kurzer taktvoller Satz, im rechten Moment gesprochen, jene kleine zärtliche Geste, diese oder jene Ungerechtigkeit, jene Kritik oder jene unscheinbare Person haben zuweilen unvergängliche Erinnerungen hinterlassen, während das Hauptereignis vergessen wurde.

Im Allgemeinen rücken für Ältere das Interesse an den Menschen sowie der affektive Wert dieser Menschen in den Vordergrund. Man kann sagen, dass in ihrer Werthierarchie das *Lieben* den ersten Platz übernimmt und sie bei ihren Entscheidungen leitet. Ich denke an eine Gruppe von Menschen, die sich darauf vorbereitete, zu einer Theatervorstellung zu gehen, einer von ihnen aber darauf verzichten musste, um auf ein kleines Kind aufzupassen. Sofort bot sich ein alter Mensch an, weil ihm die Entdeckung dieses kleinen Kindes wichtiger erschien als alle Schauspiele der Welt.

Der affektive Wert eines Objekts

Wenn sie ihre Schränke öffnete, ging stets eine freudige Bewegung über das Gesicht der 85-jährigen Camille; sie erblickte dort alle Arten von Schätzen: den Untersetzer aus Wäscheklammern, den der kleine Erik fabriziert hatte, die Zeichnung, die Alice ihr vor zehn Jahren zu Weihnachten geschenkt hatte, ein Exemplar von Claudes Doktorarbeit zur Quantenphysik, Kistchen voll wertvoller Briefe und jede Menge weiterer Schätze. Camille machte regelrecht Lust darauf, älter zu werden, denn sie sah Wunder dort, wo andere blind blieben. Der affektive Wert eines Objekts übertraf bei Weitem seinen Marktwert. »Macht mir keine Geschenke«, sagte sie, »in meinem Alter brauche ich nichts!« Für einen Menschen mit depressiven oder Verfolgungsängsten hätte das bedeuten können: »Ich zähle jedenfalls für niemanden mehr. Für euch bin ich nichts.« Für Camille aber, die an den Menschen interessiert war, bedeutete dies, dass sie keine »Sachen« mehr benötigte, sondern das, was durch sie ausgedrückt werden könnte. Das Geschenk erhielt dadurch seinen ganzen Wert: Es war ein Mittel, die Innenwelt des Gebenden mit der Innenwelt Camilles, die es bekam, zu verbinden. Damit ein Geschenk einen solchen Wert bekommen konnte, mussten natürlich beide dessen Bedeutung wertschätzen: Der Blick des Schenkenden ist ebenso wichtig wie der Blick dessen, der etwas bekommt. Ich spürte, dass Camilles Umgebung die Tragweite der Rolle nicht immer erfasste, die man doch so leicht hätte spielen können.

Die Wichtigkeit anwesender Menschen

Germaine, eine dieser alten Damen mit Schränken voller Schätze, zeigte sich von den Besuchen, die sie erhielt, immer sehr angetan. Ihre Kinder waren allerdings sehr beschäftigt, und die Mehrzahl ihrer Familienmitglieder lebte im Ausland. Sie aber sagte: »Ich komme mit denen aus, die da sind!« Und sie erklärte mir, dass sie sehr darauf achtete, sich bei denen, die sie besuchten, nicht über die Abwesenheit der anderen zu beklagen. Ihre Bemerkung hatte Eindruck auf mich gemacht. In der Tat er erinnerte ich mich, wie unerfreulich ich es empfunden hatte, alte Menschen zu besuchen, die ganz mit den Abwesenden beschäftigt zu sein schienen, sodass ich den Eindruck bekam, sie vergäßen geradezu diejenigen, die anwesend waren und sie besuchten.

Die Verwunderung angesichts der Gegenwart des anderen

Auf das Beispiel Diane werde ich etwas detaillierter eingehen. Sie hatte sich mit ihrer Innenwelt genauer beschäftigen müssen, um die Reichtümer zu entdecken, die sie anderenfalls übersehen hätte. Am Ende der Psychotherapie begann Diane zu lachen. Sie dachte an die furchtbare

Zeit zurück, die sie durchgemacht hatte, als ihr Ehemann Sam in den Ruhestand gegangen war. »Ich hatte ihn dauernd zwischen den Füßen! Ich fühlte mich bei mir gar nicht mehr zu Hause!« Früher hatte Diane als Hausfrau ihre Tage in aller Freiheit organisiert. Nun verließ Sam nicht mehr frühmorgens das Haus, um zur Arbeit zu gehen, und drang in Dianes Domäne ein. Er fragte sie, was sie am Vormittag tun werde, und sie bekam das Gefühl, nicht mehr allein über das Haus zu herrschen: »Ich konnte ihn nicht mehr ertragen«, sagte sie. Vor seiner Pensionierung hatten sie zwei gut voneinander getrennte Lebensbereiche, aber nun hatte Sam den Seinen verloren, er reagierte niedergeschlagen und sie aufgebracht. Nach Jahrzehnten glücklicher Ehe hieß es nun plötzlich: »Entweder er oder ich!« Dianes Wut konzentrierte sich auf einen Punkt: Jeden Tag, wenn sie von den Einkäufen zurückkam, fand sie die Tageszeitung, die ihr Mann gerade gelesen hatte, im Salon verstreut. Automatisch explodierte sie vor Wut, und wenn sie sie zurückhielt, war es noch schlimmer, denn das vergiftete den ganzen Tag: »Das macht er doch extra! Ich bin doch nicht sein Dienstmädchen!« Es reichte nicht aus, dass Sam und Diane sich in der Zeitungsfrage um einen Kompromiss bemühten, dass also der eine sie aufräumte und die andere die Unordnung hinnahm: Das Ausblenden der Zeitungsszene verschob den Konflikt lediglich an eine andere Stelle. Da Diane und ihr Ehemann im Grunde aber aneinander festhielten, beschlossen sie, dass jeder für sich eine Psychotherapie in Angriff nehmen solle. Dianes Psychotherapie wurde in meinem Seminar supervidiert, und auf diesem Weg konnten wir die gemeinsame Entwicklung erraten, die Sam in seiner Psychotherapie ebenfalls durchmachte: Wir konnten verstehen, wie das Paar Schritt für Schritt zu einem neuen Gleichgewicht fand. An diesem weiteren Werdegang fielen uns zwei wichtige Wendepunkte auf.

Erster Wendepunkt: Der geheime Garten

Diane hinterfragte zunächst eingehend das, was sie ihren eigenen *geheimen Garten* und den ihres Mannes nannte. Es sah so aus, als hätten

Sam und Diane bei der Veränderung des familiären Rahmens nach der Pensionierung unter dem Einfluss von Verfolgungsangst versucht, sich vor dem jeweils anderen zu schützen, indem jeder den eigenen privaten Bereich unbewusst *abspaltete*. Jeder tat so, als habe er keinen, aus der Angst heraus, der andere könnte sich Zugang dazu verschaffen. Wenn ein geheimer Garten integriert ist, gehört er zum Unerforschlichen einer Gesamtperson, zu ihrem Geheimnis, und kann so vom Partner akzeptiert werden. »Ich bin ganz präsent, einschließlich meines geheimen Gartens. Er gehört zu mir, ich lasse ihn nicht außen vor, wenn ich mit ihr zusammen bin. Du weißt, dass ich ihn habe.« Ist der geheime Garten dagegen *abgespalten* und nicht wirklich von der Person als zu ihr gehörig anerkannt, bleibt er außerhalb der Beziehung und kann für den Partner zu einer Verletzung oder zu etwas Unbändigem werden. Er wird zum Beweis dafür, dass der »andere« nicht mit seiner ganzen Person liebt. Nun fragte sich Diane, wie man, unter Berücksichtigung der Freiheit des anderen, für jeden einen privaten Bereich innerhalb eines gemeinsamen Raumes einrichten könnte. Würde jeder seinen geheimen Garten in seine Gesamtperson integrieren können oder würden sie ihnen abgespalten halten, von ihrer Person getrennt, wie ein losgelöstes Teil? Die bloße Tatsache, sich diese Frage zu stellen, war bereits ein Zeichen für den Beginn einer Integration.

Als Diane sich in der Psychotherapie weiterentwickelte, war es für sie kein Problem mehr, ihren Privatbereich zu haben, und sie akzeptierte, dass das gleiche auch für Sam galt. Dazu musste sie es hinnehmen, dass es in der Person von Sam einen rätselhaften und unerforschlichen Bereich gab.

Zweiter Wendepunkt: Die Verwunderung über die Gegenwart des anderen

Als die Pensionierung ihre Gewohnheiten durcheinanderbrachte, sahen sich Diane und ihr Ehemann als zwei Fremde, die gezwungen waren, zusammenzuleben, obwohl keiner die Sprache des anderen kannte. Für Diane war es selbstverständlich, dass Sam ihre Sprache zu lernen hätte, denn er war es ja, der plötzlich in ihren Aktivitätsbereich »eindrang«. Sie empfand ihn als einen potenziellen Verfolger, vor dem sie sich schützen musste, indem sie ihn kontrollierte. Wir hatten den Eindruck, Sam hatte den gleichen Gedanken, allerdings spiegelverkehrt. Solange die Verfolgungsangst das Feld bestimmte, drohte die Kriegserklärung.

Zum Glück für ihre Partnerschaft wussten Diane und ihr Mann, was es bedeuten würde, Menschen zu verlieren, die einem »lieb und teuer« sind, und so waren sie bereit, zu versuchen, den »anderen« und die Begegnung mit ihm über alle anderen Werte zu stellen. Zugleich spürten sie, dass sie sich so sehr an die *Gegenwart des Anderen* gewöhnt hatten, dass sie sie nicht mehr wahrnahmen, sie schien selbstverständlich zu sein. Sie hatten bis dahin nicht bemerkt, wie wichtig sie füreinander waren. Diane wurde plötzlich bewusst, dass es furchtbar wäre, wenn Sam, *der sie so sehr in Wut versetzte*, plötzlich nicht mehr da wäre. Sie begann, sich über seine Gegenwart zu wundern und sie auszukosten; sie nahm ihn als einen freien von ihr unterschiedenen Menschen wahr. Diane und wohl auch Sam wurde nun die Angst davor bewusst, dem anderen wehzutun und ihn zu verlieren; sie suchten daraufhin danach, wie ein gemeinsamer Raum konstruiert werden könnte, der ihrer beider Freiheit respektieren würde. Auch sah es so aus, als hätten sie gleichzeitig begonnen, sich über die Persönlichkeit des anderen zu wundern und zu entdecken, dass sie sich nicht wirklich kannten.

Den anderen lieben heißt, sich von ihm überraschen zu lassen

In einer Sitzung gegen Ende der Psychotherapie hatte Diana zu lachen begonnen, als sie erzählte, wie sie bei der Rückkehr nach Hause wieder einmal die Zeitung überall verstreut vorgefunden habe. Sie wollte sich gerade aufregen, als sie schockiert feststellte: »Wenn Sam nicht da wäre, wäre die Zeitung gut aufgeräumt. Aber Sam wäre nicht da!« Sie sah, welche Leere dies bedeuten würde und wie wichtig er ihr war. Der Weg, den sie in der Psychotherapie zurückgelegt hatte, ermöglichte ihr also, der Zeitungsszene eine neue Bedeutung zu geben: Die verstreute Zeitung wurde zum Zeichen von Sams Anwesenheit. Es war ein Augenzwinkern: Sam ist da! An die Stelle der Wut trat Zärtlichkeit. Das Amüsanteste ist aber, dass Sam, nachdem Diane ihm dies erzählt hatte, nicht mehr das unbewusste Bedürfnis hatte, die Zeitung überall auszubreiten: Von nun an wurde die *zusammengelegte* Zeitung zum Zeichen von Sams Gegenwart. Nicht alle Ehegeschichten sind so schön, aber vielleicht lohnt es sich gerade deshalb sich für diese Geschichte zu interessieren, weil sie so selten ist.

Ein neuer Blick auf den anderen : »Die Entdeckung des halbtiefen Tellers«

Den neuen Blick auf den anderen nenne ich *die Entdeckung des halbtiefen Tellers.* Claire, 75 Jahre alt, erzählte mir eine ihrer frühesten Erinnerungen: Sie war etwa fünf Jahre alt und half ihrer Mutter in der Küche, das heißt, sie reichte ihr die Dinge an, die sie benötigte. In ihrer gemeinsamen Sprache hatte jeder Teller seine Bezeichnung: der kleine, der große, der tiefe usw. Claires Handreichung folgte automatisch den Bitten der Mutter; Claire kannte alle Teller, sie schienen schon immer dagewesen zu sein, und sie reichte sie weiter, ohne sie wirklich zu sehen. Für jeden dieser Teller hatte sie ein besonderes Gefühl: Zum kleinen Teller fühlte sie sich besonders hingezogen, vom großen war sie eingeschüchtert und der tiefe machte ihr etwas Angst. Nun aber bat sie die Mutter: »Gib' mir den halbtiefen Teller.« Daraufhin ereignete sich etwas Ungewöhnliches. Anstatt sofort zu tun, worum man sie gebeten hatte, betrachtete Claire den Teller. Sie betrachtete ihn wirklich, als habe sie ihn zum ersten Mal gesehen. Sie wunderte sich über seine Existenz, betrachtete ihn in seiner Spezifität, er war weder sehr tief noch sehr glatt, ja, *halbtief*, es gab ihn! Er hatte seine Eigenart. Und nun war Claire so überrascht, dass sie mit diesem Teller gelebt hatte, ohne ihn zu sehen, und so angetan, seine Originalität nun wahrzunehmen, dass sie sich versprach: »Von nun an werde ich jedes Ding und jede Person so betrachten wie den halbtiefen Teller.« Im Augenblick selbst hatte sie diese Überzeugung nur in sich empfunden; später konnte sie diese Entdeckung in Worte fassen. Jedenfalls hatte sie in diesem denkwürdigen Augenblick den Entschluss gefasst, innezuhalten und sich die Zeit zu nehmen, jedes Ding und jeden Menschen, der an ihrer Seite lebte, zu betrachten und sich über seine Existenz zu wundern. Sie hatte also beschlossen, sich nie an ihre Umgebung zu gewöhnen.

Das Geheimnis jedes Menschen: Das, was man nie ganz verstehen wird

Dianes Verwunderung angesichts von Sams Gegenwart und angesichts des halbtiefen Tellers führen uns zu dem, was mich bei alten Menschen, die Lust aufs Altern machen, am meisten beeindruckt: Sie interessieren sich für jeden und sind empfänglich für dessen Geheimnis. Für sie verleiht die Existenz dieses Geheimnisses jeder Person ein Leuchten, dank dessen sie über den äußeren Anschein hinaus gesehen werden kann. Sie achten so sehr darauf, weil sie die persönliche Erfahrung des Abstands gemacht haben, den sie selbst zwischen ihrem tiefen Wert und ihrer gegenwärtigen Erscheinung empfinden. Sobald wir uns für einen anderen Menschen interessieren, sehen wir in der Tat, dass ein Teil von ihm ein Geheimnis bleibt, das zutiefst zu ihm gehört und das viele nie vollständig verstehen werden. Das soll nicht heißen, dass wir auf den Versuch verzichten sollten. Das Geheimnis meint nicht das Unverständliche, sondern eine so tiefe Realität, dass die meisten sie nie ganz verstehen werden. Die Existenz von etwas Unerforschlichem in einem Menschen verleiht nun aber der Gesamtperson einen besonderen Charakter und veränderte sogar das, was wir von ihr verstehen können. Psychoanalytiker kennen dies gut. Auf eine unklare Weise erwarten die Patienten nämlich, der Analytiker solle für ihr Geheimnis, ihren verborgenen inneren Reichtum und die Spezifität ihres Seins empfänglich sein, damit sie selbst deren Existenz in sich spüren können.

Es scheint mir unmöglich zu sein, darzulegen, worin der einzigartige

Wert besteht, der jeden Menschen charakterisiert und der unabhängig von seinem Alter, seinem Grad an Intelligenz oder Verrücktheit fortbesteht. Dieser Wert ist ein geheimnisvoller Funke, der jedem innewohnt; er ist wahrnehmbar, kann aber nicht nachgewiesen werden. Manchmal ist er außerordentlich sichtbar, manchmal scheint er nicht vorhanden zu sein, und man braucht ein geübtes Auge, um ihn wahrnehmen zu können. In einer Fernsehsendung[8] mit dem Schriftsteller Eric-Emmanuel Schmitt und dem *Performancekünstler* Orlan fragte ihn die Moderatorin Florence Heiniger, wie er den Menschen definiere und welchen Unterschied er zwischen diesem und einem Kunstwerk sehe. Die Frage ist alles andere als harmlos, denn Orlan präsentierte sich selbst als Frau und Kunstwerk zugleich; sie hatte nach genauen Vorgaben tatsächlich mehrere Gesichtsoperationen durchführen lassen, in der Absicht, sich in ein Kunstwerk zu verwandeln. Meiner Erinnerung nach hat Schmitt die Schwierigkeit umgangen, indem er antwortete, dass er, *wenn er bei einem Brand zwischen der Mona Lisa und Orlan zu wählen hätte, Orlan retten würde.* In der Tat glaube ich, dass ein Mensch nicht definiert werden kann und dass selbst das kleinste Menschenwesen vom größten aller Werke – und sei dies auch ein Kunstwerk – unermesslich weit entfernt ist.

Sich Zeit nehmen, die Stille hören, mit dem Inneren kommunizieren

Zwei Menschen können auf dem Weg mittels ihrer äußeren Erscheinungsform, ihres Aussehens und ihrer manifesten Handlungen kommunizieren; sie sind dann mittels äußerer Behälter miteinander verbunden. Es gibt aber auch eine andere Kommunikationsform, die über die Innenwelt des der Menschen läuft und eine Begegnung auf der Ebene dessen ermöglicht, was es an Tiefstem in ihnen gibt. Es ist dies wie eine innere Präsenz, die darauf aus ist, im anderen der gleichen inneren Prä-

8 Sendung »Fax Culture« des Fernsehens der französischen Schweiz vom 3. November 2002 über das Buch *Als ich ein Kunstwerk war* (2002, deutsch 2009), in dem Eric-Emmanuel Schmitt einen verzweifelten Mann darstellt, der seinen Selbstmord dadurch hinausschiebt, dass er es zulässt, dass ein Künstler mittels plastisch-chirurgischer Operationen aus seinem Körper ein Kunstwerk macht.

senz zu begegnen; diese Kommunikation von Innenwelt zu Innenwelt vollzieht sich in einem Bereich der Stille, den jeder in sich trägt. Alte Menschen und kleine Kinder sind hierfür oft besonders empfänglich; vielleicht ist dies auch der Grund für die tiefe Komplizenschaft, die sich zwischen beiden zuweilen einstellt. Lieben erfordert Stille, denn ein Hören auf das im anderen, was es tief in ihm an Geheimnisvollem gibt, ist nicht leicht zu verwirklichen. Es verbirgt sich oft unter dem Lärm, der Unrast und dem allzu Sichtbaren.

Teilweise schon aus diesem Grund brauchen die Psychoanalytiker das Schweigen, um die innere Welt ihrer Patienten hören zu können. Es ist auch einer der Gründe dafür, dass der Analysand bei der klassischen Kur auf der Couch liegt und der Psychoanalytiker hinter ihm sitzt, außerhalb seines Sichtfeldes. Dadurch, dass die Analytiker in der Beziehung mit ihren Analysanden auf Blickkontakt verzichten, versuchen sie, die Interferenzen zu verringern, die von der äußeren Erscheinungsform erzeugt werden könnten. Will man wahrnehmen, was im anderen im Keim vorhanden ist, und sich an dem begeistern, was seine Einzigartigkeit ausmacht, muss man sich in der Tat manchmal dem allzu Sichtbaren entziehen. Ein Psychoanalytiker wertet nicht ab, was über *Sagen* und *Zeigen* ausgedrückt wird; im Gegenteil, er versucht dem, was aus den größten Tiefen einer Person kommt, zum Ausdruck zu verhelfen. Für ihn geht es darum, von der Peripherie seiner selbst, an der alles auseinanderläuft, zum Inneren vorzudringen, wo alles durch eine gleiche Kraft vereint ist, damit er sowohl seinen eigenen Bereich des Schweigens wie den seiner Patienten hören kann. Die Analysanden sind meist auf der Suche nach diesem Zuhören, manchmal unbewusst, manchmal bewusst.

Cyril, stolze vier Jahre alt, ist auf der Suche nach einem solchen Zuhören und findet es bei seinen Großeltern. Er sagt mir: »Ich gehe gerne zum meinen Großeltern, weil sie Zeit haben.« Und er erklärt mir, dass sie ihm zuhören; bei ihnen gibt es keine Eile, sie gehen langsam, lesen gerne Kieselsteine auf, bleiben beim Fernsehen an seiner Seite und spielen mit ihm Lego. In einigen Jahren wird Cyril vielleicht meinen, das Leben seiner Großeltern für ihn nicht aktiv genug. Im Augenblick schätzt er aber an ihnen jene Reichtümer, die eine Gegenbewegung zu dem hektischen Leben darstellen, das ihn umgibt.

Cyrils Eltern sind sehr in ihre Berufsleben eingespannt, sie verspüren nicht das dringende Verlangen zu fühlen, dass sie als Personen existieren: Ihre Handlungen und Tätigkeiten sind ihre *Raison d'Être.* Cyrils Großeltern haben dagegen ihre Berufstätigkeit aufgegeben, als sie sich pensionieren ließen. Sie gingen das Risiko ein, damit zugleich auch das zu verlieren, was ihr Lebenszweck gewesen war, aber sie entdeckten, dass ihr Schwerpunkt in ihnen selbst und nicht in der Außenwelt lag. Sie spürten in sich eine innere Kohäsionskraft, deren Quelle in ihnen selbst lag. Ihrem Gefühl nach entstammte sie einem Bereich innerer Stille – einem Punkt, an dem sich das Existenzgefühl zu konzentrieren schien. Dies war die Präsenz der inneren Welt, und Cyril nahm sie wahr.

Die Brüchigkeit der Macht bedenken und Abstand gewinnen

Im Alter von 80 Jahren stellte sich Jacques Delors in einem Interview zu seiner politischen Karriere den Fragen eines Fernsehjournalisten. Letzterer fragte ihn, warum er nicht die Vaterschaft an einem Projekt für sich reklamiere, das gerade von einer anderen Person realisiert wurde, die wahrscheinlich hierfür geehrt werden würde. Delors antwortete, es komme allein darauf an, dass die Idee, wenn sie denn nützlich war, auch verwirklicht werde, er sich also nicht als deren Eigentümer zu fühlen habe. Ich erinnere mich nicht an die Einzelheiten der Szene, aber es beeindruckte mich, dass in der Werthierarchie dieses alten Mannes das Verantwortungsbewusstsein vor der Anerkennung durch die Macht rangierte. Die Urheberschaft seiner Idee war ihm geraubt worden? Er würde sich nicht darum schlagen, sie für sich zu beanspruchen. Er kannte die Vergänglichkeit dieses Ruhms, dafür kämpfte er nicht. Ich dachte daraufhin, dass diese im Lauf der Jahre erworbene Erfahrung sicherlich einer der Vorteile des hohen Alters ist.

Ich bin vielen *Weisen* begegnet, deren Rede in die gleiche Richtung wies, weil sie im Laufe ihres langen Lebens reichlich Gelegenheit gehabt hatten, die Zerbrechlichkeit der Macht zu erfahren. So sagte mir einer von ihnen, dass er erlebt habe, wie schnell eine einst mächtige Person vergessen werden kann. Er hatte gerade einer Szene beigewohnt, in der sich junge Kollegen darüber entrüstet hatten, das ein *Ehemaliger* zu einer entscheidenden Frage Stellung genommen hatte: »Was mischt der sich denn da ein?! Wo kommt der denn her?« Den jungen Kollegen war in keinster Weise klar, dass dieser *Ehemalige* noch vor wenigen Jahren große Verantwortung getragen und als unersetzlicher Meister gegolten hatte, den man nie vergessen werde. Dies erinnerte ihn an eine andere Erfahrung: Er war zugegen, als nach einer angeblich alles entscheidenden leidenschaftlichen Debatte mit großer Mühe eine Entscheidung durchgedrückt wurde, doch bereits kurze Zeit später schien diese fast schon vergessene Entscheidung nur ein sekundäres Problem betroffen zu haben. Seine Erfahrung ermöglichte ihm jetzt den notwendigen Abstand, um Erlebnisse dieser Art zu relativieren und sein Wertesystem zu modifizieren.

Andere Senioren hatten im Lauf ihres Lebens etwas andersgeartete Desillusionierungen zu bewältigen: Ein Mann hatte voller Vertrauen und ohne auf seine Zeit und sein Geld zu achten für die Entwicklung eines Unternehmens gearbeitet, das ihm wie eine zweite Familie erschienen war, und dann wurde er plötzlich entlassen, so als ob man, sagte er, »eine Zahl in einer Akte ausradiere. Ich dachte, dass mich das Unternehmen liebte und dass ich ihm diese Gefühle zu erwidern hätte! Wie naiv ich doch war!« Wieder andere hatten sich für eine große Sache engagiert, der sie aus idealistischen Gründen ihre ganze Energie gewidmet hatten, bis sie entdeckten, dass deren Ziele längst nicht mehr die des ursprünglichen Projekts waren.

Nach Erfahrungen dieser Art können viele Senioren verbittert werden. Mit Bewunderung habe ich dagegen gesehen, dass manche so reagiert haben, dass sie Abstand nehmen und sich dadurch bereichert finden konnten. Einer von ihnen sagte mir, dass er seinem Gewissen gefolgt sei, und fügte hinzu: »Wenn das Ergebnis enttäuschend ist, die anderen nicht folgen oder die Richtung meiner Bemühungen verfälschen, na ja, ich bin eben nicht allmächtig, lassen wir die Zeit zu ihrem Recht kommen und lassen wir los …« Gleichwohl unterstützte dieser Mann den Enthusiasmus der Jüngeren, die sich voll und ganz für die Sache engagierten. Stießen diese jungen Leute auf Enttäuschungen und Ungerechtigkeiten oder verloren sie in einer Sache, für die sie sich voller Überzeugung eingesetzt hatten, half er ihnen, loszulassen und nicht den Mut zu verlieren. Er ermöglichte ihnen herauszufinden, ob sich hinter ihrer Art und Weise, Verantwortung zu übernehmen, nicht auch die Suche nach persönlicher Macht verbarg. Im Kontakt mit diesem Alten hinterfragten die Jüngeren das Ziel, das sie mit ihren Aktionen verfolgten: Waren sie vom Wert ihrer Aktion überzeugt oder waren sie vor allem darauf aus, selbst Geltung zu erlangen? Die Erfahrungen dieses Alten erleichterten es ihnen, ein Gefühl von Freiheit zu bewahren und sich persönlich nicht so schnell durch eine äußere Enttäuschung treffen zu lassen.

Endlich frei: »In meinem Alter habe ich nichts mehr zu verlieren«

Das soll nicht heißen, dass alte Menschen, für die der affektive Wert wichtig ist, nur noch angenehme Dinge sagen, um geliebt zu werden. Im Gegenteil, in ihrem Alter haben sie nichts mehr zu verlieren, und wenn ihrer Meinung nach konträre Positionen richtig sind, gehen sie das Risiko ein, sich dafür auch anfeinden zu lassen. Sie fühlen sich viel freier als früher, als sie nicht den Mut hatten, ihren künftigen Erfolg dadurch zu gefährden, dass man sie eventuell schief angesehen hätte.

Ich denke zum Beispiel an den Dramatiker Harold Pinter, der anlässlich des Treffens zwischen George W. Bush und Tony Blair mit großer Schärfe gegen den Irakkrieg Stellung bezog, indem er den folgenden offenen Brief schrieb, der am 18. November 2003 in *The Guardian* veröffentlicht wurde:

> Dear President Bush,
> I'm sure you'll be having a nice little tea party with your fellow war criminal, Tony Blair. Please wash the cucumber sandwiches down with a glass of blood. With my compliments.
> Harold Pinter,
> Playwrighter[9]

9 »Sehr geehrter Präsident Bush, ich bin überzeugt, dass Sie mit Tony Blair, Ihrem Kriegskameraden und -verbrecher, eine angenehme *tea party* haben werden. Bitte spülen Sie die Gurkensandwiches mit einem Glas Blut hinunter. Mit besten Grüßen, Harold Pinter, Dramatiker«

Angesichts seines Alters und seines Gesundheitszustands, war es Harold Pinter wichtig, laut und deutlich seine Meinung zu sagen; außerdem musste er niemanden mehr schonen.

Ich denke auch an Alte, die – anstelle in aller Ruhe ihre Pensionen zu genießen – in der Öffentlichkeit das Wort ergreifen und umstrittene Projekte vorstellen, die es ihrer Auffassung nach Wert sind: Sie ersparen es damit Jüngeren, sich exponieren zu müssen, und die dabei das Risiko eingehen müssten, von den Meistern, von denen ihre Zukunft abhängt, negativ beurteilt zu werden. Die Alten haben dagegen nicht mehr viel zu verlieren, umso eher können sie es wagen, aufrichtig zu sein. Wenn das Lebensende näher rückt, kommt es nicht mehr infrage, sich selbst zu betrügen, und das ist ein Reichtum: Man müht sich nicht mehr damit ab, den schönen Schein zu pflegen, um zu gefallen, und um das zu sagen, was von den anderen beweihräuchert wird. Alte Menschen haben genug Zeit gehabt, die Erfahrung zu machen, dass in jedem Fall nur wenige Personen das kennen, was das Innerste, das Herz eines jeden ausmacht. Gleichwohl erfordert es von den Alten, die diese Entschlossenheit aufbringen, einigen Wagemut, denn sie müssen sich nicht nur mit der Einsamkeit konfrontieren, sondern auch auf Allmacht verzichten.

Was mache ich aus den Bausteinen, die ich bei meiner Geburt bekommen habe?

Ich möchte jetzt von Thierry sprechen, einem alten Patienten in Psychotherapie, der ein Gefühl der Befreiung verspürte, als ihm klar wurde, dass er einige basale Gegebenheiten seiner Person schon bei der Geburt mitbekommen hatte. Eines Tages empfing er mich mit einem breiten Lächeln voller Humor: »Jetzt weiß ich, dass ich mit blauen Augen und einer sehr niedrigen Angstschwelle geboren wurde!« Dieser Mann litt ständig unter der Angst, man könne ihn vergessen oder ihm seinen Platz wegnehmen, und dies ohne sachlichen Grund. Er machte sich deswegen Vorwürfe, denn er fand sich sehr egoistisch. Nun aber hatte er erkannt, dass die Leichtigkeit, mit der er sich ängstigte, ein Teil seiner Natur war, und er akzeptierte dies fortan als eine

Grundgegebenheit. Infolgedessen gewann seine Angst immer seltener die Oberhand.

Tatsächlich können bestimmte Elemente unserer Person, die uns von Geburt an mitgegeben sind, nicht verändert werden: Jeder von uns ist nicht nur an einem bestimmten Tag geboren, in diesem oder jenem Land, von diesen oder jenen Eltern und mit diesem oder jenem Körper, sondern auch mit einem bestimmten Grundcharakter. Dafür können wir nichts. Melanie Klein hat sehr darauf insistiert, dass bestimmte Babys mit einer sehr hohen Angstschwelle zur Welt kommen, weshalb sie schwere Frustrationen recht gut ertragen, während die leichteste Enttäuschung andere Babys bereits verstören kann. Wir können die Grundstruktur dieser angeborenen Konstitution kaum verändern; unsere Freiheit kommt dagegen mit der Frage ins Spiel, was wir auf diesem Fundament errichten. Es ist eine große Freude, Senioren zu begegnen, die verstanden haben, dass sie niemals in der Lage sein werden, ein Schloss zu erbauen, wenn ihr vorhandenes Baumaterial Bretter sind, dass sie aber daraus eine Vielzahl von Chalets errichten können. Dies setzt natürlich voraus, dass sie, um den Reichtum des erhaltenen Holzes schätzen zu können, auf den Besitz von behauenem Stein verzichtet haben.

»Aus etwas Altem etwas Neues machen« und aus seinem Leben ein Kunstwerk

»Aus etwas Altem etwas Neues machen« war das Thema eines Studientages, an dem ich teilgenommen hatte[10]: Dieser Ausdruck bedeutete nicht, dass das *Alte* reproduziert oder zurechtgeflickt werden solle; vielmehr sollen unsere früheren Erfahrungen mit allem, was sie an Schönem und Hässlichem enthielten, fortlaufend integriert werden, um daraus im Lichte einer Harmonie, deren Erinnerung uns geblieben ist, etwas Neues zu machen. Das Ende des eigenen Lebens zu gestalten, indem alle früheren Episoden in die eigene Gegenwart integriert werden, um in der eigenen Innenwelt Harmonie wiederherzustellen,

10 20. Studientag der Association Rhône-Alpes de Gérontologie Psychanalytique (ARAGP), Lyon, 20. Januar 2006.

verlangt eine wahrhafte Schöpfung. Vergleichbar ist ein solches Vorgehen mit dem, was Hanna Segal beschreibt, wenn sie analysiert, worin die Schaffung eines Kunstwerks besteht: ausgehend von einer zerrütteten Vergangenheit etwas Neues zu schaffen.

Picassos Freske *Guernica*, die Hanna Segal 1991 kommentiert hat, ist für mich eine Illustration dafür, dass jeder die Möglichkeit hat, aus seinem Leben ein Kunstwerk zu machen, sogar am Ende eines schwierigen Lebens. Die Welt alter Menschen ähnelt in der Tat mitunter *Guernica*. Das Bild ist voller mächtiger Personen, ist voll von Lust, heftigen Erfahrungen, Toten, Trennungen, Verletzungen und Misserfolgen, alles liegt in Trümmern, aber man sieht darin auch Schmerz und Hoffnung. Im Lauf unseres Lebens versuchen wir, all diese Episoden schrittweise zu integrieren, und häufig, aber nicht immer, gelingt es uns, das Chaos zu vermeiden. Und doch werden am Lebensende manche Menschen angesichts dessen, was sie als ein Zuviel an Zerstörung empfinden, von Ohnmacht gelähmt: Sie haben nämlich das Gefühl, dass sich ihr Körper und ihr Geist auflösen, dass die Zahl ihrer toten Freunde mit jedem Aufschlagen der Zeitung zunimmt und sie von Einsamkeit umgeben sind. Ihre äußere und innere Welt, die jeweils voll von beschädigten Teilobjekten ist, ähnelt *Guernica*. Warum lassen sie ihre innere Welt aber dennoch nicht in Stücke fallen? Ebenso wie in *Guernica* bleibt noch ein Schimmer Hoffnung. Ist es noch möglich, mit diesen beschädigten Teilobjekten eine neue Harmonie zu erschaffen?

In dieser Situation können alte Menschen zu Künstlern werden, denn in einem Kunstwerk wird »[d]ie Hässlichkeit der Zerstörung und Verwüstung […] in ein Objekt der Schönheit transformiert« (Segal 1993 [1996], S. 124). Picasso ist es gelungen, in die Mitte des Bildes eine Lampe zu stellen, die das Chaos beleuchtet, und den Blick eines Auges, der alles Zerfallene wieder verbindet. Auf symbolischer Ebene scheint etwas Neues auf: Aus zerstörten Einzelelementen können sich Gefühle einen Weg bahnen. Zwar handelt es sich um Gefühle von Grauen, Traurigkeit und Schmerz, aber es sind die Gefühle eines Menschen, der alle diese Elemente auf eine Art und Weise »denkt«, sodass sie sich zu einer großen symbolischen Einheit verbinden, die der Hoffnung Raum gibt. Das Bild *Guernica* hat Tausende von Menschen in ihrer Suche nach Frieden vereint und wird für die künftigen Generationen ein bedeutungsträchtiges Symbol für den Spanischen Bürgerkrieg bleiben.

Eine vergleichbare Bewegung liegt vor, wenn alte Menschen die unbewusste Erinnerung an eine innere harmonische Welt behalten und dann den Impuls verspüren können, sie nach ihrer Zerstörung erneut zu erschaffen. Es handelt sich dabei natürlich um die Erschaffung einer neuen Welt, die voller Symbole ist, und nicht um die getreue Wiederherstellung einer früheren äußeren und inneren Realität.

Das Beispiel Neto: Eine innere Welt, die der von *Guernica* ähnelt

Neto war ein alter Mann, der sich einer Psychotherapie unterzogen hatte, die in meinem Seminar supervidiert wurde. Sein Sohn hatte vor mehreren Jahren im Erwachsenenalter Selbstmord begangen, unmittelbar vor einer Familienfeier. Netos Welt glich einem verwüsteten Schlachtfeld, denn der Verlust dieses Sohnes hatte offenbar nicht nur die Zerstörung von Netos familiärer Realität zur Folge, sondern auch den Verfall seiner inneren Welt. Neto war zutiefst deprimiert und konnte an keinem Familienfest mehr teilnehmen. Und doch hatte er in seinem Inneren sicherlich die unbewusste Erinnerung an eine innere harmonische Welt bewahrt und die Hoffnung, sie wiederherstellen zu können, hatte er doch den Mut gefunden, eine Psychotherapie zu beginnen. Zu Beginn verleugnete Neto die Aggression und den Hass; er machte sich Vorwürfe: »Wie habe ich diesen so begabten Sohn nicht verstehen können?« Im Laufe der Psychotherapie konnte sich Neto einerseits dem unerforschlichen Geheimnis seines Sohnes beugen (»Man kann ihn nicht vollkommen verstehen«) und es andererseits wagen, sich der Aggression und der Gewalttätigkeit in ihrer Beziehung bewusst zu werden. Er erinnerte sich an sein eigenes Leid zu Zeiten der ersten Selbstmordversuche seines Sohnes. Ihm wurde klar, dass diese Versuche für seinen Sohn eine Art und Weise waren, ihn, seinen Vater, heftigst anzugreifen. Er fand sogar zu seiner Wut als Vater zurück, als er sich erinnerte, dass er offenbar einen Moment lang sogar erleichtert war, als seinem Sohn – wie er sagte – der Selbstmord endlich »geglückt« war. Es war also nötig gewesen, dass er es wagte, der Gewalt des Blutbads und deren unerforschlichem Geheimnis ins Auge zu sehen, um wieder eine Liebe für seinen Sohn entwickeln zu können, die, da sie nun die Aggression nicht mehr ausschloss, es ihm wieder ermöglichte zu leben. Picasso hatte dies in *Guernica* gezeigt, als er das Pferd, den Stier und die Opfer durch das Licht, das von der Lampe ausgeht, und durch den Blick des Auges wieder miteinander verband.

Der Psychotherapeut deutete Neto dann, er beginne, Neues dadurch zu erschaffen, dass er es wage, das Drama, das er mit seinem Sohn und seiner ganzen Familie erlebt hatte, in einem neuen Licht zu betrachten. In diesem Moment konnte Neto sagen: »Ich glaube, ich kann jetzt mit meiner Familie Weihnachten feiern und dafür sorgen, dass es ein schönes Fest wird.« Der Therapeut stellte daraufhin heraus, dass seine Absicht, mit den anderen Mitgliedern seiner Familie ein schönes Fest zu verwirklichen, eine Art und Weise war, ein Kunstwerk zu schaffen. In der Tat begnügte sich Neto ja nicht damit, etwas zu empfinden oder zu sagen, sondern er tat etwas, das zur Schaffung eines Symbols führte. Dennoch war es wichtig, ihn hierauf hinzuweisen, damit er spüren konnte, dass sein Verhalten die Bedeutung einer wiedergutmachenden Schöpfung hatte. Dies wurde zum Anreiz für weitere symbolischen Handlungen, beispielsweise dafür, die Geburtstage seiner anderen Kinder ebenfalls wieder zu feiern.

Vom Chaos zur Harmonie

Neto erinnert an jeden von uns. Wir können tatsächlich unser Leben unablässig in jedem Augenblick wie ein Kunstwerk gestalten, wenn wir unsere innere Welt vor dem Hintergrund der Erinnerung an eine harmonische innere Realität wiederherstellen wollen, selbst wenn sie beschädigt und von zerrissenen Objekten bewohnt ist. In bestimmten Augenblicken kann jeder von uns wahrnehmen, was Nietzsche (1883–1885) in folgende Worte fasste: »Man muss noch Chaos in sich haben, um einen tanzenden Stern gebären zu können.«

Kapitel 9
»Die enge Pforte«

Als ich ein Kind war, faszinierte mich ein Begriff aus den Evangelien: *die enge Pforte* (Matthäus 7, 13–14; Lukas 13, 24). Dieser Ausdruck erschien mir ebenso poetisch wie unverständlich. Die Bezeichnung *eng* gefiel mir, weil ich es ungewöhnlich fand, sie einer Pforte zuzuschreiben, aber ich verstand deren genaue Bedeutung nicht. Welches Interesse könnte man haben, durch eine enge Pforte hindurchgehen zu wollen? Einige Jahre später dachte ich, André Gides Roman *Die enge Pforte* würde mir Aufschluss geben können. Gides Pforte schien mir aber asketisch und gar masochistisch getönt, sie entsprach jedenfalls keinesfalls der meinen! Kürzlich hatte ich den Eindruck, dieser Begriff könne mich deswegen von Kindheit an fasziniert haben, weil er eine universelle psychologische Evidenz weitergab: Ich verstand nun, warum diese Pforte eng war und warum es so wichtig sein könnte, durch sie hindurchzugehen.

Eine so enge Pforte, dass sie stets nur einen Menschen passieren lassen kann

In der Tat muss jeder von uns eine *enge Pforte* durchschreiten, wenn er das Universum denken und mit ihm kommunizieren will: Es handelt sich um eine einzigartige Tür, die so eng ist, dass sie genau unseren Umrissen entspricht und nur eine einzige Person hindurchlassen kann – uns selbst. Dieses Bild lässt uns spüren, was Worte nur schwerlich ausdrücken können: Niemand kann das Universum denken, solange er glaubt, über die Persönlichkeit eines anderen Zugang zu ihm finden zu können, so geliebt und bewundert dieser andere auch sein mag. Ein Analysand formulierte dies wie folgt: »Wenn eine Geige wie ein Klavier klingen will, wird sie niemals Musik hervorbringen können.« Diese Aussage möchte ich mit folgendem Satz vervollständigen: »In einem Kammerorchester kommt es manchmal vor, dass Geige und Klavier ihre jeweilige Besonderheit noch besser wahrnehmen.« In der Tat ersetzt das Denken der anderen nicht unserer eigenes, sondern hilft uns dabei, es zu präzisieren.

Es ist keineswegs selbstverständlich, dass jeder von uns die Existenz dieser engen Pforte entdeckt, dieser einzigen, die ihm entspricht. Ich denke insbesondere an einen Kollegen, der uns in einem Seminar von einem Analysanden berichtete, den es quälte, nie mit sich selbst zufrieden sein zu können; dieser Patient war neidisch auf andere und auf all das, was seiner Vorstellung nach deren herausragende Eigenschaften und Fähigkeiten waren. Er hatte nur Augen für die Pforten der anderen, an denen er sich bei dem Versuch, sie zu benutzen, verletzte; seine eigene sah er nicht, obwohl sie doch die einzige war, durch die er hätte hindurchgehen können. Unablässig herrschte er seinen Analytiker an und würdigte ihn herab, als legte er es unbewusst darauf an, diesen ebenfalls spüren zu lassen, sich als null und nichtig zu empfinden. Insbesondere sagte er ihm: »Pfeifendeckel![11] Alles was sie sagen, ist doch Papperlapapp!« Es war nun so, dass die Musik die einzige Kommunikationsform war, die diesen Patienten zu berühren schien. Ich legte also diesem Kollegen die Möglichkeit nahe, mit der doppelten Bedeutung des Ausdrucks Pfeifendeckel/Pfeife zu spielen und zu deuten: »Wenn ich eine Pfeife bin, warum sollte ich dann wie eine Geige klingen? Könnte ich nicht auch meine eigene Musik machen?« Auf diese Weise konnte er den Patienten spüren lassen, dass es für ihn, den Analytiker, das Wichtigste war, seine eigene Musik zu kreieren, wobei es nicht darauf ankam, ob sie mit einer einfachen Pfeife oder einer volltönenden Orgel vorgetragenen würde, denn jedes Instrument hat seine persönliche Sprache und wird demzufolge unersetzlich.

11 Wörtlich: Pfeife! (frz.: *pipeau*); Anm.d.Übers.

Tatsächlich beginnen wir, unseren eigenen Wert und den unseres Lebens zu spüren, wenn wir akzeptieren, *einfach nur wir selbst zu sein. Einfach* man selbst zu sein, mit seinen Qualitäten, Fehlern, Begabungen, physischen und psychischen Behinderungen, seiner Geschichte und seinen Eltern ist – wie jedes Kunstwerk – eine Schöpfung, die leicht und schwer zugleich ist. Aber es ist niemals zu spät, und das Lebensende birgt noch eine letzte Gelegenheit, so zu werden.

Die Angst, man selbst zu sein

Ich habe auf das Wort »einfach« Wert gelegt, weil ich die erschöpfenden Anstrengungen herausstreichen möchte, die manche meiner Patienten bei dem Versuch unternehmen, sich die Talente ihrer Lehrer oder Kollegen anzueignen, die sie bewundert und insgeheim beneidet haben. Manchen von ihnen gelang es, durch die Übernahme des Stils von Menschen, die sie idealisierten, zu glänzen; andere dagegen schoben sich gewissermaßen selbst beiseite, weil sie aus Angst, ihre Meinung könne von der des Ideals abweichen, nicht wagten, sie auszusprechen. In beiden Fällen litten diese Patienten im Stillen daran, dass sie gegenüber dem teilweise blind blieben, was sie selbst dachten, empfanden und spürten. Sie waren vom psychischen Reichtum der anderen zu sehr fasziniert, um ihren eigenen wahrzunehmen oder an ihren eigenen Wert zu glauben. Und doch konnte niemand jemals so denken, empfinden und erleben wie sie, weil sie die Einzigen waren, die sie selbst hätten sein können. Da sie dies nicht erkannten, gaben sie ihre Reichtümer nicht weiter und enthielten sie den anderen vor, ohne sich dessen bewusst zu sein.

Ihr Leid behielten diese Patienten meist für sich. Wenn es ihnen gelang, es mir im Lauf ihrer Psychoanalyse mitzuteilen, begannen sie, ihre Krise durchzuarbeiten, und sie fanden den Mut, sie selbst zu sein. Manche brauchten dazu eine lange Analyse, weil sie auf ganz überraschende Weise reagierten, wenn sie ihre eigenen Vorstellungen zu entdecken begannen. Statt sich darüber zu freuen, schienen sie ihre Gedanken und Meinungen als eine *Quantité négligeable* zu betrachten und schenkten ihnen keine

Beachtung. Sie hatten sozusagen kein Vertrauen in die Fähigkeit ihrer Gedanken, sich weiterentwickeln zu können. Alles in allem gaben sie das Baby auf, kaum dass sie es zur Welt gebracht hatten. Ein solches Versagen hing mit unbewussten Schwierigkeiten zusammen: Je nach Analysand konnten dies Neid, Angst vor Einsamkeit oder auch Mangel an Vertrauen in den eigenen Wert und die persönliche Originalität sein, wobei sich diese Motive untereinander nicht ausschließen. Dominierte beispielsweise der Neid, waren sie, ohne sich dessen deutlich bewusst zu sein, der Auffassung, ihre eigenen Vorstellungen seien doch recht wenig spektakulär im Vergleich zu denen, die sie bei den anderen beneideten, und sie schienen sich zu sagen: »Warum sollte ich mir so viel Mühe mit Gedanken geben, die mich nicht so sehr aufwerten, wie ich es eigentlich gerne hätte?« War die Angst vor Einsamkeit vorherrschend, fürchteten sie, ihre Ideen könnten von Andersdenkenden kritisiert oder gar kleingemacht werden, und sie setzten sich der Gefahr aus, aufgrund ihrer Denkweise beiseitegeschoben zu werden. Sie schreckten dann vor dem Wagnis zurück, sie selbst zu sein, sich ihrer eigenen Gedanken bewusst zu werden und ihre Persönlichkeit zu behaupten – so wie vielleicht jeder gezögert hat, bevor er zum ersten Mal in ein Schwimmbecken sprang. Statt dieses Risiko auf sich zu nehmen, kehrten sie zu ihren alten Abwehrmechanismen zurück: durch kunstvolle Darstellung dessen, was gut aufgenommen wird, zu glänzen oder sich unscheinbar zu machen. Ihr Leid dauerte an.

Die existenzielle Krise, in die diese Patienten kamen, erinnerte an Eliott Jaques' (1965) »Krise der Lebensmitte«. Nach seiner Beschreibung kann diese Krise einen Erwachsenen in den Vierzigern erfassen, wenn er angesichts des Gefühls, sich auf einer monotonen geraden Linie zu bewegen, die bis zum Lebensende weitergeht, unruhig wird und in ihm das Verlangen aufkommt, ein neues Leben beginnen zu wollen. Ich denke, dass diese »Lebensmitte« nicht ganz genau in der Mitte zwischen Beginn und Ende unserer Existenz einzuordnen ist, sie kann vielmehr in ganz unterschiedlichen Lebensaltern auftreten. Meiner Auffassung nach ist diese Krise ein innerer Bestandteil der Alternsarbeit: Wir können sie selbst dann *Krise der Lebensmitte* nennen, wenn sie in hohem Alter auftritt, denn wenn es einem alten Menschen gelingt, diese existenzielle Krise zu lösen, eröffnet sich ihm seinem Erleben nach eine neue Lebensphase.

Das Vergnügen, nur man selbst zu sein

Wenn es Patienten, die diese Krise durchgemacht hatten, gelungen war, im Lauf ihrer Analyse ein nicht-idealisiertes wohlwollendes Objekt zu internalisieren, trat an die Stelle ihres tyrannischen ein schützendes Über-Ich. Sie konnten dann die Erfahrung machen, dass selbst eine bescheidene eigene Schöpfung einen unersetzlichen Wert besaß, der mit einer entlehnten Kreation, so spektakulär sie auch sein mag, nichts gemein hatte. Sie entdeckten die Freude am Wagnis, sie selbst zu sein.

Wie alt sie auch waren, alle diese Patienten erlebten eine sehr intensive Zeit, als ihre Lust, sie selbst zu sein, die Oberhand über Gefühle wie Neid oder Angst vor einer Auseinandersetzung mit der Einsamkeit gewann. Sie wagten es, das Risiko einzugehen, sich von der Zustimmung der anderen zu befreien und sich der Kritik zu stellen, selbst wenn sie wehtat, denn sie begannen, ihre Kreationsfähigkeit ernst zu nehmen: Was sie dachten, fühlten und erlebten, war ihre Kreation, und kein anderer hätte sie an ihrer Stelle realisieren können.

Oft nahmen diese Analysanden das Paradox, das jeder Mensch erlebt, in verstärkter Weise wahr: sich als ein in der Menge verlorener winzig kleiner anonymer Punkt zu fühlen und zugleich auch als ein unermesslich großes Wesen, das das Universum denken und sich als jemand sehen kann, der für die ihm nahestehenden Personen einzigartig ist. So kam sich eine Analysandin lächerlich vor, als sie die zerstörerischen Wirkungen entdeckte, die eine mehrwöchige Trennung in ihrer frühen Kindheit in ihr hinterlassen hatte, wenn sie an die zahllosen Kinder dachte, die Opfer von Naturkatastrophen und Kriegen wurden und werden. Eine andere Patientin schämte sich, mir in den einleitenden Gesprächen mitzuteilen, wie sehr sie sich vor einer Krebserkrankung fürchtete, obwohl sie doch die Statistiken kenne und wisse, dass viele Frauen sich in ähnlichen und zuweilen viel schlimmeren Situationen befänden als sie selbst.

Elise und die enge Pforte

Elise befand sich in einer schmerzlichen existenziellen Krise, als sie mich um Hilfe bat: »Ich will leben, bevor ich alt werde«, hatte sie mir auf unterschiedliche Art und Weise mitgeteilt. In ihrer Psychoanalyse blühte sie dann von dem Zeitpunkt an regelrecht auf, als sie akzeptierte, dass ihre Analyse sich nach ihren Maßstäben zu richten hatte; sie durchschritt die *enge Pforte*, die ihr entsprach, anstatt sich weiter mit der Suche nach dem monumentalen Eingangstor abzumühen, das sie sich vorgestellt hatte, als sie ihre Freunde über Psychoanalyse hatte reden hören.

Elise hatte von der Analyse ein Bild, das sehr von dem entfernt war, was sie mit mir erlebte: Tatsächlich waren schon drei Jahre vergangen, ohne dass es zu brillanten Gefechten gekommen war. Aus ihrer Sicht ereignete sich in dieser Analyse also nichts. »Ist das überhaupt eine Analyse?«, ereiferte sie sich. »Sie sind hier, weil es Ihr Beruf ist! Ich kann leiden, gerade noch einmal so am Tod vorbeischrammen, selbst meine Freunde merken nichts davon, sie sind alle gleichgültig und Sie auch!« Gleichwohl setzte Elise ihre Analyse eifrig und mit großem Ernst fort. Ich als Analytikerin fand dagegen, dass sich in dieser Analyse viele aufregende Dinge ereigneten, auch wenn die Patientin sie nicht immer wahrnahm. Elise sah auch die vielen Qualitäten nicht, die sie meinem Eindruck nach hatte. Wie könnte man ihr dazu verhelfen, zu spüren, was vorging?

Elise hatte die Entscheidung, eine Psychoanalyse mit mir in Angriff zu nehmen, in dem Augenblick getroffen, in dem ich ihr – nachdem sie mich überzeugt hatte, dass sie keine Analyse machen wolle – Namen von Kollegen gegeben hatte, bei denen sie eine Psychotherapie machen könne. So hatte mir Elise von den einleitenden Gesprächen an wortlos eine verdichtete Mitteilung übermittelt, die zu dieser Zeit überhaupt keine psychoanalytische Bedeutung für sie hatte, für mich dagegen schon: Um mich als Psychoanalytikerin akzeptieren zu können, brauchte es Elise unbewusst, dass ich innerhalb der Übertragung die Rolle einer zurückweisenden Mutter übernahm, indem sie mich dazu brachte – ohne dass ihr dies klar war –, ihr vorzuschlagen, andere sollten sich um sie kümmern. Ich fragte mich nach der symbolischen Bedeutung ihrer Botschaft: Lautete sie, dass sie sich für unwürdig hielt, von mir in der Analyse als Kind anerkannt zu werden oder auch nur von mir angenommen zu werden, indem sie ganz einfach sie selbst war? Sollte sie gezwungen sein, heimlich zu mir hereinzukommen – als gäbe es keine für sie passende *Eingangstür*?

Die drei ersten Analysejahre waren nötig, damit Elise und ich die verschiedenen Komponenten dieser nonverbalen Botschaft in uns aufspüren konnten: Es ging dabei darum, sie *auf dem Weg über die Erfahrung* einer Übertragungsbeziehung *nachzuerleben*, die in Unverständnis und fehlender Kommunikationsfähigkeit bestand, und nicht darum, sie *intellektuell zu erfassen*. Um diese verdichtete Botschaft in ihre Bestandteile zu zerlegen, waren verbale und rationale Deutungen unzureichend, wir mussten die Affekte *spüren*, die in dieser Botschaft steckten; wir mussten ihr Gefühl, nie verstanden zu werden, *erfahren*. In der Tat gingen meine verbalen Deutungen oft ins Leere oder provozierten Ärger. Elise wiederholte mir: »Sie werden das nie verstehen!« Ihre beharrliche Ausdauer stützte meine Vorstellung, dass sie den Prozess, der unter der Oberfläche in Gang war, unbewusst spürte. Sie kritisierte mich mit folgenden Worten: »Dazu sind Sie ja da, das ist Ihr Beruf.« In ihren Handlungen zeigte sie mir aber, wie wertvoll sie die Analyse fand. Das Spiel der Analyse betrieb sie übrigens sehr ernsthaft. Außerdem öffneten einige Deutungen auf der Ebene der Empfindungen zuweilen eine Tür der Kommunikation zwischen unseren beiden inneren Welten. Sie blieben für sie und mich wichtige Bezugspunkte, die uns dabei halfen, das Vertrauen in die weitere Entwicklung nicht zu verlieren, und zeigten uns an, dass wir auf dem richtigen Weg waren – unserem Weg.

Oft hatte ich Angst vor Elise und ihrer Aggressivität. Dies erschien mir übrigens ganz natürlich. Es war unvermeidlich, dass ich ihre heftigen Angriffe auf mich als schmerzhaft empfand, selbst wenn ich deren Übertragungsbedeutung und ihren Nutzen für den Ablauf des analytischen Prozesses verstand. Diese Angst war meine eigene; sie war von Elise keinesfalls gewollt, spielte aber in unserer Beziehung als Kommunikationsmittel eine wichtige Rolle. Es war wichtig, dass ich wusste, worin meine Angst bestand: Hatte ich Angst, abgelehnt zu werden? Zu verschwinden? War es eine Angst vergleichbar derjenigen, die Elises Mutter möglicherweise empfunden hatte – im Kontakt mit einer Tochter, die stets bereit war, sie zu kritisieren, was immer sie auch sagte? War diese Angst nicht vielleicht auch eine, die die Patientin insgeheim selbst hatte – die Angst, alles falsch zu machen und eine Null zu sein – und die sie unbewusst in mich hineinprojizierte, damit ich ihr einen Sinn verleihe?

Eine individuell zugeschnittene Pforte

Daraufhin drängte sich mir ein Bild auf, dessen Tragweite ich nicht sofort verstand: Es ging darin darum, *durch eine enge Pforte hindurchzugehen*. Ich behielt diese Eingebung natürlich für mich, fragte mich aber, um welche Pforte es sich dabei wohl handeln könne. Wo war diese enge Pforte, die Zugang zur Unendlichkeit des Universums verschaffen konnte? In mehreren Etappen verstanden Elise und ich die verschiedenen symbolischen Bedeutungen dieser Pforte, wobei uns die eine jeweils zur anderen führte und sich alle miteinander verbanden.

Elise hatte mich nämlich mit dem Wunsch nach einer Psychoanalyse aufgesucht, die denen gleichen sollte, von denen sie um sich herum hatte sprechen hören: eine Analyse mit leidenschaftlichen Diskussionen und einem Redewechsel, der in verblüffenden Enthüllungen kulminierte. »Sie müssen mir das erklären«, wiederholte sie immer wieder; aber meine Deutungen sagten ihr nichts. Mehrmals und in verschiedener Form hatte ich wie folgt geantwortet: »Sie hätten vielleicht gern eine Psychoanalyse mit einleuchtenden Erklärungen, wie Sie Ihrer Vorstellung nach in den Analysen gegeben werden. Und wenn es nun aber eher darum ginge, ihre eigene Analyse zu kreieren?« In einer Sitzung griff ich dann auf ein Bild zurück, das sich mir innerlich aufgedrängt hatte: »Wir müssen vielleicht eine Türe finden, die ihren Maßen entspricht und die nur für sie da ist, nicht die Tür der anderen: eine Tür, die in ihre Welt der vorsprachlichen Zeit führt, in der sie noch ganz jung waren?«

Verärgert assoziierte Elise: »Ich habe Ihnen doch schon gesagt, dass ich mich an nichts aus meiner Kindheit erinnere! Nur an ein Bild: ein schwarzes Loch.« Sie hatte mir aber bereits gesagt, dass ihr Gedächtnis visueller Natur war und sich ihre Träume oft auf Farbflecke beschränkten. Ich intervenierte: »Schwarz! Wie sieht das für Sie aus, so ein schwarzes Loch?« Daraufhin schwieg Elise lange, bevor sie fortfuhr: »Es erinnert mich an den Eingang eines Tunnels ganz in der Nähe des Hauses, in dem ich untergebracht war, als mich meine Eltern weggegeben hatten. Aus dieser Zeit kann ich mich nur daran erinnern: an dieses schwarze Loch … Und wenn dieser Tunnel meine Türe wäre?«

Von dieser Sitzung an verzichtete Elise, ohne sich dessen richtig bewusst zu werden, darauf, durch die Pforte der anderen gehen zu wollen, die sie sich so spektakulär vorgestellt hatte. Sie entdeckte ihre eigene Analyse und fand zu der Auffassung, dass ihre gegenwärtigen Ängste in Verbindung mit jenen standen, die sie als kleines Kind erlebt hatte, als sie noch nicht sprechen konnte. Sie begann zu spüren, dass ihre Ängste als Erwachsene sich mit einer sehr viel früheren *namenlosen Angst* verbinden konnten oder gar aus ihr hervorgegangen waren. Sie begann wahrzunehmen, dass sie von Anbeginn ihres Lebens an dieselbe, in fortlaufender Entwicklung befindliche Person war und im Lauf der Zeit ihre eigene, absolut einmalige innere Geschichte kreierte. Elise entspannte sich in der Analyse.

Der Lebensstrom beginnt wieder zu fließen

Als Elise akzeptierte, dass dieser schwarze Tunneleingang für sie Sinn bekam, akzeptierte sie implizit, dass ich innerhalb der Übertragung für sie eine mit *Rêveriefähigkeit*[12] ausgestattete Mutter wurde. Sie konnte zusammen mit mir analysieren, woraus die Undurchdringlichkeit des Schwarzen in ihrer Tür bestand. Die Trennung, die sie in der Tun-

12 Nach Bion (1962, Kapitel 12) bezeichnet die *Rêverie* der Mutter ihre *Fähigkeit*, die Gefühle und Ängste aufzunehmen, die vom Säugling unbewusst in sie projiziert werden, und ihnen eine Bedeutung zu verleihen, damit sie für das Kind verständlich werden.

nelzeit erlebt hatte, verwies auf eine viel frühere Trennung kurz nach ihrer Geburt, von deren Existenz sie bis dahin nur rational Kenntnis gehabt hatte, die sich wohl aus zwingenden Gründen der familiären Gesundheit ergeben hatte.

Zu dem Zeitpunkt, als Elise als Baby, das sicherlich mit großer Sensibilität ausgestattet war, die *Rêveriefähigkeit* ihrer Mutter ganz besonders gebraucht hätte, war sie für ihre Verhältnisse für eine zu lange Zeit von ihrer Mutter getrennt worden. Ihre namenlosen Ängste hatte sie mit Erfolg unbewusst eingekapselt, um sie daran zu hindern, die sonstigen Bereiche ihres Lebens zu kontaminieren. Dies hat ihr ermöglicht, im Kreis einer lebendigen Familie eine glückliche Kindheit zu durchleben. Auf diese Weise hatte sie sich auch eine sehr ansprechende dynamische Persönlichkeit aufgebaut, allerdings zu dem Preis, dass in ihrem Inneren ein immer stärker lastender Schattenbereich fortbestand.

Die eingekapselte Angst war nämlich eine Art schwarzes Loch geblieben, eine schwarze Farbe, ein verdichtetes Zuviel unsagbarer, nicht verbalisierbarer Ängste, ein Gewicht in ihrem Inneren, das sie nun als eine Leere wahrnahm. Elise konnte nicht mehr in gleicher Weise weitermachen und auf einen Teil ihrer inneren Geschichte verzichten, ohne die Gestalt ihrer Gesamtperson zu verlieren. Ein Weg, diese Angst herauszulassen, war für Elise gewesen, sie mir zu kommunizieren, indem sie sie drei Jahre lang unbewusst in mich hineinprojizierte, mir dadurch ermöglichte, sie meinerseits zu spüren, sie aber auch mit mir innerhalb der Übertragung neu zu durchleben – wie jene Situation, die sie als kleines Kind mit Eltern durchgemacht hatte, die von ihr als gegenüber ihrem Leiden blind empfunden worden waren, insbesondere gegenüber ihrer schrecklichen Angst zu sterben.

Nun fand sie über sehr präsente Affekte zu dieser frühen Trennung zurück, also nicht mehr auf dem Weg über die schwarze Farbe. Aktuelle beängstigende Empfindungen und Gefühle nahmen eine Bedeutung an, weil sie an Empfindungen und Gefühle erinnerten, denen sie als kleines Kind, das von seinen Eltern getrennt worden war, ausgesetzt gewesen war. Deshalb war es ihr damals unmöglich gewesen, klar zu unterscheiden, was sie innerlich empfand – es war ein »namenloser Schrecken« geblieben (Bion 1967, S. 132).

> »Eine Entwicklung ist normal, wenn die Beziehung zwischen dem Kleinkind und der Brust dem Kleinkind ermöglicht, das Gefühl, es sei dabei zu sterben, in die Mutter zu projizieren und es zu reintrojizieren, nachdem dessen Aufenthalt in der Brust es für seine Psyche annehmbarer gemacht hat. Wird die Projektion von der Mutter nicht angenommen, hat das kleine Kind den Eindruck, sein Gefühl zu sterben sei jeglicher Bedeutung, die es haben könne, beraubt. Es reintrojiziert dann nicht eine tolerierbar gewordene Angst zu sterben, sondern einen namenlosen Schrecken« (ebd.).

Elise empfand diesen *namenlosen Schrecken* tief in ihrem Inneren noch jetzt, aber sie konnte ihn allmählich benennen. Von der Wahrnehmung meiner eigenen Gegenübertragungsangst ausgehend konnte ich Elise helfen, die Bedeutung ihrer aktuellen Angst aufzufinden, die sich ausgehend vom namenlosen Schrecken ihrer Kleinkindzeit entwickelt hatte. Das Bild des Tunnels war eine Verdichtung vieler anderer Bilder, blieb aber das starke zentrale Bild; es drückte die Angst aus, ohne Anteilnahme zu sterben. Elise sagte mir: »Ich verstehe jetzt, warum ich so oft das Gefühl habe, dem Tod sehr nahe zu sein, und dass die Menschen, selbst wenn sie mich lieben, nichts davon merken. Ich habe immer wieder das Gefühl, dass ich für die anderen nicht wichtig bin.« Elise hatte im Erwachsenenalter das Bedürfnis nach jener *Rêveriefähigkeit* zurückgewonnen, die ein Baby von seiner Mutter erwartet: Endlich »sagten« ihr meine Deutungen etwas. Ich war für sie nicht mehr die Analytikerin-Mutter, die nicht merkt, dass ihre Tochter dem Tode nahe ist.

Als Elise dann manche meiner früheren Deutungen noch einmal überdachte, war sie überrascht, sie ganz anders als damals zu verstehen. Sie schienen ihr nun nicht mehr meine Gleichgültigkeit ihr gegenüber auszudrücken. Elise wurde klar, dass sie sie damals in einer durch ihre *namenlose Angst* deformierten Form gehört hatte, und ihr wurde bewusst, dass ihre Wahrnehmung der Außenwelt durch ihre Fantasien verändert werden kann: »Ich stelle fest, dass ich die anderen durch entstellende Brillen betrachte! Das muss für sie zum Verzweifeln sein!«

Elise hatte also in dem Augenblick damit begonnen, den Sinn ihrer Psychoanalyse zu finden, in dem sie ihre eigene Form akzeptiert hatte, ihre Person und ihre Geschichte, anstatt zu glauben, sie müsse einem Modell folgen. Sie hatte akzeptiert, durch die Tür ihrer eigenen Psychoanalyse zu gehen. Es war eine *enge* Pforte, denn sie konnte nur Elise passieren lassen! Für Elise drängte sich nun aber ihr gesamtes Leben durch sie hindurch.

In der Tat kommt es für jeden darauf an, dass er akzeptiert, als er selbst geboren zu werden – mit eigener Persönlichkeit, Herkunft und Geschichte, wobei jeder eine genau auf ihn selbst zugeschnittene Pforte zu durchschreiten hat, ein Abbild derjenigen Pforte, durch die man den Bauch seiner Mutter verlassen hat. Selbst wenn ein Kind seine Mutter nicht kennt, hat es mit ihr die Zeit der Schwangerschaft erlebt und mit ihr jene Pforte geteilt, durch die es sie verlassen hat, und dies auch dann, wenn jene Pforte durch einen Kaiserschnitt geschaffen wurde. Zu akzeptieren, zu uns selbst samt unserer eigenen Geschichte geboren zu werden, impliziert, in die Zeit vor unserer Geburt zurückzugehen und anzunehmen, dass wir aus einer einmaligen und *besonderen* Urszene entstanden sind, in der uns unsere Eltern entworfen haben.

Ein verwunderter Blick auf uns selbst

Die Geburt zu sich selbst ist damit aber noch nicht abgeschlossen. Es gibt wie bei jeder Schöpfung eine zweite Zeit: Es geht nicht nur darum, ein Neugeborenes in die Welt zu setzen, sondern auch darum, ihm anschließend die notwendigen Voraussetzungen zur Verfügung zu stellen, damit es leben kann. Manche Patienten finden nur schwer Zugang zu dieser zweiten Phase.

Dass dies erforderlich ist, will man den Mut erlangen, man selbst zu sein, verstand ich, als Elise mir erklärte: »Ich frage mich, warum Sie seit einiger Zeit meine Qualitäten so herausstellen!« Diese Überlegungen riefen ein inneres Lächeln in mir hervor, weil nicht ich es war, sondern sie selbst, die nun ihre Qualitäten sah und sie herausstellte! Ich hatte sie bereits seit Langem gesehen! Ich verstand, dass Elise meinen Blick als Mutter und Vater brauchte, um den Wert der »Person, die sie ist«, bestätigt zu sehen. Es ging dabei nicht nur darum, ihre Qualitäten anzuerkennen, sondern herauszustellen, was es war, was sie zu »sich selbst« machte und nicht zu jemand anderem.

Um ihre Qualitäten und Schwächen als Reichtümer *wahrnehmen* zu können, die zu ihr gehören, brauchte Elise die Bestätigung, dass ich sie sah. Sie hatte das Gefühl, mir immer nur unbedeutende Dinge zu erzählen, banale kleine Alltagsgeschichten: ihre Treffen mit Freunden, was diese gesagt hatte, ihre Reaktion darauf usw. Mir lag es fern, diese Äußerungen zu analysieren, ich empfand sie als sehr wichtig. Elise oder zumindest ein Teil von ihr, der nicht im gleichen Rhythmus wie der Rest ihrer Person gereift war, brauchte meinen Blick, damit diese *Geschichtchen* den Wert von lauter Schätzen annehmen konnten. Sie offenbarte mir ihre Qualitäten durch das, was sie mir zeigte: Schätze von Zärtlichkeit, Freundschaft und menschlicher Wärme. Sie legte auch ihre Schwierigkeiten und Schwächen offen. Ohne meine Fähigkeit, mich in der Gegenübertragung zu wundern, hätte Elise sie für nicht weiter erwähnenswert gehalten.

So begegnete ich ihr über viele Sitzungen hinweg mit einem ganz bestimmten Gegenübertragungsgefühl: In aller Ruhe sah ich zu, wie mein Töchterchen ein Objekt nach dem anderen aus der Spielkiste herausnahm, und reagierte auf jedes mehr oder weniger schöne Objekt mit Verwunderung. Mit Kindern, die weder laufen noch sprechen, sich aber gerade so aufrichten konnten, indem sie sich an der Kiste festhielten, konnte ich dieses Spiel gelegentlich praktizieren: Das Kind nimmt einen Gegenstand heraus, zeigt ihn mir, ich betrachte ihn, beschreibe ihn, wundere mich über seine Form, begeistere mich für seine Existenz, das Kind betrachtet ihn, wundert sich nun seinerseits, legt ihn weg und nimmt einen anderen. Sobald die Kiste leer ist, füllt das Kind sie wieder mit den Objekten, und das Spiel beginnt von vorne: Jeder Gegenstand wird wieder mit einem ganz neuem Blick betrachtet, als sähe man ihn zum ersten Mal. Diese Gegenstände, seien sie nun schön oder hässlich, vollständig oder kaputt, werden so zu Schätzen, denn das Kind lernt, sie mit verwundertem Blick zu betrachten – ähnlich dem seiner Mutter oder seines Vaters, einem Blick, der die Dinge nicht banalisiert und sich nicht an deren alltägliche Gegenwart gewöhnt. Das Kind braucht dieses Spiel nicht mehr, wenn es diese Schatzkiste hinreichend internalisiert hat und wenn der Blick, den es auf sich selbst richtet, mit dem seiner Mutter oder seines Vaters identifiziert worden ist. Von nun an existieren diese Schätze in ihm, es fühlt sich reich an eigenen Qualitäten und Schwächen.

Worte können eine Pforte sein, die Gefühle hindurchlässt

In dem Augenblick, in dem ein Patient erkennt, dass die Offenheit gegenüber der Welt durch die Akzeptanz der *Gestalt* seiner eignen Person bedingt ist, wird ihm oft klar, dass auch die Worte eine enge Pforte sind, durch die sich Gefühle hindurchzwängen können. Die Worte werden dadurch äußerst wertvoll, allerdings nicht als Selbstzweck, sondern wegen der Affekte, die sie transportieren. *Zuneigung muss ausgesprochen werden, damit sie nicht verschwindet.*

Die außergewöhnlichen Momente, in denen der Odem der Gefühle in dieser Weise durch die Pforte unserer Worte streicht, können als *Sekunden Ewigkeit* betrachtet werden. Oft kommt es erst im letzten Moment einer Begegnung dazu – auf der Türschwelle oder kurz vor dem Tod eines nahestehenden Menschen, wenn wir für Umwege keine Zeit mehr haben und es höchste Zeit wird, zum Wesentlichen zu kommen. In diesem Moment fragen wir uns: Warum haben wir so lange gewartet, bis uns die Zwangslage keine andere Wahl mehr lässt, als diesen Druck herauszulassen?

Alte Menschen auf der Zielgeraden ihres Lebens sind oft die Ersten, die uns auf die übertriebene Bedeutung hinweisen, die wir zweitrangigen Dingen zukommen lassen, während wir den wesentlichen so wenig Aufmerksamkeit widmen. Im Kontakt mit ihnen bedauern wir es manchmal: Warum greifen wir nicht jede Sekunde Ewigkeit beim Schopf, die wir mit den Menschen, die wir lieben, den Menschen, denen wir begegnen, schaffen könnten? Die Tiefe der Gefühlswelt braucht, will man sie zum Ausdruck bringen, keine großartigen Bezeugungen. Wenige Worte, Handlungen oder scheinbar banale Gesten reichen aus, sofern es Pforten sind, die den Odem der Gefühle passieren lassen. Ohne solche Pforten kann dieser Hauch nicht wahrgenommen werden. Paradoxerweise haben diese Pforten aber nur für diejenigen einen Wert, die dem Hauch, der durch sie hindurchstreicht, mehr Bedeutung zumessen als der Pforte, die ihn passieren lässt.

Eine enge Pforte zum Unermesslichen hin

Als Psychoanalytikerin befinde ich mich mitten in einer paradoxen Situation: Zwar erkenne ich den Wert von Statistiken und deren Nutzen an, einer Vielzahl von Menschen Hilfe zukommen zu lassen, meine Arbeitstage widme ich aber nur einer kleinen Zahl von Analysanden. Ich habe das gleiche Gefühl wie in einem Nachtzug, der durch die Vororte einer Großstadt fährt: Tausende erleuchteter Fenster verweisen auf eine anonyme Menge von Unbekannten, die verschwinden könnten, ohne dass ich es mitbekäme; ich bin aber stark berührt, wenn ich bedenke, dass sich hinter jedem Fenster eine einmalige Person voller Geheimnisse befindet, die für diejenigen, mit denen sie ihr Leben teilt, im Mittelpunkt allen Interesses steht. Ich denke deshalb auch an die Analysandin zurück, von der ich zu Beginn dieses Kapitels sprach und die es im Vergleich mit Waisenkindern so lächerlich fand, dass sie die Trennung von ihren Eltern einige Wochen nach ihrer Geburt so schwer verkraftet hatte: Mir liegt daran, dass ihr klar wird, dass sie die Einzige ist, die eben diese Trennung erlebt hat. Ich hätte gern, dass die Patientin, der es so schwer fällt, mir von ihrem Krebs zu erzählen, wo doch so viele andere ebenfalls darunter leiden, das Gefühl bekommt, dass ihr Krebs einzigartig ist – für sie wie für mich. In der Psychoanalyse befinden wir uns im Bereich der Person. Die Statistiken erwähnen, dass im Kanton Genf gegenwärtig eine von acht Frauen aller Altersgruppen Brustkrebs hat; in der Psychoanalyse hat aber jede dieser acht Frauen »ihren« Krebs. Es gibt keine zwei, die sich gleich wären.

Um den Wert unserer Existenz und unseren eigenen Wert als Person empfinden zu können, müssen wir erkennen können, welchen Platz im Universum wir einnehmen, welches der Platz aller wichtigen Personen unserer inneren Welt ist und wie die Beziehung aussieht, die wir zu ihnen herstellen können. Diese Wahrnehmung ist Teil eines Bewusstwerdungsprozesses, zu dem es in dem Augenblick kommt, in dem wir entdecken, dass die klitzekleine Pforte, durch die wir hindurchmüssen, zu etwas unendlich Großem hinführt: Diese Pforte, so groß wie ein Wassertropfen, der wir alle sind, führt uns in ein Universum hinüber, das sehr viel größer als der Ozean ist.

Das Gefühl, durch diese Pforte hindurchzugehen, die genau die Form eines jeden von uns hat, hat nichts mit Resignation zu tun. Es ist vielmehr ein Weg, dem Unergründlichen näherzukommen. In der Tat verlieren diejenigen viel Zeit und Energie, die darum kämpfen, andere Formen als ihre eigene zu bekommen, also diejenigen, die darauf aus sind, ihre Körper, ihre Begabungen, Kindheit und Vergangenheit sollten anders sein, und sich zuweilen auch an einen Analytiker wenden, mit der Erwartung, er solle das Unmögliche möglich machen und sie verändern: Sie bleiben Gefangene ihres Raumes. Sie verpassen den Ruf der Weite, die die Entfaltung ihres Fantasieraums ihnen eröffnen könnte. An dem Tag, an dem sie entdecken, dass die Tür ihrer Persönlichkeit zum Universum offen steht, beunruhigen sie sich nicht länger darüber, dass sie vielleicht kleiner ist als sie es sich gewünscht hätten. Sie erschließt einen Freiheitsraum. Die Größe des Durchgangs interessiert wenig. Es zählt nicht länger die Pforte, sondern das, wohin man durch sie gelangen kann.

Kapitel 10
Psychoanalytische Psychotherapie und alte Menschen

Ältere Patienten denken nicht an eine Psychotherapie für sich selbst

Es kommt gegenwärtig noch selten vor, dass ein alter Mensch von sich aus den Wunsch äußert, eine Psychotherapie in Angriff nehmen zu wollen. Wie sollte er auch darauf kommen? In seiner Jugend hat er vielleicht nie davon sprechen hören. Jedenfalls war diese Möglichkeit noch kaum bekannt, als er jung war; sie schien vielmehr entweder einer kleinen Gruppe von Eingeweihten vorbehalten oder aber sehr schwer gestörten Menschen. Der Unterschied zwischen Psychoanalyse und Psychotherapie ist für sie übrigens auch alles andere als offensichtlich.

Und doch könnten viele alte Menschen von einer Psychotherapie profitieren, und ich würde mir wünschen, dass ihr persönliches Umfeld oder Pflegekräfte daran dächten, ihnen diese Möglichkeit anzubieten. Je nach der Schule, der die Therapeuten angehören, gibt es unterschiedliche psychotherapeutische Herangehensweisen. Neben der psychoanalytischen Psychotherapie, von der ich hier sprechen werde, nenne ich die Familientherapie, die kognitiven und die Verhaltenstherapien. Die Entscheidung für eine bestimmte Therapieform hängt von verschiedenen Faktoren ab. Um psychoanalytische Psychotherapie praktizieren zu können, muss man selbst eine persönliche Psychoanalyse oder zu mindestens eine persönliche Psychotherapie gemacht haben. Ich selbst bin Psychoanalytikerin (Mitglied der Schweizerischen Gesellschaft für Psychoanalyse und der von Freud gegründeten Internationalen

Psychoanalytischen Vereinigung) und habe die psychoanalytische Psychotherapie von meiner Praxis der Psychoanalyse her kennengelernt, wobei erstere auf den gleichen theoretischen Grundannahmen wie die Psychoanalyse basiert.

Psychotherapie ist für alte Menschen wertvoll

Die persönliche Umgebung eines alten Menschen und zuweilen auch sein Arzt neigen oft dazu, etwas als Folge normalen Alterns zu akzeptieren, was zumindest teilweise auf psychische Schwierigkeiten zurückzuführen ist, die mithilfe eines Psychoanalytikers oder Psychotherapeuten überwunden werden könnten. Deshalb denken sie nicht immer daran, ihm eine Psychotherapie vorzuschlagen. Nun haben wir aber alle schon gehört, wie ein alter Mensch jemandem entgegnete, der ihm Hilfe anbot: »In meinem Alter lohnt sich das nicht mehr!« Bisweilen ist diese Antwort wohl gerechtfertigt, denn übertriebene therapeutische Verbissenheit würde nicht in Richtung einer Hilfe gehen, dank derer der Patient sein Leben würdig bis zum Ende leben könnte. Manchmal aber soll dieses »*Das* lohnt sich nicht mehr« »*Ich* lohne es nicht mehr« bedeuten und ist Ausdruck einer depressiven Reaktion. Unternimmt ein deprimierter älterer Mensch eine Analyse oder Psychotherapie, kann man häufig beobachten, dass seine intellektuelle Lebendigkeit wiedererwacht, sich wiederholende Unfälle seltener werden und bestimmte somatische Störungen sich verflüchtigen. In der Tat sind Unfälle oder bestimmte Krankheiten zuweilen manifeste Hilferufe, mit denen der alte Mensch unbewusst nach psychologischer Hilfe verlangt. Ein Patient kann das Bedürfnis haben, dass ihm dabei geholfen wird, ausgehend von dem, was er erhalten hat, sein eigenes Lebensende aktiv zu gestalten, wobei er sorgsam darauf achtet, das Gefühl zu bewahren, dass es niemand anders an seiner statt tut.

Der Ausgangspunkt für meinen ersten Kontakt mit den Behandlungen alter Menschen war die Anfrage von Berthe, einer 70-jährigen Frau, die sich bei mir in Psychoanalyse begab und von der ich bereits gesprochen habe; diese Analyse wurde zu einer ergreifenden Erfahrung für mich. Psychiater, die in verschiedenen geriatrischen Institutionen arbeiteten und davon gehört hatten, dachten, meine Sichtweise als Psychoanalytikerin könne ihnen helfen, Psychotherapien mit alten Patienten in Angriff zu nehmen. Dies war der Ausgangspunkt für mein Seminar zur Supervision von Psychotherapien, das ich bereits mehrmals erwähnt habe. Für alle Psychiater und Psychologen meines Seminars war es eine neue Erfahrung, Patienten von meist mehr als 75 Jahren in analytische Psychotherapie zu nehmen; sie erwies sich für Patienten wie Therapeuten allerdings als sehr positiv. Später habe ich dann auch in meiner Privatpraxis noch Psychoanalysen und Psychotherapien alter Menschen supervidiert.

Zur Spezifität psychoanalytischer Psychotherapien mit alten Patienten

Aus psychoanalytischer Sicht unterscheidet sich das psychische Funktionieren eines alten Menschen nicht grundlegend von dem einer jüngeren Person, sodass die vom Therapeuten benutzte Technik unabhängig vom Alter des erwachsenen Patienten im Großen und Ganzen die gleiche bleibt: In allen Altersgruppen stößt man auf die gleichen grundlegenden Bezugnahmen auf das Unbewusste, die Übertragung, den Ödipuskomplex mit seinen genitalen und prägenitalen Anteilen, den Wiederholungszwang, die Abwehrmechanismen usw. Ich möchte hier nicht über jene Aspekte sprechen, die bei jeder psychoanalytischen Psychotherapie gleich sind. Hingegen haben wir in unserem Seminar herausgearbeitet, dass uns unsere alten Patienten vor bestimmte spezifische Probleme stellten, und wir richteten unser Augenmerk auf bestimmte Teilaspekte des Verlaufs ihrer Psychotherapie. Wir stellten beispielsweise fest, dass die beiden Hauptmotive für ihren Wunsch, sich in Psychotherapie zu begeben, die Schwierigkeit, eine Trauerarbeit abzuschließen, und die Suche nach Identität waren. Uns fiel auch auf, dass von diesen Patienten die Körpersprache bevorzugt wurde und dass im Behandlungsverlauf darüber hinaus ein Schwerpunkt auf der Verwendung der *projektiven Identifizierung* lag. Der Begriff der

Zeit bekam ebenfalls einen besonderen Beiklang. Diesen spezifischen Punkten, denen wir bei unseren alten Patienten begegneten, möchte ich hier weiter nachgehen.

Ganz allgemein wurden die Psychotherapiesitzungen (im Sitzen und in regelmäßigen Abständen) von den Patienten als herausragende wichtige Momente erlebt und führten oft zu (»fielen zusammen mit«?) einem Rückgang der Wünsche nach somatischer Behandlung (beispielsweise einer Abnahme von Hospitalisierungen) und zu einer Zunahme von Autonomie, die von einer besseren Verantwortlichkeit für die eigene materielle Existenz bis zur Durchführung von Reisen und einer Verbesserung des sozialen Lebens reichte.

Autonomie heißt nicht Unabhängigkeit

Wenn ich an das Ziel denke, das diejenigen verfolgen, die alten Menschen helfen, finde ich die von Nicole Sève-Ferrieu (2008) hervorgehobene Unterscheidung von *Unabhängigkeit* und *Autonomie* nützlich. Natürlich ist es wünschenswert, einem Menschen, sei er nun alt oder nicht, zu helfen, seine alltäglichen Aktivitäten zunehmend unabhängiger zu bewerkstelligen, denn das *Handeln* ist ein Motor des Lebens, der die Untüchtigkeit verringert. Aber wer könnte sich rühmen, vollkommen unabhängig zu sein? Wir sind alle voneinander abhängig: von bestimmten Personen, aber auch von einer ganzen Reihe von Gewohnheiten, Maschinen, Lebensumständen usw. Es wäre illusorisch, sich vorzustellen, wir könnten unabhängig werden, ohne uns unserer Abhängigkeit bewusst geworden zu sein. Erst wenn es einem Menschen gelingt, mit seiner Abhängigkeit vom Sozial- und Gefühlsleben umzugehen, hat er die besten Bedingungen dafür geschaffen, über sein Leben und dessen Strukturierung selbst entscheiden zu können. Manche, die sich frei bewegen können und sich bester körperlicher Gesundheit erfreuen, sind in Wirklichkeit nicht autonom. Behinderten Greisen hingegen, die auf Apparate angewiesen sind, um sich fortzubewegen oder lebenswichtige Aufgaben bewältigen zu können, kann dies gelingen.

In diesem Sinne fand ich die in Genf publizierten Statistiken interessant, denen zufolge in diesem Schweizer Kanton »die Mehrheit der älteren Menschen autonom ist« (Dominique von Burg 2007). Nur 15% der über 80-Jährigen lebte in einer medizinisch-sozialen Einrichtung[13], sechs von zehn (57%) brauchten nicht einmal Hilfe im Haushalt.

Die Hauptmotive der Patienten in der Psychotherapie

Jenseits der offen zutage liegenden Gründe, die alten Menschen dazu veranlasst hatten, um eine Psychotherapie nachzufragen, habe ich mit den Teilnehmer meines Seminars zwei Grundlinien tiefer liegender Motivation herausgearbeitet: Die eine betrifft das Bemühen um die Verarbeitung von Verlusten, die andere die Suche nach Identität, wobei die eine Motivation die andere nicht ausschließt.

Verarbeitung von Verlust

Ein Verlust zu viel

Die Notlage, die den Anlass für die Psychotherapie lieferte, stellt sich oft infolge eines schmerzhaften Verlusts ein, des Verlusts eines nahestehenden Menschen, aber auch infolge des Verlusts einer Aktivität oder infolge einer gesundheitlichen Einbuße (motorische Schwierigkeiten, Amputation eines Körperteils, Verringerung der Sehfähigkeit usw.); dem Patienten gelingt es nicht, über diesen Verlust hinwegzukommen. Es liegt auf der Hand, dass die Verluste, denen sich ein Patient stellen muss, mit dem Alter zunehmen. Für manche unserer Patienten handelte es sich aber um einen besonderen Verlust, der auf viele andere gefolgt war, den üblichen Trauerprozess gehemmt und die Notlage herbeigeführt hatte. Es war dies der Verlust, der zu viel war.

Es handelt sich um einen katastrophalen Verlust, der nicht nur die

13 Im Original: EMS (établissement médico-social); Anm. d. Übers.

vorangegangenen Verluste unbewusst reaktiviert, sondern vor allem einen manchmal sehr alten besonderen Verlust, der allem Anschein zum Trotz nicht ausreichend verarbeitet worden war. Ein Patient muss dann versuchen, die Trauerarbeit an diesem alten Verlust wieder aufzunehmen (Freud 1916–17g), damit er auch die Trauerarbeit am jüngsten Verlust leisten kann.

Den alten Patienten fehlen oft die Worte, mit denen sie den zu verarbeitenden Verlust ausdrücken könnten. Zuweilen sind sie sich des Ursprungs ihres Leidens auch gar nicht bewusst. Es ist dann Aufgabe des Therapeuten, zu verstehen, was der Patient ihm jenseits der Worte auf Umwegen mitteilt: durch Handlungen, Haltungen, physische oder psychische Schmerzen, Gedächtnisverlust oder bizarren Gedanken usw.

Ein Beispiel: Marie wusste nicht, wen sie betrauerte

Als Beispiel möchte ich Marie anführen, eine sehr alte Frau, die nach der Amputation eines Beines unbewusst den alten Verlust eines bei der Geburt verstorbenen Kindes wiedererlebte. In der Klinik verstand niemand, warum es für Marie unerträglich war, ihre Prothese zu tragen. Ihr Verhalten gab den Schwestern Rätsel auf: Sie trafen sie an, wie sie vor ihrer Prothese saß, sie nachdenklich betrachtete und dann in den Schrank stellte; sie schien sie zu streicheln, zu liebkosen. Ihre Haltung war so eigenartig, dass der Arzt den Psychotherapeuten bat, hier zu intervenieren. Im Laufe der Psychotherapie integrierte Marie eine vergessene Erinnerung wieder, die sie unbewusst abgespalten und aus ihrem Leben verbannt hatte: Ihr erstes Kind hatte diese Mutter einer kinderreichen Familie bei der Geburt verloren. Andere Kinder waren geboren worden, Marie hatte ein sehr aktives Leben geführt, niemand dachte mehr an dieses alte Drama, das sie den anderen Kindern gegenüber übrigens auch selbst nicht erwähnt hatte. Und nun, am Ende ihres Lebens, wurde ihr klar, dass sie zwischen der Prothese und dem toten Kind unbewusst eine Verbindung hergestellt hatte, als sei es notwendig, diesen *Moment ihres Lebens*, diesen Teil ihrer selbst, den sie – weil er zu schmerzhaft war – unbewusst abgespalten hatte, wieder zu integrieren. Die Kastrationsangst hatte bei Maries Verzweiflung sicher ebenfalls eine Rolle gespielt, aber auch für Freud (1926d) liegt der Kastrationsangst die viel frühere Trennungsangst zugrunde.

Der katastrophale Aspekt des Verlusts ihres Beines, der die unzureichend verarbeitete Trauer um ihr Kind wieder aufleben ließ, war für Marie mit der Bewusstwerdung der Unausweichlichkeit ihres eigenen Todes verknüpft. Wir beobachteten dann, was wir in einem anderen Zusammenhang bereits erwähnt hatten: die Dringlichkeit, mit der sie in ihrem Inneren eine gewisse Ordnung hinsichtlich aller Personen schaffen wollte, die für sie wichtig gewesen waren, um die noch fortbestehenden inneren Beziehungen zu diesen Menschen zu verbessern, selbst wenn sie sie schon vor sehr langer Zeit verloren hatte.

Das Identitätsgefühl

Eine andere wichtige Motivation, aus der heraus ein alter Mensch therapeutische Hilfe sucht, hat mit dem Identitätsgefühl zu tun. Ich möchte einige Beispiele anführen, die deutlich machen, dass für einen Patienten die Wiedergewinnung eines festeren Identitätsgefühls und des Bewusstseins einer größeren Kohärenz des Ichs von erstrangiger Bedeutung sind, damit er das Gefühl auskosten kann, sein Leben bis zum Ende leben zu können.

Wenn »Handeln« »fehlendes Sein« maskiert

Ein ungenügend gefestigtes Identitätsgefühl kann zu einem fehlendem Bewusstsein des eigenen Ichs führen: Ein Patient fühlt sich dann weder an seinem richtigen Platz noch als Urheber der eigenen Gedanken. Er leidet große Not, die er nicht in Worte fassen kann, da sein Symptom ja gerade darin besteht, die eigene innere Realität nicht wahrzunehmen.

Obwohl sich das ungenügende Erleben der eigenen Identität auf manche Patienten seit Langem störend auswirkte, hatten sie solange nicht darunter gelitten, wie sie von vielfältigen Beschäftigungen in Beschlag genommen waren, die ihnen die Auseinandersetzung mit sich selbst ersparten. Zur Dekompensation und zum Aufbrechen des Leids kam es, als das *Handeln* ihr *fehlendes Sein* nicht länger verdecken konnte. Wir begegneten in meinem Seminar diesem Beispiel bei einem pensionierten Firmenchef, aber auch bei einst überlasteten Hausfrauen und Müttern. Sind diese Patienten einmal weniger beschäftigt, fangen sie an, sich nach dem Sinn ihres Lebens zu fragen: »Ich bin zu nichts mehr zu gebrauchen, bin nicht mehr nützlich, wer bin ich?« Ich denke insbesondere an eine Mutter vieler Kinder, die lange Jahre über keine Zeit gehabt hatte, an sich selbst zu denken, so beschäftigt war sie, und die, als sie mit ihrem Mann allein zurückgeblieben war, in große Not geraten war. Ihr Ehemann hatte dem Psychotherapeuten den Eindruck vermittelt, dass »er sie wie ein Paket ablieferte«. Der Therapeut musste sich geradezu dazu zwingen, sich direkt an die Patientin zu wenden und sie allein zu empfangen, denn sie vermittelte ihm unbewusst ihr inneres Gefühl, nicht als eigenständige Person zu existierten.

Zu Beginn der Therapie wurde der Patientin klar, dass sie nie ihre eigenen Gefühle oder Gedanken zum Ausdruck brachte, sondern die ihrer Angehörigen. Dank der Interventionen des Therapeuten wurde ihr schrittweise bewusst, dass sie eigene Gefühle und Gedanken oft auf dem Weg über die der anderen ins Spiel brachte. Sie brauchte den Umweg über die anderen, als wagte sie es nicht, Urheber der eigenen Gedanken zu sein, weil sie die Verantwortung für sie nicht übernehmen wollte. Eines Tages hatte sie dem Therapeuten zum Beispiel die schwierige Beziehung zwischen ihrer Schwiegertochter und ihrer Enkelin beschrieben, als sie plötzlich verstand, wovon sie eigentlich sprach: Sie selbst hatte sie schon als kleines Mädchen in ihrer Beziehung zur eigenen Mutter kennengelernt, ohne sich dies jemals bewusst gemacht zu haben. Außerdem verstand sie, dass sie in der Übertragung auf ihren Psychotherapeuten erneut eine solche Beziehung erlebte (Freud 1914g). Unbewusst hatte sie also auch von ihrem eigenen Leid gesprochen, als sie das ihrer Enkelin beklagte. Sie spürte allmählich, dass sie ganz eigene Gefühle und Gedanken hatte. Um verstehen zu können, wie diese Patientin dazu gekommen war, eine solche innere Leere zu empfinden, war natürlich eine komplexe Arbeit erforderlich, die ich hier nicht vollständig darstellen kann.

Das Gefühl, anstelle eines anderen zu leben und nicht selbst zu existieren

Andere Patienten litten bereits, lange bevor sie sich an einen Psychotherapeuten wandten, bewusst an ihrem Gefühl mangelnder Identität. Ihr Leid hatte sich angesichts des herannahenden Todes aber verschärft: Sie fürchteten zu sterben, bevor sie ihren eigenen Platz gefunden hätten. Thomas beispielsweise verspürte ein unbewusstes Schuldgefühl, das von der Vorstellung begleitet war, er könne von einem Platz vertrieben werden, den er sich widerrechtlich angeeignet hätte. Ihm wurde bewusst, dass er bis dahin unbewusst stets *anstelle* seines Vaters gelebt hatte; er hatte unablässig das Gefühl, dort Erfolg zu haben, wo sein Vater gescheitert war, ohne sich jemals über seine Erfolge freuen zu können, da er sie seinem Vater gestohlen hätte, ohne dies gewollt zu haben. Dauernd hatte er die Fantasie, man werde ihn von seinem Platz im Leben vertreiben, wenn sichtbar würde, dass er kein Recht darauf hätte, und dies kam durch eine Angst vor dem Tod zum Ausdruck. Unablässig strengte er sich an, an diesem bedrohten Platz festzuhalten, wobei er jede Menge medizinischer Untersuchungen und Rückversicherungen hinsichtlich seiner physischen Gesundheit anhäufte. Diese Spannung vermittelte ihm das Gefühl, er müsse, um stark zu erscheinen, ständig eine große Zerbrechlichkeit kaschieren.

In der Übertragung auf den Therapeuten erlebte Thomas eine Neuauflage jener Rivalität mit dem Vater. Er schrieb dem Therapeuten die Rolle eines Vaters zu, der dort scheiterte, wo sein Sohn Erfolg hatte; der Spiegel der therapeutischen Beziehung reflektierte die Bestandteile des Problems, aber mit einem leichten Brechungswinkel, der sie veränderte und den therapeutischen Prozess in Gang setzte: Der Therapeut reagierte nicht so, wie es der Patient erwartete, und fühlte sich keineswegs kastriert, weil ihm nicht alles perfekt gelang. Der Patient spürte in diesem Vater eine ruhige Kraft, die nichts mit einem Verlangen nach Allmacht zu tun hatte und die durch eventuelle Misserfolge nicht zerstört wurde.

Schließlich konnte er in den Psychotherapiesitzungen nicht nur den *starken* Aspekt seiner selbst zeigen, den er für den einzig interessanten gehalten hatte, sondern auch den *zerbrechlichen* Aspekt, den er glaubte, von sich abtrennen zu müssen, um geliebt zu werden. Er entdeckte, dass sich der Therapeut für seine Gesamtperson interessierte, mit ihren Stärken und Schwächen; gleichzeitig nahm er wahr, dass auch der Therapeut *Stärken* und *Schwächen* zeigte, deren einzigartige Kombination erst die Umrisse seiner Persönlichkeit bildete. Thomas konnte daraufhin beginnen, nicht länger *die scheinbare Stärke zu idealisieren* und den *schwachen Anteil* seiner selbst *zu akzeptieren*. Durch die Reintegration seines *schwachen* Anteils wurde ihm klar, dass die *starke* Seite ebenfalls zu ihm gehörte, und zwar in dem Maße, in dem er akzeptierte, dass beide Seiten – die schwache und die starke – in ihm kombiniert und vereint waren. Das Verlangen nach Rückversicherung hinsichtlich seiner körperlichen Gesundheit verschwand, seine Schwächen ängstigten ihn weniger. Er konnte nun zwischen dem Gefühl von *Allmacht* und dem von *einfacher* Macht unterscheiden. Die Angst vor dem Tod verlor daraufhin ihren Verfolgungscharakter, an ihre Stelle trat die normale Trauer, eines Tages sterben zu müssen. Es wurde deutlich, dass das Erreichen einer größeren Kohärenz des Ichs von großem Wert ist, für den Wunsch, sein Leben bis zum Ende leben zu wollen.

Wenn ein wahnhafter Kern kaschiert wird

Ebenfalls im Rahmen der Suche nach Identität sind wir in meinem Seminar einer Patientin begegnet, die ich Josiane nennen möchte. Ihr ganzes Leben lang hatte sie sich mit einem sehr umschriebenen und eingekapselten wahnhaften Kern arrangiert, bis zu dem Augenblick, in dem eine Krise sie in Psychotherapie gebracht hatte. Zuvor hatte dieser wahnhafte Kern eine sozial gut angepasste Ausdrucksform gefunden, sodass er von ihrer Umgebung nicht bemerkt worden war. Im Sinne von Freuds Beschreibung im *Abriß der Psychoanalyse* (1940a) können wir sagen, dass diese Person die Spaltung als Abwehrmechanismus benutzt hatte, wobei sie auf ein und denselben Konflikt gleichzeitig auf zwei unterschiedliche Weisen reagierte: Die eine ihrer Reaktionen trug der konflikthaften Realität Rechnung und konnte als neurotisch angesehen werden; die andere bestand in einer

Verleugnung der Realität und in deren Ersetzung durch eine wahnhafte Pseudorealität.

Im Verlauf ihrer Psychotherapie wurde deutlich, dass Josiane seit jeher durch die sexuellen Realität verwirrt war: den Geschlechtsunterschied, die Urszene, die Rolle des Vaters bei der Empfängnis usw. Diese Verstörungen hatte sie stets auf zwei Arten gleichzeitig abgewehrt: Einerseits führt sie ein an die soziale Realität angepasstes Leben, das sie unter Berücksichtigung ihrer persönlichen Schwierigkeiten einrichtete (sie hatte beispielsweise kein aktives Sexualleben und ein Mädchen aufgezogen, dessen Mutter sie nicht war); andererseits zeigte sie aber ein Wahngebilde, das bis zu dem Moment unbemerkt geblieben war, als sie nach einem Suizidversuch eine Psychotherapie begonnen hatte. In ihrem Wahn setzte Josiane Saatkörner und Babys gleich. Sie sagte: »Es gibt gute und schlechte Saatkörner (die für sie gleichbedeutend mit Babys waren), die schlechten Saatkörner werden unförmig und sterben; man muss unbedingt wissen, woher die Saatkörner kommen, damit man weiß, ob sie gut oder schlecht sind.« Die schlechten Saatkörner waren ihrer Vorstellung nach aus einer sexuellen Beziehung zwischen den Eltern hervorgegangen. Im Laufe der Psychotherapie verstanden der Therapeut und sie selbst, dass ein früherer Suizidversuch, den sie unternommen hatte, nachdem sie eine Saatguthandlung übernommen hatte, direkt mit diesem Wahn in Verbindung stand. Da sie unmöglich wissen konnte, woher all die Samen stammten, die sie verkaufen sollte, gelang es ihr nicht, sie in gute und schlechte aufzuteilen. Später hatte ihr Wahn dann einen sozial sehr gut akzeptierten Ausweg finden können, denn die Patientin hatte einen Secondhandshop übernommen; hier vollzog sich eine Verschiebung des Wahns: *Sowohl aus den Samen als auch aus dem Baby wurden Secondhandartikel.* Sie konnte nun selbst überprüfen, woher jeder Artikel stammte, dessen Verkauf sie übernahm, was für sie eine permanente Rückversicherung war. Nach der Pensionierung aber, als sie dieses Geschäft nicht mehr hatte, hatte die betagte Patientin einen neuerlichen Suizidversuch unternommen. In diesem Zusammenhang berichtete sie dem Therapeuten von ihrem früheren Wahn, der bis dahin unentdeckt geblieben war. Aufgrund ihrer neuen Lebensumstände schaffte es Josiane in der Tat nicht mehr, sich mit ihrem wahnhaften Anteil zu arrangieren; letzterer drohte deshalb, ihr gesamtes Ich zu überwältigen und sie zum Selbstmord zu treiben. Dank ihres nicht-psychotischen Anteils hatte diese Patientin bei einem Therapeuten Hilfe suchen und ihm ihren Wahn anvertrauen können, als wolle sie ihn zu einem Verbündeten machen, der ihr behilflich sein soll, zu verhindern, dass ihr abgespaltener wahnhafter Anteil ihr gesamtes Ich überwältigt.

Die Bedeutung der nonverbalen Kommunikation zwischen altem Patienten und Therapeuten

Die alten Menschen, die bei Teilnehmern unseres Seminars in Psychotherapie waren, hatten ihren Therapiewunsch nicht direkt formuliert – mit Ausnahme einer Patientin, die früher bereits einmal eine Gruppentherapie gemacht hatte. Sie hatten ihn nonverbal zum Ausdruck gebracht. Übrigens fanden unsere Patienten oft auch während eines großen Teils ihrer Psychotherapie weiterhin keine *Worte* für das, was sich in ihrer psychischen Welt abspielte. Ihre unbewussten Bedürfnisse waren zuweilen schwer aufzuspüren, da sie über Umwege ausgedrückt wurden, die nur zu sehen gestatteten, dass sie etwas daran hinderte, sich mit sich selbst *wohlzufühlen*. So hatte der Psychotherapeut ihnen zu helfen, den versteckten symbolischen Sinn ihrer Symptome zu entdecken. Mithilfe seiner Deutungen versuchte er, ihnen zu ermöglichen, sich des Sinns bewusst zu werden, den ihre nonverbale Sprache übermittelte (Freud 1914g). Die von alten Patienten benutzten Kommunikationsmodi und Abwehrmechanismen erinnerten mich oft an die von kleinen Kindern. Ich möchte vor allem die Bedeutung der Körpersprache und der Verwendung der projektiven Identifizierung hervorheben.

Körpersprache

Ein physisches Unwohlsein anstatt eines schmerzlichen Gefühls ist oft als unbewusster Abwehrmechanismus beobachtet worden, mit dem der psychische Schmerz eines Gefühls des Verlassenwerdens vermieden werden soll, beispielsweise in einer Sitzung vor oder nach einer Abwesenheit des Therapeuten.

Körperliche Anliegen: Das Zittern

Ein Beispiel für Körpersprache liefert ein Patient (ich möchte ihn Jef nennen), der ein Zittern zeigte und seine Umgebung mit körperbezogenen Forderungen tyrannisierte. Jef füllte seine ersten Psychotherapiesitzungen mit gebieterischen Forderungen folgender Art: »Stützen Sie meinem Kopf, fügen Sie noch ein Kissen hinzu, stellen Sie meine Füße auf einen Schemel usw.« Die Therapeutin verstand nach einer ersten Regung, aus der heraus sie ihm sagen wollte, sie sei dafür nicht zuständig, dass es wohl eher darauf ankäme, den latenten Sinn dieses manifesten Diskurses zu erfassen und es dem Patienten zu ermöglichen, sich bewusst zu werden, dass er auf diese Weise seine Verzweiflung und seine affektiven Wünsche zum Ausdruck brachte. Jef, der in seinem Berufsleben früherer stets in Führungspositionen tätig war, ertrug es in der Tat nicht, jetzt den Eindruck zu haben, dass selbst sein eigener Körper ihm nicht mehr gehorchte. Auf diese Weise konnte der Patient sich seines Wertes wieder bewusst werden.

Man stößt hier auf den Begriff der *Anlehnung*, den Freud (1905a, 1915c) in seiner ersten Triebtheorie beschreibt: Die Sexualtriebe (im weiteren Sinne) entwickeln sich in Anlehnung an die Selbsterhaltungstriebe. Der Säugling saugt an der Brust, weil er sich ernähren muss (Selbsterhaltung), entdeckt aber allmählich, dass damit eine Lust am Saugen einhergeht (Sexualität), die unabhängig vom primären Bedürfnis befriedigt werden kann. Jef entdeckte in gewisser Weise, dass sich affektive Wünsche sexueller Natur (im weiteren Sinne) an physische Bedürfnisse anlehnen. Als ihm klar wurde, dass seine Forderung, gehalten zu werden, nicht allein aus einem physischen Bedürfnis heraus erfolgte, sondern auch aus der damit verbundenen affektiven und sinnlichen Lust heraus, konnte er die Bedeutung seiner Forderungen besser erfassen, sie nuancieren, sie auch direkt auf affektiver Ebene ausdrücken und sich den Personen gegenüber, die sich um ihn kümmerten, dankbarer zeigen.

Körpersprache und Demenzentwicklung

So wie manche Patienten über verschiedene physische Beschwerden klagen, können andere Patienten Anzeichen von Demenzentwicklung, geistiger Verwirrung, Gedächtnisverlust, Faselei usw. liefern. Beispiele hierzu haben wir in Kapitel 7 betrachtet. In bestimmten Fällen ist der Therapeut aber ziemlich ratlos hinsichtlich der Frage, welche Haltung er einnehmen soll: Kann er beispielsweise das Risiko eingehen, so zu reagieren, als handele es sich um einen unbewussten psychischen Abwehrmechanismus, obwohl er trotz aller Hinweise, die in eine solche Richtung weisen, nicht sofort ausschließen kann, dass der Patient in Wirklichkeit einen Hirninfarkt erlitten hat? In dem Moment, in dem er zu entscheiden hat, welche Haltung er einnehmen soll, kann er sich sehr allein fühlen. Es kann in der Tat ebenso schädlich sein, einen Patienten, der eine Demenzentwicklung psychischen Ursprungs zeigt, sofort zu medikalisieren, wie es schädlich wäre, bei einem Patienten mit Hirninfarkt nicht sofort die erforderlichen klinischen Maßnahmen zu ergreifen.

Manchmal kann ein Therapeut zu seinem Patienten eine ausreichend tiefe Beziehung herstellen, um verstehen zu können, ob der scheinbare geistige Verfall Ausdruck eines psychischen Schmerzes ist. Ich nehme das Beispiel eines Therapeuten, der erfasste, dass ihm sein Patient durch eine plötzliche scheinbare Verschlechterung ein schmerzliches Gefühl zeigte, das sich auf eine bevorstehende Trennung bezog. Ich gebe hier den allgemeinen Sinn dessen wieder, was er seinem Patienten mitteilte: »In gewisser Weise könnten Sie sich erleichtert fühlen, eine Zeitlang das Gedächtnis zu verlieren, damit Sie sich nicht erinnern müssen, wie böse Sie auf mich sind, weil ich eine Weile nicht da sein werde, und wie traurig Sie sein könnten, weil meine Gegenwart ihnen etwas bedeutet.« Der Therapeut sprach dann auch von der *Erleichterung, die der Patient haben könne, wenn er in seinem Kopf Anwesenheiten und Abwesenheiten durcheinanderbringe, denn so würde er vielleicht weniger unter seiner Abwesenheit leiden*. Er war ziemlich beeindruckt, als er feststellte, dass, obwohl der Patient diese Deutung energisch ablehnte, Erinnerung und geistige Klarheit zurückkehrten und die körperlichen Beschwerden in den Hintergrund traten.

Damit Deutungen dieser Art, die körperliche Empfindungen in Worte fassen, vom Patienten nicht als verfolgend wahrgenommen werden, scheint es mir wichtig, dass sie sowohl den Aspekt der Aggression (vom Patienten meist mit dem Wort »Vorwurf« bezeichnet) wie den der Zuneigung aufgreifen (meist mit dem Ausdruck »wichtig sein für« bezeichnet). Ein Patient fühlt sich weniger schuldig, seinem Therapeuten gegenüber heimlichen Groll zu empfinden, wenn ihm klar wird, dass er gerade deshalb wütend wird, weil der Therapeut für ihn wichtig ist, und dass dieser auch die hinter der Wut liegende Zuneigung wahrnimmt. Der Patient wird dann freier, seine Wut zu spüren und in Worte zu fassen.

Ein nonverbaler Kommunikationsmodus: Die projektive Identifizierung

Ein Abwehrmechanismus, dessen häufiges Auftreten in den Behandlungen alter Menschen mich überrascht hat, ist die *projektive Identifizierung* (M. Klein 1946), die ich im Folgenden beschreiben werde. Dieser Mechanismus, den man zu jedem Zeitpunkt der Existenz antreffen kann, wurde erstmals von Melanie Klein bei Kleinkindern beschrieben. Er wurde dann zunächst von ihr näher erforscht, später von zahlreichen Autoren wie Hanna Segal, Wilfred R. Bion sowie von Leon Grinberg, der den Begriff der *projektiven Gegenidentifizierung* (1985) eingeführt hat. Wenn ein Psychotherapeut mit alten Menschen arbeitet, ist es für ihn wichtig zu wissen, welche Haltung er gegenüber einem Patienten einnehmen soll, der auf projektive Identifizierung zurückgreift; anderenfalls kann er sich durch ihn in eine zirkuläre Beziehung aus Aggression und Angst hineinziehen lassen.

Ein Modell zum Verständnis der projektiven Identifizierung: Die Beziehung zwischen Mutter und Säugling

Zum Verständnis dieses nonverbalen Kommunikationsmodus können wir uns von der Beziehung zwischen einer Mutter und ihrem Baby inspirieren lassen. Nehmen wir an, ein Säugling verspürt einen Zustand des Unwohlseins. Er kann noch nicht sprechen, kennt das Übel nicht, kann es nicht lokalisieren, kennt seinen Ursprung nicht. Er kann es nicht artikulieren, also weint er. Ist seine Mutter (oder ihr Substitut) zugegen, hört sie das Weinen; dank ihrer *Rêveriefähigkeit* hat sie eine innere Wahrnehmung, mittels derer sie versteht, dass ihr Baby dieses oder jenes bestimmte Bedürfnis hat, und sie versucht, wenn Sie dazu in er Lage ist, das Bedürfnis ihres Kindes zu befriedigen, wobei sie dem Säugling gegenüber in Worte fasst, was ihrer Intuition nach gerade abläuft (Bion 1962). Auf diese Weise beginnt der so erlöste Säugling, den Sinn der unangenehmen Körperempfindung zu erlernen, den er alleine nicht identifizieren konnte; er beginnt, sich selbst kennenzulernen und seine Fähigkeiten zur Kommunikation mit seiner Mutter zu entdecken. Selbst wenn das Unbehagen, unter dem er leidet, nicht aufgehoben werden kann, kann die Mutter verbalisieren, was das Kind spürt, und Worte für das Unbehagen finden, das auf diese Weise Bedeutung annimmt.

Es kommt aber vor, dass eine Mutter das Gefühl nicht identifizieren kann, das sie hatte, als sie das Kind weinen hörte. Sie kennt dann dessen Bedeutung nicht und weiß nicht, wie sie die Tränen stillen soll. Diese momentane Ohnmacht kann für die Mutter sehr schwer erträglich sein. Toleriert sie dann ihre eigene Ohnmacht nicht, verstärkt ihre Angst die des Säuglings, die, weil sie größer wird, auch die der Mutter wieder verstärkt und größer werden lässt und so weiter. Es kommt schließlich zu einer Eskalation in Form der *folie à deux* (Bion 1967). Die Mutter kann auch die Flucht ergreifen, damit sie das Weinen des Kindes, das sie ängstigt, nicht länger hören muss; sie lässt es auf diese Weise mit seiner *namenlosen Angst* (ebd.) allein.

Die Beziehung zwischen einem Therapeuten und seinem Patienten unter Nutzung der projektiven Identifizierung

Es kommt häufig vor, dass ein Kommunikationsmodus ähnlich dem, den ich gerade beschrieben habe, zwischen einem Therapeuten und seinem alten Patienten aufkommt. In meinem Seminar sagten die Psychotherapeuten beispielsweise oft, dass sie im Lauf einer Psychotherapiesitzung mit einem alten Patienten von einem Gefühl erfüllt wurden, das sie überschwemmte und das weder beim vorangegangenen noch beim nachfolgenden Patienten auftrat. Die überschwemmenden Gefühle waren je nach Patient, der in Behandlung war, sehr unterschiedlich: Bei dem einen konnte ein Therapeut sich plötzlich vollkommen miserabel und ohnmächtig fühlen; bei einem anderen musste er gegen den Schlaf kämpfen; bei noch einem anderen hatte er den Eindruck, alle vorangegangenen Sitzungen zu vergessen; oder er war dermaßen überschwemmt, dass er keinen Raum mehr hatte, um zu denken; oder er fürchtete, jähzornig zu werden usw. In einer ersten Reaktion konnte sich der Therapeut wegen solcher Gefühle, die durch nichts gerechtfertigt zu sein schienen, schuldig fühlen und versuchen, sie zu verscheuchen. In einem zweiten Anlauf konnte er aber realisieren, dass ihm diese Gefühle vom Patienten unbewusst mitgeteilt worden waren, sodass er sie als Werkzeug zu dessen besserem Verständnis nutzen konnte.

Gefühle von Ohnmacht oder Unfähigkeit können zuweilen solche Ausmaße annehmen, dass es der Therapeut für seine Pflicht hält, eine Behandlung abzubrechen, weil er glaubt, zu deren Weiterführung nicht fähig zu sein. Bräche er die Behandlung ab, obwohl es sich in Wirklichkeit um Gefühle handelt, die vom Patienten in ihn projiziert wurden, handelte er wie eine Mutter, die nicht erkannt hätte, dass die von ihr empfundene Angst die ihres Säuglings ist, die er in sie projiziert hat, damit sie ihm eine Bedeutung verleiht. Er handelte folglich wie eine Mutter, die auf das Weinen ihres Säuglings mit eigenen Tränen oder mit Flucht antwortete.

Wichtig ist, dass sich der Therapeut in Fällen dieser Art klarmacht, dass diese Gefühle nicht ganz seine eigenen sind, sondern ihm größtenteils von seinem Patienten übermittelt wurden: Wie der oben beschriebene Säugling versteht der Patient nicht, was er empfindet, erkennt sein Ungemach nicht, tut also unbewusst etwas (wie die Tränen des Säuglings), das im Inneren des Therapeuten jenes Gefühl hervorruft, das er – der Patient – allein nicht hat identifizieren können. Hat der Therapeut verstanden, dass jenes in ihm wahrgenommene Gefühl in Wirklichkeit dasjenige ist, unter dem sein Patient leidet, ohne dies zu erkennen, ist er auf bestem Wege zu verstehen, wie er seinem Patienten antworten kann; die Kommunikation wird dann in dem Maße immer lebhafter, in dem der Therapeut, auf dem Weg über das, was er in sich wahrnimmt, die Affekte verbalisieren kann, die sein Patient unbedingt identifizieren muss.

In meinem Seminar konnten die Therapeuten erkennen, dass die Patienten auf diese Weise in der Psychotherapie Affekte wiedererlebt hatten, die lebensgeschichtlich zu früh angesiedelt waren, als dass sie hätten verbalisiert werden können, und zu schuldbeladen waren, als dass die Patienten sie direkt hätten zur Kenntnis nehmen können, ohne sie zuvor in den Therapeuten zu projizieren. Ich nehme die oben gegebenen Beispiele der Reihe nach wieder auf: Der Therapeut der *sich vom Gefühl der Ohnmacht überwältigt* fühlte, hatte einen Patienten, der sich früher gegenüber den Suizidgedanken seiner Mutter ohnmächtig gefühlt hatte; der *vom Schlaf überwältigte Therapeut* hatte einen Patienten, der unbewusst eine Wut betäubte; derjenige, der *das Gedächtnis verlor*, hatte einen Patienten, der nach seiner Aufnahme in eine Adoptivfamilie die Erinnerung an seine Eltern verloren hatte; jener, der *keinen Raum zum Denken mehr* hatte, hatte einen Patienten, der sich durch die Probleme einer asthmatischen Mutter überschwemmt gefühlt hatte. Jeder Patient hatte mit dem Therapeuten eine Frühform von Kommunikation wiedererlebt, die er einst mit einer bedeutungsvollen Person gehabt hatte. Der Therapeut hütete sich allerdings davor, dem Patienten direkt etwas über die Projektionsmechanismen zu sagen, die letzterer unbewusst gebraucht hatte: Dies wäre zu aufdringlich gewesen. Er ließ sich einfach nur von dem inspirieren, was er in seiner Gegenübertragung empfand, um dem Patienten dazu zu verhelfen, selbst zu entdecken, worunter er litt.

Die Möglichkeit akzeptieren, dass man sich irrt

Wie die Mütter, die für ihre Kleinkinder sorgen, wussten die Therapeuten des Seminars, das sie sich irren konnten, wenn sie glaubten, die Gefühle ihrer Patienten identifiziert zu haben. Es ist wichtig, dass die Therapeuten (ebenso wie die Mütter) eine solche Möglichkeit des Irrtums als normal oder sogar nützlich akzeptieren. Der Therapeut setzt auf die Wachsamkeit des Patienten, der die Dinge richtigstellen wird, denn letzterer weiß als Einziger, was er wirklich gefühlt und gedacht hat. Die Irrtumsmöglichkeit des Therapeuten ist (wenn sie von ihm akzeptiert wird) ein Motor dafür, dass sich der Patient für sein eigenes Leben und die Weiterentwicklung seiner Behandlung verantwortlich fühlt. In gleicher Weise ist die Irrtumsmöglichkeit der Eltern (wenn sie von ihnen akzeptiert wird) ein Motor dafür, dass sich die Kinder nicht blind auf die Erwachsenen verlassen, sondern ihre eigene Existenz in die Hand nehmen.

Ist es die Mühe wert, alte Menschen in Psychotherapie zu nehmen?

Ist es rentabel?

In einem Erstgespräch kann sich ein Therapeut ebenso unwohl fühlen wie sein Patient, wenn letzterer aus einer depressiven Phase heraus sagt: »Warum sollte man mir für das bisschen Zeit, das mir zu leben noch bleibt, eine Psychotherapie anbieten?« Der depressive Affekt verschmilzt dann auf verwirrende Art und Weise mit der Realität einer geringen Lebenserwartung. Überwindet der Patient aber seine Depression, stellt er sich diese Frage nicht mehr und freut sich, dass er eine Psychotherapie unternommen hat.

Bisweilen werden *Fragen ökonomischer Rentabilität* geltend gemacht: »Na gut, die Investition von Zeit und Geld ist bei einem jungen Menschen, der ein ganzes aktives Leben vor sich hat, gerechtfertigt, aber nicht bei einem alten!« Und doch ist es meist so, dass ein Patient, der von einer Psychotherapie profitiert hat, die Gesellschaft weniger kostet, denn seine Nachfrage nach körperlichen Behandlungen und nach Klinikaufenthalten geht zurück, und er gewinnt an Autonomie. Man kann auch hervorheben, dass die Psychotherapie eines alten Menschen seiner gesamten *Umgebung* zugutekommen wird.

Besteht ein Risiko, dass der alte Mensch depressiv wird?

Wenn ein Therapeut mit einem jungen Erwachsenen eine Psychotherapie beginnt, denkt er, dass alle künftigen Beziehungen dieses Patienten davon positiv beeinflusst werden; wird er aber nicht befürchten, dass es einen alten Mensch deprimieren wird, daran zu denken, dass er entscheidende Wendepunkte für immer versäumt hat und dass sein Leben hätte besser verlaufen können, wenn er diese Therapie schon früher in Angriff genommen hätte? Manche Patienten sprechen dies an: »Wozu soll es dienen, dass ich all diese Dinge über mich selbst entdecke, da ich ja doch kein neues Leben beginnen kann, um all dies zu nutzen?« Ein Therapeut, der Psychotherapien mit alten Menschen durchführt, ist überzeugt, dass ein Patient, wenn er die Beziehung zu sich selbst verbessert, besser in der Lage sein wird, seine eigene Vergangenheit anzunehmen, selbst wenn sie schmerzlich ist. Ich vervollständige diese Antwort im folgenden Kapitel, in dem ich über Sublimierung spreche.

Persönliche Motive des Therapeuten?

Wenn ein Therapeut alte Menschen in Therapie nimmt oder dies vermeidet, so hat dies zum Teil persönliche Gründe. Vielleicht hat er sich nicht um seine eigenen Eltern an deren Lebensende kümmern können und möchte dieses Versäumnis wiedergutmachen? Vielleicht erträgt er oder sie es innerlich nicht, die Übertragungsrolle eines Vaters oder einer Mutter für einen Patienten zu übernehmen, dessen Enkel oder Enkelin er oder sie sein könnte? Es gibt hierzu so viele mögliche Konstellationen wie Therapeuten. Die Therapeuten, die alte Menschen empfangen, sind jedenfalls besonders sensibel für das, was es in jeder Person an Unersetzlichem und Einzigartigem gibt, und sie denken, dass jede Minute jedes Lebens von unschätzbarem Wert ist. Unter diesen Umständen stellt sich die Frage erst gar nicht, »ob es lohnend ist oder nicht«, einen alten Menschen, sofern er motiviert ist, in Psychotherapie oder in Analyse zu nehmen.

Gute Beziehungen zwischen dem vergangenen, dem gegenwärtigen und dem künftigen Ich unterhalten

Damit der Therapeut zu Beginn einer Psychotherapie ein gutes Gefühl hat, scheint es mir wichtig zu sein, dass er versteht, dass die Behandlung eines Patienten in dem Maße *einfacher werden wird*, in dem dieser die Beziehungen zwischen seinem gegenwärtigen *Ich*, seinem vergangenen *Ich* und seinem zukünftigen *Ich* verbessert. Gute Beziehungen zwischen seinen unterschiedlichen Altersstufen ermöglichen es einem Patienten, sein gegenwärtiges Leben aus einer augenblicksbezogenen Dynamik heraus zu gestalten. Manche haben eine sehr reichhaltige Vergangenheit gehabt, andere eine sehr glatte, aber es ist nicht der augenfällige Reichtum ihrer Vergangenheit, der manche Personen dazu bringt, ihre Vergangenheit abzuwerten oder hoch einzuschätzen.

Manche alte Menschen haben den Eindruck, dass die geringe Zeit, die ihnen in der Zukunft noch zu leben bleibt, im Vergleich mit der langen Vergangenheit, die sie durchlebt haben, wenig Wert hat. Sie legen den Akzent vor allem auf das positive oder negative innere Bild, das sie von ihrer Vergangenheit in sich tragen: Entweder sie idealisieren eine Vergangenheit, an die sie sich klammern, oder sie werten sie ganz im Gegenteil ab und verwerfen sie. Ein alter Patient, der weniger Energie darauf verwendet, sich an seine Vergangenheit zu klammern, verfügt nun aber in der Gegenwart über ein stärkeres Ich, mit dem er versuchen kann, sein Leben bis zum Ende zu leben. Im Laufe der Psychotherapie entdecken manche Patienten, dass sie bestimmte Aspekte ihres vergangenen Ichs lieben und andere verabscheuen können, und durch die Verbindung dieser beiden Bewegungen des *Liebens* und des *Verabscheuens* gelangen sie dahin, Liebe für ihr vergangenes Ich zu empfinden, das nun, da es weder abgewertet noch idealisiert ist, dem gegenwärtigen und dem zukünftigen Ich ihre gesamte Bedeutung lassen kann.

Das Problem der Zeit

Die ältesten Patienten, deren Behandlung wir in meinem Seminar verfolgt haben, haben uns fast alle vor Probleme hinsichtlich der Dauer und der Beendigung der Psychotherapie gestellt. Die Schwierigkeit bestand darin, eine genügend lange Zeit zur Durcharbeitung ihrer Konflikte vorzusehen, die aber doch kurz genug sein musste, um zu vermeiden, dass gesundheitliche Probleme von außen her ein Ende erzwingen könnten, das nicht in Einklang mit dem Ablauf des Prozesses gestanden hätte. Es ist in der Tat sehr hart, wenn eine Psychotherapie abrupt abgebrochen wird, weil der Patient hospitalisiert oder in einer Spezialeinrichtung untergebracht werden muss.

Woran soll man sich orientieren?

Begibt sich der Patient zu seiner Psychotherapie in die Praxis des Therapeuten, verfügt er im Allgemeinen über mehr Freiheit als wenn er von einer Institution oder auch nur einem ambulanten Dienst abhängig ist. Alle Patienten, die von den Teilnehmern unseres Seminars behandelt wurden, haben uns, soweit sie von einer Institution oder einem ambulanten Dienst abhängig waren, auf folgende Empfehlungen aufmerksam gemacht:

➢ Der Zeitpunkt des Behandlungsabschlusses sollte lange genug im Voraus festgelegt werden, sodass genügend Zeit zur Verfügung steht, darüber mit dem Patienten zu sprechen, damit er sich vorstellen kann, wie das Leben *nach* dem Ende der Therapie aussehen kann. Es geht nicht darum, ein *exaktes Enddatum* zu lange im Voraus festzulegen, sondern eher darum, eine *Zeitperiode* vorzusehen, innerhalb derer man sich vorstellen kann, abzuschließen oder die Frage der Beendigung ins Auge zu fassen. In bestimmten Fällen – insbesondere dann, wenn alte Verluste zu verarbeiten sind – kann ein Therapeut das Gefühl haben, dass er für den Abschluss der Therapie viel mehr Zeit benötigen wird als im Leben des Patienten dafür wahrscheinlich noch zur Verfügung stehen wird. Er ist sich dann bewusst, dass er gezwungen ist, sich mit Teilergebnissen zu begnügen. In diesen Fällen kam es vor, dass der Therapeut mit seinem Patienten Etappen vorsah, in deren Verlauf Therapeut und Patient jeweils entschieden, es dabei zu belassen oder in eine neue Phase einzutreten.

- Dem zeitlichen Rahmen der Psychotherapie, insbesondere der Regelmäßigkeit der Sitzungen, muss große Bedeutung zugemessen werden. Diese Regelmäßigkeit trägt mit dazu bei, einem alten Patienten zu helfen, seine eigene Zeit zu strukturieren. Sie hilft ihm, sich der Bedeutung des Therapeuten für ihn auf dem Weg über dessen Anwesenheiten und Abwesenheiten bewusst zu werden, und reziprok dazu der Bedeutung, die er für den Therapeuten hat. Die Regelmäßigkeit der Sitzungen lässt klar erkennen, ob eine Sitzung effektiv stattgefunden hat oder ob sie versäumt wurde. Weil der Patient in bestimmten Momenten mit der Gegenwart des Therapeuten rechnet, wird er sich im Kontrast dazu darüber klar, dass Abwesenheit existiert und der Therapeut ihm fehlt.
- Unvermeidliche Abwesenheiten des Therapeuten oder des Patienten im Laufe der Therapie (Ferien, Krankheiten usw.) müssen aufmerksam beobachtet werden. Dies verhilft dem Patienten dazu, Änderungen der Stimmung oder des Verhaltens wahrzunehmen, die die Trennungen bei ihm verursachen, während er selbst eine solche Verbindung meist nicht hergestellt hätte. Ein Patient kann sich dank der Deutungen auch bewusst werden, dass seine eigenen Verspätungen, sein Vergessen von Sitzungen und sonstige Abwesenheiten in Wirklichkeit eine nonverbale Sprache ist, mit deren Hilfe er mit dem Therapeuten kommuniziert.
- Wie kann man die Freiheit des Patienten im Umgang mit seinen Sitzungen respektieren, wenn die Psychotherapie in einer Institution stattfindet oder wenn der Therapeut – und sei es auch nur vorübergehend – gezwungen ist, den Patienten in seinem Domizil aufzusuchen? Kommt ein Patient in die Praxis des Therapeuten, so steht es ihm frei, zu kommen oder nicht zu kommen – er kann die Sitzungen zum Beispiel *vergessen* oder zu spät kommen. Solche Abwesenheiten oder Verspätungen werden zu nonverbalen Kommunikationsmitteln, die etwa Widerstände oder Aggressionen ausdrücken können. Begibt sich jedoch der Therapeut zum Patienten, ist letzterer in gewisser Weise dieser Ausdrucksmittel beraubt. Es ist dann notwendig, andere Wege zu finden, vermittels derer er seine Freiheit zum Ausdruck bringen kann.

Akzeptieren, dass man Unvereinbares nicht miteinander vereinbaren kann

Die Durcharbeitung der Beendigung der Behandlung mit ihrem Anfang, ihrer Entwicklung und ihrem Ende gibt der Therapie eine zeitliche Form, die von großer Bedeutung dafür ist, dass sich das Ich des Patienten strukturieren kann. Es wäre bedauerlich, wenn das Ende der Behandlung durch eine altersbedingte Verschlechterung der körperlichen oder geistigen Gesundheit des Patienten herbeigeführt würde; geht es aber darum, frühe Verluste durchzuarbeiten, kann dies viel Zeit in Anspruch nehmen. Es käme demnach darauf an, eine hinreichend lange Behandlung, die eine hinreichend gute Durcharbeitung ermöglicht, mit einer hinreichend kurzen Behandlungsdauer zu vereinbaren, damit sie nicht Gefahr läuft, durch äußere Umstände, die mit Altern oder Tod verbunden sind, unterbrochen zu werden. Wie lässt sich das Unvereinbare miteinander in Einklang bringen? Es gibt dazu keine einfache und befriedigende Lösung. In jeden Einzelfall muss herausgefunden werden, was am besten geeignet ist.

Im Übrigen scheint es mir sehr wichtig, dass der Therapeut keine befriedigende Antwort findet, wenn Unvereinbares miteinander vereinbart werden soll. Es kann nicht darum gehen, für dieses unlösbare Problem eine Antwort zu geben; es scheint mir wichtiger, dass der Therapeut spürt, dass diese Fragestellung präsent bleibt – samt allem, was an ihr leider unauflösbar ist. Für den Therapeuten ist die Unmöglichkeit, dieses Problem zu lösen, das Echo des Leidens, dass von jedem unserer alten Patienten erlebt wird, der sich gleichzeitig mit seinem Wunsch konfrontiert sieht, lange zu leben, und der Unausweichlichkeit seines Todes. Sich unseres Unvermögens als Psychotherapeuten bewusst zu werden, angesichts der Kürze einer Behandlung, für die wir uns eigentlich keine von außen vorgegebene Begrenzung wünschen, ist vielleicht eine Möglichkeit, unsere Patienten weniger allein zu lassen, angesichts der Kürze eines Lebens, für das sie sich ebenfalls keine von außen vorgegebene Begrenzung wünschen. Akzeptiert ein Therapeut dieses Unvermögen, anstatt es als eine Behinderung zu betrachten, so hilft ihm dies dabei, seinen Patienten stillschweigend begleiten zu können. Der Patient wird es bemerken.

Kapitel 11
Psychoanalyse und alte Menschen

Es gibt keine Altersgrenze für den Beginn einer Psychoanalyse

Im Rahmen einer Konferenz im Jahr 1905 hatte Freud gesagt, »Personen nahe an oder über 50 Jahre« eigneten sich nicht mehr dafür, in Psychoanalyse genommen zu werden, da bei ihnen »die Plastizität der seelischen Vorgänge zu fehlen pflegt, auf welche die Therapie rechnet [...,] und andererseits das Material, welches durchzuarbeiten ist, die Behandlungsdauer ins Unabsehbare verlängert« (Freud 1905a, S. 21f.). Freud war zu diesem Zeitpunkt 48 Jahre alt. Damals hatte diese Aussage niemanden besonders verwundert, aber heute erlaubt uns die Lehre, die Freud selbst uns hinterlassen hat, sie infrage zu stellen. Mit seiner Entdeckung des Unbewussten und der Erfindung der Psychoanalyse hat Freud uns ermöglicht, in uns selbst eine innere Welt voller überraschender Reichtümer zu erschließen. Insbesondere die Freiheit, mit allen Fantasien zu spielen, ohne sie ausagieren zu müssen, berechtigt zu der Hoffnung, dass wir eine höhere psychische Beweglichkeit erwerben können, die mit 50 Jahren nicht endet. Aufgrund einer genaueren Kenntnis des Unbewussten ist darüber hinaus klar, dass sich Erinnerungen nicht wie Materialien anhäufen, deren Liste mit der Zeit immer länger wird, sondern dass wir unsere Erinnerungen unablässig neu kombinieren und modellieren, wodurch wir die Einheit der Person in jedem Moment neu erschaffen. *Das Problem, mit dem man es in einer Psychoanalyse zu tun hat, hat also weniger mit der Quanti-*

tät der Erinnerungen zu tun als mit der Fähigkeit, sie zu integrieren. Freud hat allen voran gezeigt, dass psychische Beweglichkeit und fortdauernde synthetische Schaffenskraft nicht mit 50 Jahren enden, hat er sich doch bis zu seinem Tod im Alter von 82 Jahren seine Schriften immer wieder vorgenommen und sie überarbeitet.

Es ist deshalb gar nicht verwunderlich, wenn wir sehen, dass heute Menschen, die das offizielle Pensionsalter seit Langem überschritten haben, sich auf das Abenteuer einlassen, das die Psychoanalyse darstellt, um ihr Lebensende freudvoller und besser gestalten und es in eine persönliche innere Geschichte einbetten zu können, die sinnvoll ist. Nach mehreren positiven Erfahrungen mit Analysanden höheren Alters bin ich überzeugt davon, dass es keine Altersgrenze gibt, eine entsprechend motivierte Person in Analyse zu nehmen. Eine Psychoanalyse eines älteren Menschen unterscheidet sich von einer Analyse eines jüngeren Erwachsenen nicht grundsätzlich. Wie ich bereits für die Psychotherapien festgestellt habe, unterscheiden sich die psychischen Abläufe einer älteren Person, die keine besonderen geistigen Defizite hat, nicht grundsätzlich von denen eines anderen Erwachsenen. Die Ausführungen im vorangegangenen Kapitel zu Motivationen, Konflikten und Abwehrmechanismen bei alten Menschen, die sich in Psychotherapie begeben, treffen in gleicher Weise auch für eine Psychoanalyse zu. Ich werde lediglich auf die Bereiche eingehen, die bei Analysepatienten höheren Alters Schwerpunkte bilden, indem ich beispielhaft einige Psychoanalysen darstelle.

Vorurteile junger Psychoanalytiker

Der Psychoanalyse älterer Menschen widme ich vor allem deshalb ein eigenes Kapitel, weil ich das Zögern vor Auge habe, das Psychoanalytiker zuweilen an den Tag legen, wenn es darum geht, einem alten Patienten eine Psychoanalyse anzubieten – selbst dann, wenn die Bedingungen günstig sind. Alte Menschen leiden zweifellos bisweilen unter Behinderungen, die den Zugang zur Psychoanalyse erschweren: verminderte Mobilität, körperliche oder seelische Behinderungen, finanzielle Schwierigkeiten usw. In solchen Fällen können ihnen die

Analytiker keine Psychoanalyse anbieten, selbst wenn die betreffenden Personen davon vielleicht profitieren könnten. Sie können ihnen eine Psychotherapie vorschlagen, deren Rahmenbedingungen weniger anspruchsvoll sind: Die Sitzungsfrequenz ist niedriger und die Krankenkassen übernehmen eventuell die Kosten. Dennoch könnten mehr alte Menschen als man sich derzeit vorstellt in den Genuss einer Psychoanalyse kommen: Jetzt könnten sie sich endlich den Raum und die innere Freiheit gönnen, die eine Analyse ihnen verschaffen könnte, von der sie unbewusst vielleicht schon immer geträumt haben. In der Tat haben sie nun Zeit, die sie hierfür aufwenden könnten; außerdem haben manche von ihnen betriebliche Zusatzrenten und können, da sie nun weniger Gelegenheit zum Geldausgeben haben als früher, mit dem Analytiker ein Honorar vereinbaren, mit dem beide Seiten leben können.

Wiederholt bin ich jungen Psychoanalytikern begegnet, die mich baten, die Psychotherapie eines älteren Menschen zu supervidieren, und die dann äußerst überrascht waren, wenn ich ihnen in Fällen, in denen ich eine Indikation in dieser Richtung sah, die Frage stellte, warum sie dem Patienten nicht eher eine Psychoanalyse angeboten hätten. Die Antwort war oft dieselbe: In Anbetracht des Alters des Patienten hatten sie daran erst gar nicht gedacht. Dieser Gedanke kam ihnen meiner Meinung nach allein deshalb nicht in den Sinn, weil sie – ohne sich dessen bewusst zu sein – unter dem Einfluss der gleichen *Vorurteile* standen, die auch die Aufnahme von Psychotherapien behindern und sich wie folgt resümieren lassen: »Für die Alten ist doch schon alles gelaufen – das Spiel ist aus!«

Ein Psychoanalytiker arbeitet mit Einzelpersonen

In der Psychoanalyse arbeiten wir jeweils mit Einzelpersonen und nicht mit Menschen im Allgemeinen oder mit Statistiken: Das bedeutet, dass jemand, der mit 70 Jahren in Analyse genommen wird, vielleicht noch lange leben wird, während ein jüngerer Mensch eventuell nur noch eine sehr kurze Lebenszeit vor sich haben kann. Mein Interesse an der Psychoanalyse älterer Menschen entstand vor langer Zeit aufgrund der Anfrage von Berthe, jener 70-jährigen Patientin, von der ich bereits gesprochen habe. Sie kam vier Jahre lang jeweils vier Stunden pro Woche zu mir in Analyse. Es wurde eine begeisternde Erfahrung. Zehn Jahre nach dem Ende der Analyse begegnete ich ihr zufällig im Theater; in der Pause unterhielten wir uns kurz – es ging ihr gut. Jetzt mit 84 Jahren schien sie mir genauso wach zu sein wie am Ende ihrer Analyse. Betrachteten wir dies nun unter dem Gesichtspunkt der Effizienz, wäre festzustellen: 14 Jahre Wohlergehen für Berthe – das war der Mühe wert.

Psychoanalysen mit älteren Menschen sind zwar noch selten, deshalb aber nicht weniger wertvoll. Sie sind es natürlich zunächst für die alten Analysanden, denen sie zugutegekommen sind. Aber auch für ihre Umgebung: Es ist etwas vollkommen Anderes, mit einer Person zu leben, die verbittert und ganz auf ihre Probleme beschränkt ist, oder mit einer Person, die an ihrer Umgebung interessiert ist, die eine gewisse Distanz den eigenen Schwierigkeiten gegenüber einnehmen kann und mit der Kommunikation möglich ist. Psychoanalysen alter Menschen sind auch für die Psychoanalytiker wertvolle Erfahrungen. Sie können so aus privilegierter Position heraus die Perspektive entdecken, die sie einnehmen müssen, um nicht nur anderen Patienten dieses Alters besser helfen zu können, sondern auch allen anderen Patienten: Sie können nun das Alter jedes Patienten in die allgemeine Bewegung über die Lebensaltersstufen hinweg einordnen. Und schließlich sind diese Analysen – und dies zu betonen scheint mir wichtig – wertvoll auch für die Psychotherapeuten und all diejenigen, die aufgrund ihres Berufes oder ihrer Familienkonstellation mit alten Menschen Kontakt haben, weil sie die Erfahrung nutzen können, die von den Psychoanalytikern erworben wurde, die diese Behandlungen durchgeführt haben. Einige der Analytiker, die ihre Erfahrungen aus Psychoanalysen mit alten Menschen veröffentlicht haben, möchte ich hier in chronologischer Reihenfolge erwähnen: Hanna Segal (1958), Anne-Marie Sandler (1978), E. Miller (1987) und Gérard le Gouès (1991).

Das Alter des Analytikers

Als Berthe ihre Analyse bei mir begann, war ich eine junge, etwas beunruhigte Analytikerin: Wie würde ich in der Übertragungsbeziehung die Rolle der Mutter oder des Vaters einer Patientin einnehmen können, die letztlich sogar meine Großmutter hätte sein können? Wird sie mich ernst nehmen? Rein theoretisch wusste ich, dass ich mich nicht zu beunruhigen brauchte; ich hatte die Macht bereits erfahren, mit der Fantasien in einer analytischen Sitzung wiederbelebt werden können, wenn der Patient auf der Couch liegt und seinen hinter ihm sitzenden Analytiker nicht sehen kann, ihn aber mit seinem eigenen inneren Blick betrachtet. Ich war aber weit davon entfernt, die Verwirrung vorherzusehen, die ich erlebte, als ich in der ersten Analysesitzung das Gefühl bekam, dass Berthe zeitweise zu einem ganz kleinen Mädchen wurde – voller Angst, in der Welt nicht alleine überleben zu können. Für Analytiker und Analysand ist es ein großer Vorteil, sich nicht gegenüberzusitzen: Die Fantasiewelt erwacht so mit großer Kraft zum Leben. Ich konnte beispielsweise das Alter haben, das Berthes Fantasie entsprach, und mich zeitweise in der Rolle ihres Vaters fühlen, obwohl ich eine Frau war. Alle jungen Analytiker, die ich supervidiert habe, waren wie ich von der Leichtigkeit überrascht, mit der sie sich innerhalb der Übertragung als Mutter oder Vater ihrer alten Patienten fühlen konnten; und von dem Moment an, an dem sie damit keine Probleme mehr hatten, stellte sich auf der Gegenseite das Gleiche ein: Ihr jüngeres Alter war für den Patienten kein Problem.

Für die alten Patienten ist keineswegs alles bereits vorbei

Viele alte Patienten, die um Hilfe nachsuchen, haben den Eindruck, wir böten ihnen die Analyse der »letzten Chance« an. So jedenfalls war es bei Ida, einer 70-jährigen Analysandin.

Ein Beispiel: Ida und die Analyse der »letzten Chance«

Wo sie auch war, fühlte sich Ida überflüssig. Sie sah nicht, dass irgendjemand Gefühle für sie haben oder ihre Gesellschaft suchen könnte, sodass sie ständig auf der Lauer nach eventuellen Dienstleistungen lag, die sie erbringen könnte, um im Gegenzug etwas Aufmerksamkeit zu ergattern, was so weit ging, dass man Mitleid mit ihr bekam oder sie belächelte. Es war dieser sehr gebildeten Frau gelungen, ihrer Lehrtätigkeit nachzugehen, wenn auch nur um den Preis großer eigener Kraftanstrengungen; ihr gesellschaftliches Leben war infolgedessen aber ganz auf ihre Berufsausübung eingeschränkt. Ida fragte mich, ob ich ihr würde helfen können – jetzt, wo sie Zeit hatte, sich um sich selbst zu kümmern. Mit ihrer Rente hatte sie genügend Geld, um davon zu leben, sie hatte aber auch etwas Geld beiseitegelegt und nun keine besonderen Ausgaben mehr zu erwarten, zumal es ihr ihre Gebrechlichkeit nicht gestattete, große Reisen zu unternehmen. »Könnten Sie mich in Psychotherapie nehmen? Das wäre meine letzte Chance«, sagte sie zu mir.

Ein Analysewunsch, versteckt hinter einer Nachfrage nach Psychotherapie

Ich hatte also mehrere Elemente zu berücksichtigen: Idas Schwierigkeiten reichten bis in ihre frühe Kindheit zurück, unbewusste Konflikte waren seit langer Zeit verdrängt, ihre Probleme waren aber nicht ausschließlich neurotischer Natur, Spaltungen und Verleugnung lagen ebenfalls vor; Ida entsprach dem, was ich heterogene Patienten genannt habe (D. Quinodoz 2004, S. 23). In Anbetracht ihres Alters seien schnelle Ergebnisse im Übrigen sehr wünschenswert. Ida war motiviert und verfügte über kulturelle und psychische Qualitäten, dank derer sie Zugang zur symbolischen Ebene hatte. Ich konnte natürlich eine Psychotherapie mit ihr beginnen, fand aber, eine Psychoanalyse wäre vorzuziehen: Die hohe Sitzungsfrequenz (vier Sitzungen pro Woche oder zumindest drei, anstatt einer oder zwei in einer Psychotherapie) schien mir in ihrem Fall schnellere Ergebnisse zu versprechen, denn der Prozess würde sich intensiver entfalten und nicht Gefahr laufen, zwischen den Sitzungen wieder in sich zusammenzufallen. Darüber hinaus würde der Umstand, dass sie auf der Couch läge und ich hinter ihr säße (anstelle der Kommunikation von Angesicht zu Angesicht in der Psychotherapie), dazu führen, dass sie ihre Fantasien und Konflikte leichter innerhalb der Übertragung *wiedererleben* würde, anstatt versucht zu sein, darüber mit mir zu *diskutieren* (was im Falle der Psychotherapie eine Gefahr gewesen wäre): So wäre auch weniger Gelegenheit, in meinem Gesicht Anzeichen von Zustimmung oder Missbilligung zu suchen. Ich musste an einen Kollegen zurückdenken – Paul Israel –, der uns einmal gesagt hatte: *In einer Psychotherapie nimmt uns der Patient zum Zeugen, während er uns in einer Analyse ganz fordert.* Ich fühlte mich bereit, mit ihr über ein Honorar zu verhandeln, das sie mir würde zahlen können und das für beide Seiten annehmbar wäre. Ich sagte also zu ihr: »Sie haben Ihr Bedauern ausgedrückt, dass Sie keine weiten Reisen mehr unternehmen können: Warum sollten Sie nicht stattdessen eine innere Reise unternehmen? Eine Psychoanalyse?«

Zu meiner Überraschung erwiderte Ida, sie habe darauf schon immer Lust gehabt, aber nie geglaubt, dass dies möglich wäre: Sie habe sich immer als dafür unfähig betrachtet, insbesondere jetzt, in ihrem Alter. Ihre Antwort bestätigte meine Intuition: Mein Angebot hatte ihre selbstabwertenden Gewissheiten vielleicht bereits zu erschüttern begonnen. In der Tat fragte sie sich jetzt: »Vielleicht bin ich in Wirklichkeit nicht uninteressant, und alles wäre nur Ergebnis meiner Einbildung?« Wir haben uns dann beide auf eine vier Jahre dauernde äußerst interessante Reise eingelassen. Diese Zeit mag denen, die mit der Psychoanalyse nicht näher vertraut sind, lang erscheinen. Dies täuscht aber, denn man muss ja nicht das Ende der Analyse abwarten, bevor ein Patient Nutzen aus ihr zieht. Ida fühlte sich sehr schnell besser, auch wenn vier Jahre nötig waren, damit sich der Prozess der Analyse voll entfalten konnte. Schon wenige Wochen nach deren Beginn hatte sie die Idee, ein Fest zu organisieren, bei dem sie viele Mitglieder ihrer Familie zusammenführen wollte, was auch gelang. Für sie wurde das Fest zu einem großen persönlichen Erfolg, da sie sich immer vorgestellt hatte, man habe sie stets nur aus Mitleid eingeladen oder weil man nicht anders konnte.

Insgesamt kürzere Analysen

Die Dauer von Idas Analyse geht in Richtung dessen, was auch von meinen Kollegen in den Supervisionen festgestellt worden war: Die Psychoanalysen alter Menschen sind im Allgemeinen kürzer als die jüngerer. Ein Grund hierfür steckt vielleicht in dem, was Ida meinte, als sie sagte: »Das ist die Psychoanalyse der letzten Chance.« Die alten Analysanden sind sehr motiviert, die Übertragung stellt sich schnell ein, und sie stecken all ihre Energien in das Unternehmen Analyse, weil sie keine Zeit zu verlieren haben. Mehr als die überbeschäftigten jungen Analysanden haben sie Zeit, zwischen den Sitzungen an ihre Analyse zu denken: Alles, was ihnen zustößt, alles, was sie tun, empfinden und denken, wird zu Material für die Analyse und hilft ihnen, den psychoanalytischen Sinn der Gesamtheit ihres Lebens freizulegen. Ein Problem ergibt sich eher am Ende der Analyse. Die alten Analysanden formulieren oft den Wunsch, mit dem Analytiker in Verbindung zu bleiben, regelmäßig wiederzukommen, aber mit zunehmendem Abstand zwischen den Terminen. Wurde die Übertragung vielleicht nicht gut aufgelöst? Ich denke eher, dass die alten Analysanden, weil sie nicht wissen, welche Form ihr Altern weiter annehmen wird oder wie sich ihr Tod ankündigen wird, weiterhin den Wunsch haben, darüber von Zeit zu Zeit mit ihrem Analytiker sprechen zu wollen, ohne dass eine wirkliche Notsituation bestünde. Es ist natürlich wichtig, diese Themen bereits während der Analyse anzugehen, um deren Beendigung gut vorzubereiten; dies erfordert aber, dass sich der Analytiker des Drucks bewusst ist, den eine Analyse der »letzten Chance« auf ihn ausübt.

Das Gefühl der Dringlichkeit und die Gegenübertragung des Analytikers

Ein alter Analysand, der zu verstehen gibt, dass die Zeit drängt, weil er das Ende nahen fühlt, übt unweigerlich Druck auf den Analytiker aus. Die gewaltige Erwartung eines Analysanden scheint manchmal dem Reich der Magie zu entstammen, als habe der Analytiker die Macht, ihm seine Jugend zu übertragen; für letzteren kann dies zu Schwierigkeiten in der Gegenübertragung führen. Ein Analytiker – wie auch der Zauberer – weiß, dass er keine magischen Kräfte besitzt und dass es sich bei dem Kaninchen, das er aus dem Hut zaubert, um das Kaninchen handelt, das er selbst dort versteckt hat; das Ganze ist also eine Frage von Geschicklichkeit und nicht von Zauberei. Ein Analytiker kann sich dagegen sehr unwohl oder gar gelähmt fühlen, wenn er von einem Analysanden auf einen so hohen Sockel gestellt wird. Seine Situation ist unbequem, weil er genau weiß, dass der Analysand früher oder später erkennen wird, dass sein Analytiker nicht allmächtig ist, sodass der Sturz vom hohen Sockel hart zu werden droht. Damit er in der Frage der Allmacht kein Bündnis mit seinem Patient eingeht und seine Freiheit des Analysierens wahren kann, muss der Analytiker die Bedeutung des unbewussten Vorgehens des Patienten verstehen, der ja den Versuch unternimmt, ihn in eine Verleugnung der *Zeit, die vergeht*, und deren Unumkehrbarkeit hineinzuziehen.

Auf der Seite des Analytikers ist eine besonders schwierige Arbeit an seiner Gegenübertragung gefordert, wenn die Abwehrmechanismen des alten Patienten persönliche Erinnerungen in ihm wachrufen. Manche Analytiker kann es sehr verwirren, wenn sie im Kontakt mit ihren Analysanden Episoden ihres Privatlebens wiederfinden, in denen sie selbst mit aller Kraft gewünscht hatten, ein Zauberer zu sein, der es hätten verhindern können, dass ihm besonders nahestehende Menschen altern oder sterben. Andere Psychoanalytiker sind in Momenten, in denen sie mit Todesängsten des Patienten und seinen Abwehrmechanismen konfrontiert sind, manchmal gerade selbst von persönlichen Dramen betroffen, beispielsweise von einer eigenen schweren Erkrankung oder von der eines nahen Angehörigen; dies verlangt von ihnen ein tief gehendes Stück Selbstanalyse, wenn sie nicht in eine Kollusion mit ihrem Patienten geraten wollen.

Allmachtsgefühle

Gabriele Junkers hat eine alte Patientin analysiert, Frau B., bei der das Gefühl von Dringlichkeit auf einer unbewussten Regung von Allmacht fußte. Die Analysanden erwartete, ihre Analytikerin solle – so wie sie selbst – *die schlimmen Dinge des Lebens* verleugnen: das Altern, den Tod und die Unumkehrbarkeit der Zeit. Für Junkers konnte das Gefühl von Dringlichkeit, das ihre Patientin ihr unbewusst vermittelt hatte, auf der Ebene ihrer Gegenübertragung gefährlich werden: Sie lief Gefahr, ein Bündnis mit ihrer Patientin einzugehen und dadurch entweder einem lähmenden Gefühl der Ohnmacht oder einem Allmachtsgefühl zu erliegen, das die Vergänglichkeit negiert.

> »Paradoxerweise kann einen das Gefühl, dass wenig Zeit bleibt, daran hindern, sich die Vorstellung der ablaufenden Zeit und den sich daraus ergebenden Implikationen auf der Ebene der depressiven Position wirklich anzueignen: Wenn Zeit und Raum sich öffnen könnten, würde Frau B. die wenige verbleibende Zeit eher als Trennung denn als Tod empfinden« (Junkers 2002).

In Supervisionen bin ich oft einem unbewussten Allmachtsgefühl aufseiten des Analytikers begegnet, das sich hinter dem Wunsch versteckte, dem Patienten Sicherheit vermitteln zu wollen. Zum Beispiel wollte ein Supervisand einen Analysanden, der wegen der Ferien bevorstehende Trennung verängstigt war, dadurch beruhigen, dass er ihm den vorübergehenden Charakter dieser Trennung spüren lassen wollte, indem er ihm versicherte, er werde am ersten Tag nach den Ferien wieder da sein. Er hatte ihm gesagt: »Ja, ich bin zwei Wochen weg, aber an dem und dem Tag nach den Ferien bin ich wieder da.« Ich fragte ihn daraufhin in der Supervision: »Glauben Sie wirklich, dass Sie sich so sicher sein können, dass Sie an diesem Tag wieder da sein werden? Ich selbst rechne zwar auch damit, zur nächsten Supervisionssitzung in der kommenden Woche wieder hier zu sein, ich tue auch alles, was in meiner Macht steht, damit es dazu kommt, ich kann aber nicht behaupten, dass ich wirklich da sein werde: Es könnte mir etwas dazwischenkommen, ich könnte krank werden, einen Unfall haben oder tot sein. Es ist von besonderer Wichtigkeit, einem alten Patienten gegenüber die Vergänglichkeit nicht zu verleugnen.«

Die Analyse eines alten Patienten verweist den Analytiker auf sein eigenes Altern und seinen eigenen Tod. Es ist wichtig, dass er mit diesen

Realitäten hinreichend gut zurechtkommt, damit er die Ängste seines Patienten gelassen angehen kann, anstatt zu vermeiden, darüber zu sprechen oder mit ihm zusammen unbewusst eine Verleugnungshaltung einzunehmen. Über sehr konkrete Vorgehensweisen versuche ich, die Analytiker, die ich in Supervision habe, hierfür zu sensibilisieren. Ich gebe ihnen beispielsweise zu verstehen, wie wichtig es ist, die vertrauliche Verzeichnis ihrer Patienten an einem geheimen Ort zu deponieren, der einer verlässlichen Person bekannt ist, die die Patienten verständigen kann, falls ihrem Analytiker während einer Unterbrechung etwas zustoßen sollte.

Eine Öffnung zur Sublimierung hin

Wünsche, die nicht mehr verwirklicht werden können

Im Verlauf einer Psychoanalyse kann sich bei Patienten Leid einstellen, wenn Wünsche, die sie lange Zeit verdrängt hatten, in einem Alter aufblühen, in dem sie nicht mehr zu verwirklichen sind. Noch offensichtlicher ist solches Leid am Lebensende, wenn ein Patient das Gefühl hat, dass er alle Fristen bereits überzogen hat; es ist keine Zeit mehr, zurückzurudern und neu zu beginnen, und die Analyse scheint seine Traurigkeit noch zu steigern. Verläuft der analytische Prozesses aber gut, eröffnen sich Möglichkeiten zur Realisierung seiner Wünsche auf einer anderen Ebene: auf symbolischem Niveau.

Ich denke an eine alleinstehende 70-jährige Analysandin, ich möchte sie Mado nennen, die an einer Sozialphobie und unter Minderwertigkeitsgefühlen litt. Im Lauf ihrer Analyse ging ihre Hemmung in dem Maße zurück, in dem sie weniger unter ihren Minderwertigkeitsgefühlen litt und Zutrauen in ihren weiblichen Qualitäten fasste. Ihr wurde klar, dass ihr Gefühl, nicht in der Lage zu sein, einem Mann zu gefallen, eine Familie zu gründen und Kinder zu haben, durch nichts Objektives gerechtfertigt war. Sie bedauerte daraufhin, dass sie ihre Analyse nicht bereits früher unternommen hatte – in einem Alter, in dem sie all dies noch hätte realisieren können. Ihre Trauer hatte aber weder mit Angst noch mit Verfolgungsgefühlen zu tun. Sie machte sich klar, dass sie innerlich nicht bereit gewesen war, eine Analyse schon früher in Angriff zu nehmen, und schätzte sich glücklich, sie jetzt begonnen zu haben. Das Wesentliche für sie war nun, ihr psychisches Potenzial zu entdecken. Sie machte in sich nun weibliche und mütterliche Qualitäten aus, obwohl sie alleinstehend und kinderlos war. Mados Haltung hatte sich verändert, die Verwirklichung ihrer Wünsche sah sie nun auf psychischer Ebene als möglich an, besonders ihrem Kinderwunsch konnte sie symbolisch Ausdruck verleihen. Natürlich ersetzt eine Realisierung auf symbolischer Ebene – nach Art einer Sublimierung – nicht die konkrete Verwirklichung, sie ermöglicht aber persönliche Entfaltung. Mado begann, Artikel für eine Zeitschrift zu schreiben. Sie wurden der Ausdruck ihrer Fähigkeit, etwas aus sich hervorzubringen.

Eine andere alleinstehende alte Analysandin fand unter Bedingungen, die denen von Mado sehr ähnlich waren, für ihren Wunsch nach Mutterschaft eine andere Ausdrucksform: Sie begann, auf einen Wunsch einzugehen, der schon seit einer gewissen Zeit an sie herangetragen worden war, dem sie aber keine Aufmerksamkeit geschenkt hatte. Sie akzeptierte nun, für ein Kind, das fern seiner Eltern lebte, die Rolle der »Großmutter« zu übernehmen. Ein Analysand kann ein neues Licht auf die Dinge werfen, was – weil es die Wahrnehmung seiner Grundgegebenheiten verändert – auch die Art und Weise abwandelt, in der er die Gegenwart, aber auch seine Vergangenheit und Zukunft betrachtet. Darin liegt eine qualitative Veränderung, durch die Sublimierungen möglich werden.

Einer der starken Momente in der Analyse alter Menschen liegt in der Entdeckung der Möglichkeit, Wünsche zu sublimieren und zu versuchen, Verwirklichungen, die in der Realität nicht mehr möglich sind, auf eine psychische Ebene zu verlagern. Dies ist Teil eines umfassenderen Ziels: Einem Patienten, der die symbolische Bedeutung dessen entdeckt, was er lebt, sagt und denkt, wird es auch besser gelingen, das Augenmerk auf seine innere Welt zu richten und sich der Existenz der psychischen Realität bewusst zu werden.

Das Wesentliche an Stefans analytischer Arbeit: Die Entdeckung des symbolischen Sinns

Stefan hatte eine verantwortliche Stellung bekleidet und ein sehr aktives Leben geführt, er war verheiratet und Vater von drei Kindern; seit seiner Pensionierung kam es ihm aber so vor, als habe sich seine Welt entleert. Er hatte keine Berufsrolle mehr, keine Kollegen, kein soziales Leben mehr, die Verbindungen zu seiner Familie wurden gehalten, aber er fühlte sich nutzlos. Er war von dem Gefühl beherrscht, nichts mehr zu gelten und nichts mehr zu sein. Nur noch aufgrund der Schmerzen, die er in seinem Körper verspürte, fühlte er sich lebendig. Die körperbezogenen Klagen nahmen in seinem Leben einen immer größeren Raum ein: Schmerzen im Hals, im Magen, im Bauch, Engegefühle, Schlaflosigkeit. Unbewusst versuchte Stefan, die Leere in seinem Leben mit körperbezogenen Klagen aufzufüllen. Angesichts der Vielzahl dieser körperlichen Erscheinungen, für die es keine somatische Ursache gab, hatte der Hausarzt an eine Depression gedacht. Er hatte Stefan Antidepressiva verschrieben und ihm gleichzeitig geraten, einen Psychoanalytiker zu konsultieren.

Eine Psychoanalyse konnte nicht sofort ins Auge gefasst werden. Die Existenz seiner *Körpersprache* musste Stefan zunächst in Gesprächen im Sitzen entdecken; das heißt, dass er damit beginnen musste, zu erahnen, dass seine körperlichen Klagen vielleicht eine psychische Bedeutung haben könnten. Wenn er sich beklagte, sein Magen sei *zu voll*, und ihn die Analytikerin voll Anteilnahme fragte: »Was tut sich denn in Ihrem Magen?«, konnte Stefan nur aufzählen, was er gegessen hatte. Damit er einen eventuellen symbolischen Sinn entdecken konnte, waren Zeit und Beharrlichkeit aufseiten der Analytikerin erforderlich, die die Fragen in immer neuer Form aufgriff: »Was kann er uns denn sagen wollen, Ihr Magen, wenn er blockiert?« Die Analytikerin nahm sich die Freiheit, Verbindungen vorzuschlagen wie: »Vielleicht war die erniedrigende Antwort dieses Freundes schwer zu verdauen?«, damit Stefan verstehen konnte, dass hier psychische Realitäten im Spiel sein könnten, Schmerzen und Gefühle, die er nicht »verdaut« hatte und über die er mittels seines Körpers wortlos artikulierte. So verstand er nach und nach, dass er eventuell ein psychisches Leid ausdrückte, wenn er das von ihm gespürte körperliche Leid beschrieb.

Ausgehend von einem Initialtraum entdeckte Stefan, dass er durch ein imaginäres Szenario nicht nur seine aktuellen Körpersensationen zum Ausdruck brachte, sondern auch die Gefühle, die diesen Sensationen entsprachen. Außerdem verstand er, dass seine aktuellen Empfindungen und Gefühle Widerspiegelungen alter Empfindungen und Gefühle waren, die ihn auf Szenen aus seiner Kindheit verwiesen. In einem Traum befand sich Stefan in einer Stadt auf einem Platz, auf dem sich der Verkehr staute, es waren zu viele Autos da, er steckte fest. Die Analytikerin: »Zu viel? Wie in Ihrem Magen?« Stefan hatte also in der Analyse nicht nur die *Körpersensation* von Enge verspürt, die er so oft hatte, wenn er über seinen Magen klagte, sondern auch das *Gefühl* von Enge, ein wenig wie ein Gefühl fehlender Freiheit. Er verband daraufhin dieses Gefühl mit einer Kindheitsszene, in der er sich mit seiner Mutter in einem Auto befand. Er erinnerte sich an seine Freude, mit ihr allein zu sein, aber auch an seine Angst, mit ihr allein zu sein – ohne seinen Vater. Als Stefan der Möglichkeit näherkam, die emotionale Bedeutung und den symbolischen Sinn dessen, was er der Analytikerin sagte, zu erfassen, öffneten sich seine Augen für eine bis dahin unbekannt gebliebene innere Welt, deren weitere Erforschung vielversprechend erschien.

Stefan hatte von nun an den Eindruck, dass sich ihm eine neue Möglichkeit eröffnete, aus seiner Not herauszukommen. Sollte es vielleicht einen Ausweg geben, den er sich bis dahin nie hatte vorstellen können? Gleichwohl war er etwas beunruhigt: Was würde er finden? In unklarer Form spürte er in seinem Inneren eine Angst, deren Bewusstwerdung er fürchtete: die Angst, sich zu schämen, die Angst, nicht auf der Höhe der Erwartung der Analytikerin zu sein, die Angst, lächerlich zu wirken, wenn jemand entdecken würde, dass dieser bedeutende Mann so wenig Selbstvertrauen hatte. Dies wies auf eine sehr alte Befürchtung zurück: Es war, als ob seine (seit Langem verstorbenen) Eltern damals hätten entdecken können, dass ihr Sohn hinter seinem brillanten Äußeren in Wirklichkeit nur mittelmäßig war.

Die Analytikerin verstand nun, warum für Stefan die Erfahrung mehrmonatiger Gespräche im Sitzen nötig gewesen war, bevor er es wagen konnte, sich für eine Analyse zu entscheiden. In diesen Gesprächen musste er Vertrauen in das Wohlwollen der Analytikerin ihm gegenüber fassen und Klarheit darüber gewinnen, dass sie sich für ihn interessierte, so wie er war, auch wenn er nicht perfekt war. Unter diesen Bedingungen – nämlich der, er selbst zu sein – würde er ja keinesfalls mittelmäßig sein können, sondern wäre zwangsläufig jemand Einzigartiges geworden. Auf diesem Weg konnte Stefan akzeptieren, eine Psychoanalyse anzugehen.

Stefans Analysethemen

Von dieser Analyse wollte ich deshalb gerne sprechen, weil sie das Bemühen um den Zugang zur symbolischen Ebene illustriert, mit dem wir es in den Psychoanalysen alter Menschen oft zu tun haben. Im Lauf der Analyse verflogen die Körpersymptome schnell und machten einem Diskurs Platz, der den Umweg über das Körperliche nicht mehr brauchte: Stefan konnte seine Gefühle mitteilen, indem er sie den anderen und sich selbst gegenüber in Worte fasste, anstatt sie mittels seines leidenden Körper zu demonstrieren. Vom Fortgang dieser Analyse möchte ich nicht im Einzelnen sprechen, denn es ergaben sich dabei im Vergleich mit Analysen jüngerer Menschen keine größeren Unterschiede; ich möchte nur die beiden großen Themen erwähnen, die im weiteren Verlauf im Vordergrund der analytischen Szene standen.

Es sind dies einerseits die *Identitätsprobleme*, die sich bereits in den Sitzungen vor Beginn der Analyse abgezeichnet hatten: zu akzeptieren, einfach nur man selbst zu sein anstatt zu versuchen, jener brillante Mann werden zu wollen, von dem man geglaubt hatte, dass ihn die eigenen Eltern so gewollt hätten, und zu dem er, gemäß seiner Vorstellung, auch der Erwartung der Analytikerin nach werden sollte.

Zum anderen ist es der *ödipale Konflikt*, der breiten Raum einnahm: Die Erinnerung an die schon im Initialtraum erlebte Angst hatte bereits einen Vorgeschmack hierauf geliefert *(Stefan als Kind ohne Vater allein im Auto mit seiner Mutter).* Unbewusst träumte er dies als Szene mit der Analytikerin, mit der er in den Analysesitzungen allein war. Um den

Ausdruck seiner ödipalen Wünsche wagen zu können, brauchte er das Empfinden, dass zwischen dem *Verbalisieren und dem Verwirklichen seiner Wünsche* ein grundlegender Unterschied bestand. Zu Beginn der Analyse stellte er sich vor, es sei unmöglich, Wünsche zu verbalisieren, ohne sie auszuleben. Um es wagen zu können, sich den eigenen Ängsten zu stellen, *Wünschen und Realisieren* sei dasselbe, brauchte er die Vorstellung, die Analytikerin könne dies verwechseln und nicht er selbst. Er will sie sagen hören: »Vielleicht fragen Sie sich beunruhigt: Läuft meine Analytikerin nicht Gefahr, Wünsche zu haben und sie zu realisieren miteinander zu verwechseln?«, um sich die Wahrnehmung dessen, was er befürchtete, erlauben zu können. Er fand zu seinen ödipalen Ängsten als Kind zurück, besonders zu seinen ambivalenten Wünschen: seine ödipalen Wünsche zu realisieren (den Platz des Vaters bei der Mutter einzunehmen), sie gleichzeitig aber auf keinen Fall realisieren zu wollen. Ihm wurde auch klar, dass er damals gewünscht hatte, seine Eltern sollten ihm – ihrem Sohn – gegenüber ebenfalls inzestuöse Wünsche haben, bei gleichzeitigem Wunsch, sie mögen auf deren Verwirklichung verzichten.

Ein ödipaler Konflikt, der nicht altert

Die ödipalen Konflikte nehmen in jeder Analyse breiten Raum ein. Die Analyse alter Menschen ähnelt in dieser Hinsicht also der Analyse jüngerer Analysanden. Ich bin aber doch nach wie vor verwundert, wenn ich sehe, dass ödipale Regungen sehr alter Analysanden keine Spuren des Alters tragen und sogar offener zum Ausdruck gebracht werden als mit 30 oder 40 Jahren. Es sieht so aus, als seien ihnen die Gefühle und Emotionen der Kindheit heute näher als früher. Es handelt sich um eine Art Wiederkehr emotionaler Kindheitserfahrungen.

Dies ist eines der Elemente, das mich an Berthes Analyse am meisten beeindruckt hat; ich habe wiederholt von ihr gesprochen (vgl. D. Quinodoz 2004). Berthe hatte ihr Alter als Vorwand dafür benutzt, sich nicht zu trauen, nach einem Analysenplatz für sich zu fragen, aber mir wurde schnell klar, dass diese Ausflucht nur die Angst verdeckte, eine mit ihren ödipalen Wünschen verknüpfte, nicht aussprechbare Angst anzugehen. In den einleitenden Gesprächen hatte mir ihre Haltung die panische Angst vor Augen geführt, sie könne ihre Wünsche so verwirklichen wie einst Ödipus: Sie verspürte das Verlangen, mit ihrem Analytiker-Vater sexuell zu verkehren, spürte aber noch stärker, wie wichtig es für sie war, diesen Wunsch nicht zu verwirklichen. Deshalb fühlte ich mich durch Berthe von Anfang an in die Rolle der Adoptiveltern des Ödipus – Merope und Polybos – versetzt, die wenig verführerisch, aber sehr verlässlich sind; so lief sie keine Gefahr, sich in mich zu verlieben. Dagegen wurde eine meiner Kolleginnen von Berthe mit den unwiderstehlichen sexuellen Qualitäten der Eltern des Ödipus – Laios und Iokaste – ausgestattet. Ödipus hatte seine ödipalen Wünsche mit seinen biologischen Eltern ausgelebt, er hatte seinen Vater Laios getötet und seine Mutter Iokaste geehelicht. Ohne sich dessen bewusst zu sein, wollte Berthe in ihrer Analyse das Schicksal des Ödipus nicht wiederholen. Sie wollte nicht Patientin der verführerischen Analytikerin sein, mit der sie ihrer Fantasie nach ihre ödipalen Wünsche wie einst Ödipus hätte realisieren können; sie wollte lieber *meine* Analysandin sein, weil sie mich als weniger anziehend betrachtete.

Das kulturelle Umfeld und die alten Menschen

Die vor 1920 geborenen Personen, die ich in Analyse hatte oder deren Psychoanalyse ich supervidiert hatte, standen unter dem Einfluss einer in ihrer Kinderzeit genossenen Erziehung, die deutlich anders gewesen war als die der jüngeren Patienten. Dies betraf vor allem den Bereich der moralischen Instanz oder des Über-Ichs sowie den der weiblichen Sexualität. Auf basaler Ebene waren die Fantasien um das primitive Über-Ich und die infantile Sexualität recht ähnlich, ob die Patienten nun zu Beginn oder in der Mitte des 20. Jahrhunderts geboren waren. Ich fand aber heraus, dass die Unterschiede hinsichtlich der genossenen Erziehung und des sozialen Kontext Auswirkungen auf ihre Schwierigkeiten als Erwachsene hatten.

Eine Betrachtung der Ausbildung des Über-Ichs der zu Beginn des

20. Jahrhunderts geborenen Patienten zeigte mir deutlich, dass diese Senioren nach sehr strikten, genau definierten moralischen Grundsätzen erzogen worden waren, innerhalb einer Gesellschaft, in der die Generationenunterschiede klar waren und Autorität respektiert wurde. Unbewusst wehrten sie sich gegen diesen etablierten Rahmen, der oft als zu rigide erlebt wurde, und sie bedienten sich zur Abwehr vor allem der Mechanismen der Unterdrückung und Verdrängung. Wandte sich ein alter Mensch mit der Bitte um Hilfe an mich, hatte ich oft den Eindruck, dass seine Triebkraft durch diesen festen Rahmen, statt von ihm lediglich kanalisiert zu werden, geradezu ausgelöscht worden war, ohne das ihr ein Schlupfloch blieb, oder aber, dass sie als Gegenreaktion hierauf, kurz vor einer Explodieren stand. Meist entdeckte der Patient dann im Verlauf der Analyse, dass er einen zu rigiden *äußeren* Rahmen inkorporiert hatte, der nun als *innerer* Zwang fungierte. Dieser innere Zwang war zur zweiten Natur geworden, dessen Existenz vom Patienten gar nicht wahrgenommen wurde: Die entsprechende Gewohnheit war so tief verankert, dass sie als unumstößliche grundlegende Wahrheit erschien. Bei guter Entfaltung des analytischen Prozesses ermöglichten die Deutungen des Analytikers schrittweise eine Auflockerung des rigiden Rahmens des Analysanden, was eine Erweiterung seiner inneren Welt zur Folge hatte und einen Zugang zu einer sich erweiternden psychischen Freiheit eröffnete. Das strenge, niederdrückende Über-Ich wich einem wohlwollenden, schützenden Über-Ich. Dafür, dass dieser innere Raum sich entfalten konnte, war natürlich eine gewisse Zeit erforderlich, denn es ist gefährlich, einen unter Druck stehenden Dampfkochtopf von jetzt auf gleich zu öffnen; Fortschritte konnten sich aber doch relativ schnell einstellen.

Die Hilfeersuchen von Patienten, die in der zweiten Hälfte des 20. Jahrhunderts geboren waren, unterschieden sich von den gerade beschriebenen, denn ihre Schwierigkeiten waren in Erziehungskontexten entstanden, die denen der Senioren fast diametral gegenüberstanden. Diese Patienten hatten in ihrer Kindheit nur verschwommene Grenzen für die Kraft ihres Triebes erfahren, die Generationsunterschiede waren wenig akzentuiert, die Autoritätshierarchie wenig präzise; sie konnten ihre eigene Form schlecht abgrenzen, weil sie sich an keinem klaren

Autoritätshindernis stießen. Infolgedessen standen ihre Schwierigkeiten vor allem mit einer verschwommenen Identität in Zusammenhang; sie spürten große Schwierigkeiten, sich selbst zu strukturieren und von selbst die Grenzen zu finden, die ihnen die Außenwelt nicht mehr entgegensetzte. Meiner Erfahrung nach führte dies zu einer Verlängerung der Psychoanalysen.

Weibliche Sexualität und alte Patienten: Jeannes Analyse

Der Einfluss des Erziehungskontextes war auch im Bereich der weiblichen Sexualität spürbar. Was dieses Thema betrifft, so haben die ältesten Patienten in mir oft den Eindruck erweckt, als seien sie direkt einer der Freud'schen Schriften entsprungen. An Beispielen aus Jeannes Analyse möchte ich dies illustrieren.

Ein lange gereifter Analysewunsch

Jeanne wurde um 1910 geboren. Der Kastrationskomplex, den sie mir gegenüber zum Ausdruck gebracht hatte, entsprach der Beschreibung Freuds, als er bei bestimmten Patientinnen den *Penisneid* beobachtete (1933a, S.133ff.). Jeanne hatte sich mir von der ersten Sitzung an als *das hässliche junge Entlein* präsentiert: Wie dieses fand sie sich überall, wo sie auch hinging, von Brüdern, Kollegen und Kameraden umgeben, die sie komisch fanden und sich über sie lustig machten. Diese intelligente und kultivierte alleinstehenden Frau hatte ein Gefühl des Scheiterns: Sie überwachte jede ihrer Gesten und versuchte, ihre Unzulänglichkeiten zu überspielen, damit sie den anderen nicht auffielen. Dies erschöpfte sie und nahm ihr jegliche Spontaneität. Jeanne war pensioniert, und an ihrem 70. Geburtstag dachte sie, es gäbe vielleicht noch eine Hoffnung, dass ihr Lebensende etwas anderes sein könne als eine Qual: Die beste Art, das Geld zu nutzen, das sie für ihre alten Tage beiseitegelegt hatte, war vielleicht, eine Psychoanalyse in Angriff zu nehmen. Sie hatte daran gedacht, weil ihre Eltern, die etwas von ihrem Leid erahnt hatten, sie bereits in ihrer Jugend zu einem Psychiater geschickt hatten, mit dem sie dann auch einige Unterredungen gehabt hatte. Letzterer hatte von Psychoanalyse gesprochen, aber dieser Vorschlag war Jeannes Eltern damals beunruhigend und gefährlich erschienen. 50 Jahre später erinnerte sich Jeanne daran. Sie begab sich bei mir in Analyse und kam vier Jahre lang jeweils viermal pro Woche.

Im Vordergrund der Szene: Die Ungerechtigkeit, keinen Penis bekommen zu haben

Ganz zu Beginn ihrer Analyse wusste Jeanne nicht, worauf sie ihr schmerzliches Gefühl von Ungenügen zurückführen sollte. Sie zeigte mir geradezu ostentativ einen Kastrationskomplex, dessen sie sich aber nicht bewusst war. Unbewusst stellte sie mir auf tausenderlei Weisen – über Assoziationen, durch die Symbolik ihrer Rede, über Träume – ihre seelische Qual dar, die darauf basierte, dass sie kein männliches Geschlechtsteil hatte. Zu Beginn ihrer Analyse träumte sie beispielsweise, wie sie in dem Augenblick, in dem sie sich auf die Skipiste einfädeln will, bemerkt, dass ihren beiden Skiern die vorderen Spitzen fehlten. In ihren Assoziationen dazu präzisierte sie mir: »Ich blickte auf meinen Unterkörper herab und sah, was fehlte. Da war nichts, es fehlte der ganze vordere Teil. Ich war sehr enttäuscht.« Freud schlägt vor, die Träume als *die Verwirklichung eines unbewussten Wunsches* des Träumenden zu deuten (1900a). Jeanne hatte diesen Traum produziert: Welchen unbewussten Wunsch hatte sie in diesem Traum in Szene gesetzt? Den Wunsch, ihre eigenen Skier kaputt zu machen? Ich glaubte vielmehr, dass sie in diesem Traum eher den unbewussten Wunsch verwirklichte, dass ich – die Analytikerin – auch wirklich sehe, dass ihr *Ski-Penisse* kaputt waren und sie unter dieser Kastration litt.

Warum legte sie unbewusst solchen Wert darauf, mir dieses Manko zu zeigen? Damit ich sie bedauerte? Damit ich mit ihr zusammen den Schuldigen suchte? Damit wir verstünden, welche Verfehlung sie wohl begangen hatte, dass sie so bestraft worden war? Damit ich ihr beim

Wiedergutmachen helfen würde? Vielleicht wollte sie meinen Blick aber auch auf dieses Manko lenken, damit ich etwas anderes nicht sehe?

Jeanne hatte ihre ganze Kindheit als einziges Mädchen zwischen lauter Brüdern und Cousins verbracht. Statt von dieser Situation zu profitieren und deren Königin oder Prinzessin zu werden, war ihr davon ein Gefühl von Bitterkeit und Ungerechtigkeit zurückgeblieben. Zu Beginn der Analyse war ihr schrittweise bewusst geworden, dass der Umstand, dass sie nicht »wie die anderen« einen Penis hatte, bei ihr zu dem Gefühl geführt hatte, sie sei weniger Wert als die Jungen. Jeanne war intelligent und wusste vom Verstand her, dass ihre Eltern nichts dafür konnten, dass sie ein Mädchen war. Und doch hatte sie vage die Fantasie, sie habe etwas Böses getan und deshalb ihren Penis verloren oder ihn deshalb erst gar nicht bekommen: Wessen konnte sie also schuldig sein, dass sie derart bestraft worden war? Noch tiefer in ihrem Inneren war aber eine infantile Fantasie von Ungerechtigkeit verankert, die ihre ganzen Existenz eintrübte: Warum hatten ihre Eltern ihr nicht das Geschlechtsteil gegeben, mit dem sie ihre Brüder ausgestattet hatten? Und sie war ihnen deswegen sehr böse.

Ursprünglich hoffte Jeanne, die Analyse werde aus ihr *eine Ente unter anderen Enten* machen. In ihrem Inneren tauchte aber ein anderes Gefühl auf: die Gewissheit, mehr wert zu sein als die Enten, die sich da lustig machten; und sie hoffte, sich hierfür gut rächen zu können, wenn dank der Analyse erst einmal der Schwan in ihr aufgeblüht sei.

Im Hintergrund der Szene: Die Angst vor weiblicher »Kastration«

Im Hintergrund der analytischen Szene verbarg sich eine andere Angst. Mir wurde schnell klar, dass Jeanne meinen Blick auf ihren Anspruch auf ein männliches Geschlechtsteil richtete, um der Gefahr aus dem Weg zu gehen, sich einer noch viel erschreckenderen Angst bewusst zu werden: einer Angst vor weiblicher Kastration – einer Angst, seiner weiblichen Organe und deren Funktionen beraubt zu werden. »Die sehr intensive Angst des Mädchens für ihre Weiblichkeit ist in

Analogie zu bringen zur Kastrationsangst des Knaben, da sie sicher auch eine Rolle für den Abbruch der Ödipusstrebungen seitens des Mädchens spielt« (M. Klein 1927, S.17). Jeanne fühlte sich nicht mehr als hässliches junges Entlein, hatte aber auch nicht den Eindruck, ein schöner junger Schwan zu sein.

Jeanne war Akademikerin, sie hatte Bücherwissen über männliche und weibliche Anatomie und Physiologie einschließlich der Sexualorgane. Ihr rationales Wissen änderte aber in keiner Weise ihre Fantasien, die ihre allgemeine Haltung und ihr Verhalten prägten: Wenn sie keinen Penis hatte, hatte sie *nichts*. In ihrer Fantasie war eine Frau durch etwas Fehlendes definiert, das heißt sie war ein Wesen ohne Penis und nicht eines mit weiblichen Geschlechtsteilen. Während ihrer Kindheit hatte Jeanne ihre Fantasien mit niemandem teilen können. Nur ihre Mutter hätte eine Gesprächspartnerin sein können, im Erziehungskontext der damaligen Zeit war dies aber nicht möglich gewesen.

Das Schweigen, das zu Beginn des 20. Jahrhunderts und in Jeannes Umgebung die weibliche Sexualität umgab, war von ihr als eine Bestätigung ihrer Fantasien angenommen worden: Wenn man vom weiblichen Geschlechtsteil nicht sprach, so deshalb, weil es nicht existierte. Jeannes Mutter hatte ihre Tochter nie etwas über das weibliche Geschlecht gesagt: weder über den Uterus noch über die Ovarien oder die Vagina. Über den Penis hatte sie auch nichts gesagt, aber den sah man ja. Die Erziehung, die Jeanne erhielt, hatte die Verfestigung ihres weiblichen Kastrationskomplexes begünstigt.

Auch die heutige Sexualerziehung kann kleinen Kindern unter Umständen den Eindruck eines Unterschieds im Wert der beiden Geschlechter vermitteln, aber fördert weniger als früher die Verleugnung der Existenz des weiblichen Geschlechts. Das verhindert allerdings nicht, dass mehr oder weniger unbewusste infantile Fantasien in der Vorstellungswelt der Kinder entstehen und vorläufige Antworten auf ihre kindliche Neugier liefern; beispielsweise stellen sich manche Kinder vor: »Mama steckt sich ein Saatkorn in den Mund, das Baby wächst in ihrem Bauch und kommt dann hinten heraus.« Diese Fantasie impliziert das Fehlen eines weiblichen Geschlechtsteils und der Urszene. Derartige Fantasien werden durch die heutigen Erziehungshaltungen in der Umwelt des Kindes allerdings nicht gefördert, und ein kleines Mädchen kann mit seiner Mutter (oder ihrem Substitut) etwas freier über Psychosexualität sprechen. Die Identifizierung mit der Weiblichkeit der Mutter ist infolgedessen etwas zugänglicher; ich denke an eine Identifizierung mit der Mutter als *Liebhaberin* und nicht nur mit dem Aspekt *Mutter von Kleinkindern*, der früher oft der einzige war, über den eine Mutter berechtigterweise mit ihren Kindern sprechen durfte. Ich denke, dass eine introjektive Identifizierung mit der Mutter als Liebhaberin es den infantilen Fantasien leichter macht als früher, sich weiterzuentwickeln.

Zwei Mal »nichts«

Es war sehr wichtig gewesen, dass ich Jeannes Angst, ihre weiblichen Organe könnten ihr genommen werden, entsprechend gewürdigt hatte. Hätte ich es nicht getan, hätte ich sie in eine in zweifacher Hinsicht in eine schwierige Situation gebracht. Jeanne musste nämlich wie jede Frau akzeptieren, dass sie kein männliches Geschlechtsteil hatte, sie erlebte sich darüber hinaus aber auch noch als ihres weiblichen Geschlechts beraubt; unter diesen Umständen bedeutete für sie die Akzeptanz, kein männliches Geschlechtsteil zu haben, die Zustimmung dazu, *nichts* zu haben. Wie Freud formulierte, können wir nur dessen beraubt werden, was wir besitzen. Dass ich als Analytikerin erkennen konnte, dass Jeanne die Integrität ihrer weiblichen Organe bedroht fühlte, lief darauf hinaus, deren Existenz anzuerkennen. Hätte ich diese Bedrohung übersehen, hätte ich ihre Fantasie gefördert, weder das Geschlecht eines Mannes noch das einer Frau zu haben, also »zwei Mal nichts« zu haben.

Für Jeanne änderte sich alles, als sie begann, die Existenz der beiden Geschlechter und ihrer Unterschiede wahrzunehmen: Ob Mann oder Frau – in diesem Zusammenhang ermöglicht der Umstand, nicht das Geschlecht des *anderen* zu haben, die Entdeckung des *eigenen* Geschlechts. Als Jeanne mit großer Erleichterung an einem Punkt der Analyse entdeckte, dass sie ein Wesen *ohne* Penis, aber *mit* einem weiblichen Geschlechtsteil war, realisierte sie, dass das Fehlen des Penis ihr den Vorteil brachte, ein weibliches Geschlecht zu haben und den Penis eines Partners aufnehmen (und nicht besitzen) zu wollen; sie erkannte, wie abgewertet sie sich gefühlt hatte, solange *ohne Penis zu sein* für sie bedeutet hatte, *durchlöchert, leer, geradezu nichts zu sein.*

Die Entwicklung von Jeannes Gefühlen ihrer Mutter gegenüber

Die Wut

Jeannes Mutter war seit Langem verstorben, aber Jeannes Gefühle ihrer *inneren* Mutter gegenüber entwickelten sich mit der Bewusstwerdung ihrer weiblichen sexuellen Identität weiter. Von Beginn der Analyse an hatte Jeanne von der Wut auf ihre Mutter gesprochen, durch die Übertragungsbeziehung hat sich diese Wut aber weiterentwickelt und umgeformt.

Anfangs hoffte Jeanne, ich werde die *idealisierte Mutter* sein, die ihr den Penis geben werde, mit der ihre *böse Mutter* sie nicht ausgestattet hatte: Ich würde sie allmächtig machen und ihr ihre Jugend zurückgeben. Als sie bemerkte, dass ich nicht über diese Zauberkraft verfügte, wurde ich in der Analyse für sie zu einer bösen Mutter wie ihre eigene: »Meine Brüder hat sie stets bevorzugt. Insbesondere meinen kleinen Bruder, der krank war und um dem sie sich die ganze Zeit gekümmert hat.«

»Mama: Ich will eine andere Mutter als dich«

Jeanne hatte sich als *kleines Entlein* präsentiert, das in der falschen Familie zur Welt gekommen und zu *böse* war, um adoptiert zu werden. Ihr Leid, weniger wert zu sein als die anderen, ging auf die ersten Kindheitsjahre zurück und lag zu weit zurück, um – und sei es auch in Märchenform – in Worte gefasst werden zu können. Ich verstand dann, dass Jeanne unbewusst versuchte, mich in der Analyse ein Leid – vergleichbar dem ihrigen – spüren zu lassen, damit ich sie auch über das gesprochene Wort hinaus verstehen könnte. Sie begann nämlich, die Qualitäten meiner Kollegen, bei denen sie – statt bei mir – in Analyse hätte gehen können, mir gegenüber demonstrativ zu preisen. Ohne sich dessen bewusst zu sein, setzte sie mich damit Bedingungen aus, unter denen ich mich meinen Kollegen gegenüber hätte unterlegen fühlen können – wie eine Mutter, die weniger wert ist als andere Mütter: Unter diesen Umständen könnte ich ein ähnliches Leid spüren wie sie. Dies war in etwa so, als würde ich, wenn ich mich als *schlechte* Analytikerin empfände, als wäre ich nicht die Analytikerin, die die Patientin gerne hätte haben wollen, besser verstehen können, dass sie darunter litt, zu *böse* zu sein, um von den anderen akzeptiert werden zu können.

Ich sagte ihr: »Für Sie sind meine Kollegen Analytiker-Schwäne, und von mir haben Sie den Eindruck, dass ich leider nur eine Entenmutter bin. Als wären Sie enttäuscht, nicht in der richtigen Familie gelandet zu sein?«

Jeanne assoziierte dazu: »Als Kind war ich alles andere als einverstanden, dass ich in diese Familie da hineingeboren worden war. Eines Tages habe ich zu meiner Mutter, als sie mich badete, gesagt, ich wäre lieber in der Familie meines Cousins zur Welt gekommen und hätte lieber meine Tante als Mutter gehabt. Sie wurde daraufhin sehr böse auf mich.«

Ich: »Sie hätten vielleicht gern gehört, dass Sie sie erwartet hatte und nicht ihren Cousin, auch wenn Sie sich manchmal lieber eine andere Mutter gewünscht hätten. Hier haben Sie vielleicht auch befürchtet, ich hätte mir lieber einen anderen Patienten als Sie gewünscht?«

Nachdenklich entgegnete Jeanne: »Stimmt, ich mag es nicht sonderlich, wenn ich dem jungen Mann begegne, der manchmal nach mir kommt …«

Ich: »Welch ein Leid, wenn Sie sich vorstellen, ich hätte statt Ihnen lieber Ihren Cousin in Analyse genommen …!«

Vom Neid zur Rivalität

Jeannes Gefühle ihrer Mutter gegenüber veränderten sich. Sie erinnerte sich an bestimmte Anzeichen, die darauf hindeuteten, dass ihre

Eltern sich gefreut hatten, nach all den Jungen nun endlich ein Mädchen bekommen zu haben. Sie musste erst die Angst entdecken, ihrer weiblichen Organe beraubt zu werden, bevor sie erkennen konnte, dass Schwan und Ente zwar zwei unterschiedliche Wesen sind, aber den gleichen Wert haben. Es war dann relativ unwichtig, ob ich in der Übertragung eine Schwanen- oder Entenmutter war, sofern ich gut meiner Gattung, meinem Geschlecht und dem Geschlecht meiner Tochter entsprach.

Das Misstrauen gegenüber der Mutter, die ich repräsentierte, geriet daraufhin in Bewegung: Wohl waren wir beide Frauen, aber zwei rivalisierende Frauen, und Jeanne hatte den Eindruck, ich behielte alles für mich. Sie beneidete mich infolgedessen um meine Reichtümer: um meine Kleidung, die sie schöner fand als ihre eigene, um mein Haus, meine Jugend und anderes mehr. Sie bewunderte diese Reichtümer, dachte aber, dass ich sie alle nur für mich behalten würde – so wenig war sie in der Lage, ihre eigenen wahrzunehmen. Sie entwickelte die Fantasie, meine Reichtümer würden zerstört werden.

Als ich ihren Neid auf meine weiblichen Reichtümer und die ihrer Mutter deutete, für die ich in der Übertragung stand, änderte sich Jeannes Verhalten völlig. Sie wurde neugierig, ihre Mutter kennenzulernen, und entdeckte eine neue Seite an ihr.

Schuldgefühle und der Wunsch nach Wiedergutmachung

Jeanne: »Mir wird klar, dass das Leben meiner Mutter gegenüber zu ungerecht war. Sie war kultiviert, hatte studiert, was damals ungewöhnlich war, wollte Lehrerein werden, musste sich aber opfern und für die Kindererziehung auf ihren Beruf verzichten. Ihre Karriere hat sie aufgeben müssen. Ich bin empört, wenn ich daran zurückdenke, wie einer meiner Brüder sagte: ›Nicht mal ein Buch pro Monat hat sie gelesen!‹ Sie hatte ja keine Zeit dazu! Sie starb, bevor alles einfacher wurde.«

Das unbewusste Schuldgefühl, das Jeannes Kreativität bis dahin gelähmt hatte, konnte daraufhin einem bewussten Schuldgefühl Platz machen, das die Entfaltung einer kreativen Fähigkeit im Dienste der

Wiedergutmachung ermöglichte. Ihr wurde bewusst, wie schuldig sie sich fühlte, weil sie ihrer Mutter an deren Lebensende nicht geholfen hatte, und wie sehr sie sich dafür unablässig bestrafte, ohne diese beiden Punkte miteinander in Zusammenhang zu bringen. Die Versuche ihrer Mutter, sich mit ihr auszutauschen und das Gespräch mit ihr zu suchen, hatte sie nicht aufgegriffen, und sie dachte, sie habe sie sehr alleingelassen. Jeanne, die sich inzwischen etwas wohlwollender betrachten konnte, wagte es, sich mit ihrer eigenen Haltung zu konfrontieren und sie zu verstehen: Sie hatte sich damals – ohne dass ihr dies wirklich bewusst wurde – vorgestellt, die Familie könne, wenn sie ihrer Mutter mehr Interesse entgegenbrächte, diese Gelegenheit beim Schopf packen, um die Patientin aufzufordern, sie zu sich zu nehmen. Nun, da Jeanne sich nicht mehr von vornherein aller möglichen unbekannten Fehler bezichtigte, verlor sie den Reflex, sich zu bestrafen. Sie war aber traurig, als ihr klar wurde, dass sie ihrer Mutter eventuell wehgetan hatte, als sie deren Gefühle zurückwies.

Gleichzeitig wurde Jeanne bewusst, dass sie in der Analyse zuweilen eine Art Befürchtung hatte, mir wehzutun: Wenn ich in die Ferien ging, hatte sie den Eindruck, ich müsste wegfahren, um mich vor ihr zu schützen und nicht von ihr kaputtmachen zu lassen. Sie begann dann damit, ihre Mutter zu *reparieren*, indem sie zunächst in sich selbst ein lebendiges Bild von ihr wiederherstellte, aber auch dadurch, dass sie in Identifizierung mit ihrer Mutter selbst kreativ wurde: Sie begann zu schreiben und übernahm im lokalpolitischen Leben eine gewisse Rolle. In diesem Moment wurde mir klar, dass Jeanne vor allem deswegen eine Psychoanalyse hatte unternehmen wollen, weil sie sich mit dem inneren Bild, das sie von ihrer Mutter hatte, versöhnen wollte, damit ihre Schuldgefühle zu einer Wiedergutmachungsaktivität führen könnten.

Der Reichtum einer Analyse ist unmöglich wiederzugeben

Es ist schwer wiederzugeben, was sich in einer Psychoanalyse zwischen dem Analytiker und seinem Patienten abspielt. Um eine zu rationale Darstellung zu vermeiden, habe ich mich entschieden, klinische Beispiele zu geben, wohl wissend, dass ich damit nur einen groben Überblick würde geben können und eine Vielzahl von Bewegungen im Dunkeln bleiben würden. Ich hätte beispielsweise von der Verführungsproblematik und Jeannes ödipalen Gefühlen ihrem Vater gegenüber sprechen können, die sich als Gegengewicht zu den Gefühlen ihrer Mutter gegenüber weiterentwickelten. Stattdessen habe ich Jeannes weiblicher Sexualität und der Identifizierung mit ihrer Mutter hier den Vorrang eingeräumt, weil sie meiner Auffassung nach für die Schwierigkeiten, mit denen Patienten aus der damaligen Zeit konfrontiert sind, recht repräsentativ waren.

Kapitel 12
Psychoanalytiker sein und älter werden

Ein Psychoanalytiker hat mehrere Lebensalter zugleich

Ein klinisch tätiger Psychoanalytiker wird älter und altert wie jeder andere Mensch auch nach seinem persönlichen Rhythmus. In der Arbeit mit seinen Analysanden hat er aber nicht nur *ein* Lebensalter, und dies verleiht seiner Art des Alterns eine spezifische Note. Wenn er seine Aktivität ausübt, hat er nämlich nicht nur ein präzises chronologisches Alter, sondern auch mehrere fantasierte Lebensalter, die in Abhängigkeit von den durch die Patienten zugeschriebenen Übertragungsrollen variieren. In solchen Situationen kommt es für ihn darauf an, sein reales objektives Alter *und* gleichzeitig sein Fantasiealter zu berücksichtigen. Die Vielzahl der Altersstufen, mit denen ein Psychoanalytiker im Lauf eines einzigen Tages besetzt wird, verleiht seiner Haltung gegenüber dem Altern und dem Näherrücken des Todes einen besonderen Charakter.

Dem tatsächlichen chronologischen Alter Rechnung tragen

Dass ein Psychoanalytiker schon im Interesse seines eigenen mentalen Gleichgewichts seinem realen Alter Rechnung tragen muss, liegt wohl auf der Hand. Seinen Analysanden gegenüber ist dies aber genauso wichtig. Sie sind darauf angewiesen, dass ihr Analytiker sein Altern akzeptiert und seinem eigenen Altern wie der Vergänglichkeit seines Lebens ins Auge blickt. Mittels sehr konkreter Haltungen und Gesten dokumentiert ein Analytiker seinen Patienten gegenüber, dass er sich seines realen Alters und des Ablaufs der Zeit bewusst ist. Er versucht beispielsweise, seine Ferientermine im Vorhinein anzukündigen, er schenkt Reaktionen auf Trennungen Beachtung, versucht, sie vorzubereiten, greift Gelegenheiten auf, bei denen er herausstellen kann, dass der Gedanke an die Beendigung einer Analyse von ihrem Anfang an präsent ist, er ist sich bewusst, dass er älter geworden ist, wenn er eine Analyse beendet, versucht, sich vorzustellen, wann er in den Ruhestand treten wird, und anderes mehr.

Dem fantasierten Lebensalter Rechnung tragen

Von außerordentlicher Wichtigkeit ist aber, dass der Analytiker auch seinem fantasierten Alter Rechnung trägt, das heißt dem Alter, das der Patient ihm in seinen unbewussten Fantasien zuschreibt. Auf diese Weise berücksichtigt er die psychische Realität seines Patienten und die Beziehung, die dieser zu ihm aufgebaut hat. Ein Psychoanalytiker wird nämlich in der Übertragung so behandelt, als sei er eine andere wichtige Person aus der inneren Welt seines Analysanden nach der anderen, die weiblich oder männlich sein und die verschiedensten Lebensalter haben kann. In solchen Momenten sind reales Geschlecht und Alter des Analytikers von untergeordneter Bedeutung: Ein junger Analytiker kann in der Übertragung behandelt werden, als sei er der sehr alte Vater oder die greise Mutter eines Patienten reifen Alters, während ein alter Analytiker wie ein junger Mensch oder gar ein Kind behandelt werden kann. Die Übertragung ist einer der Hebel der Psychoanalyse: Der Patient überträgt auf seine Beziehung dem Analytiker unbewusst Beziehungen, die er einst mit anderen bedeutsamen Personen durchlebt hatte. Er nimmt also gegenüber dem Analytiker Haltungen und Gefühle ein, die er wichtigen Personen seiner Vergangenheit gegenüber gehabt hatte. Ein Patient kann dem Analytiker gegenüber beispielsweise Gefühle empfinden, die einst einem als tyrannisch erlebten Vater gegolten hatten: Für den Patienten *ist* der Analytiker dieser tyrannische Vater, er ist sich dessen aber nicht bewusst und erkennt nicht, dass er damit rechnet, dass der Analytiker in gleicher Weise reagiert, wie es jener Vater getan hätte, dessen Erinnerungsbild er noch in sich trägt.

Die Übertragung wird zu einem Werkzeug der Therapie, wenn der Analytiker in Fällen dieser Art akzeptiert, vom Patienten als jener tyrannische Vater empfunden zu werden, und wenn er damit akzeptiert, dass der Patient ihm gegenüber Gefühle von Angst oder Wut verspürt, selbst wenn er, der Analytiker, sich als wohlwollend empfindet. Wirklich wirksam wird dieses Werkzeug aber von dem Moment an, an dem der Analytiker auf den Patienten nicht genauso reagiert, wie dessen Vater es getan hätte. Die Differenz zwischen der Erwartung des Patienten und der Antwort des Analytikers lässt einen Raum entstehen, der die exakte Wiederholung der Realität verhindert. Dieses *Sandkorn* verändert den Lauf der Dinge etwas, der anderenfalls in Gefahr gestanden hätten, sich weiter im Kreis zu drehen und sich selbst zu unterhalten; dies ist der Weg, aus dem Wiederholungszwang herauszukommen. Der Analysand gewinnt auf diese Weise Abstand und befreit sich Schritt für Schritt aus einer Situation, in der er gefangen gewesen war.

Die beiden Lebensalter gleichzeitig berücksichtigen

Während der Analysesitzungen lässt ein Psychoanalytiker das Fantasiefeld für Personen offen, die von seinem Analysanden in ihn projiziert werden, wobei er versucht, weder seinem chronologischem noch seinem fantasierten Alter den Vorrang einzuräumen. Er bleibt sich dabei zwar der Person bewusst, die er objektiv ist, versucht aber zu erspüren, welche Person sein Patient auf ihn überträgt, welche Person er also in seinem Analytiker wiederfinden will. Bevorzugte er sein Fantasiealter, liefe er Gefahr, einer manischen Verleugnung seines objektiven Alters zu verfallen, und er verlöre den Sinn für die Realität; es würde für ihn daraufhin schwierig, den Rahmen der Analyse und die Regelmäßigkeit der Sitzungen einzuhalten, er könnte nicht mehr einschätzen, ob er nicht vielleicht das Alter erreicht hat, in den Ruhestand zu gehen, und er liefe Gefahr, Psychoanalysen zu übernehmen, die er nur noch mit geringer Wahrscheinlichkeit würde zu Ende führen können. Umgekehrt könnte die ausschließliche Beobachtung seines objektiven Alters beim Analytiker dazu führen, dass es ihm nicht mehr möglich wäre, auf die psychische Realität seines Patienten zu hören, weil er nicht die Freiheit hätte, sich von der objektiven Realität hinreichend abzulösen; es wäre infolgedessen schwierig für ihn, in seinem inneren Erleben als Analytiker die Gefühle aufzuspüren, die mit den unterschiedlichen Personen zusammenhängen, die sein Analysand auf ihn überträgt.

Aus diesem Grund unterzieht sich ein Psychoanalytiker der Anstrengung eines unablässigen Hin und Her zwischen äußerer Realität und psychischer Realität, zwischen seinem objektiven Alter und seinen Fantasiealtern, und dies in dem Wissen, dass die Psychoanalyse, die er mit seinem Analysanden kreiert, zum Teil von der Synthese abhängt, die er auf der Grundlage dieser beiden Realitäten zu vollziehen versucht. Die Präsenz einander entgegengesetzter Tendenzen, die zu integrieren sind, ist Teil eines allgemeineren psychischen Bemühens, der Suche nach einem dynamischen Gleichgewicht, das nie ein für alle Mal erreicht wird: »Diese Konflikte erzeugen eine Grunddynamik, einen unverzichtbaren Antrieb, ohne den alles bewegungslos wäre. Es handelt sich nicht um zwei äußere Mächte, die versuchten, die Person jeweils auf ihre Seite zu ziehen, sondern um innere Kräfte, die Teil der Person selbst sind und einer integrierenden Handlung bedürfen, damit sie – statt sich gegenseitig aufzuheben und zu Bewegungslosigkeit zu führen – eine Resultante hervorbringen, die als Antrieb fungiert« (D. Quinodoz 1994, S. 224).

Die Rolle der Erfahrung

Hinsichtlich der Freiheit, mit seinen verschiedenen Altersstufen zu spielen, scheint mir ein älterer Psychoanalytiker gegenüber einem jungen Kollegen im Vorteil zu sein; nach vielen Jahren klinischer Arbeit hat der Analytiker nämlich die Muße, festzustellen, dass die *psychische Realität* tatsächlich eine *Realität* ist, und kann in der Praxis entdecken, was er zunächst nur theoretisch verstanden hatte. Tag für Tag spürt er in der Praxis der Sitzungen die Freiheit, die sein Analysand und er selbst gegenüber der *verstreichenden Zeit* erleben können.

In der Schweizerischen Gesellschaft für Psychoanalyse, der ich angehöre, gehört es zu den Voraussetzungen für eine Zulassung zur psychoanalytischen Ausbildung, dass man sich selbst einer persönlichen Psychoanalyse unterzogen hat. Alle Psychoanalytiker unserer Gesellschaft haben die Erfahrung der Übertragung also zunächst *als Patienten* persönlich gemacht. Sie aber *als Analytiker* zu erleben, ist eine komplementäre Erfahrung. Mehrmals am Tag je nach Analysand sein Fantasiealter zu wechseln, ist sicherlich eine der Überraschungen, die den jungen Analytiker erwarten.

Die Erfahrung analytischer Arbeit ermöglicht es, meiner Auffassung nach, dem Analytiker im Lauf der Jahre, sich mit der Freiheit vertraut zu machen, die sich das Unbewusste der verstreichenden Zeit gegenüber nimmt, und es ist nicht auszuschließen, dass dies auch das hohe Alter erklärt, in dem viele klinisch tätige Psychoanalytiker erst in den Ruhestand gehen: Ihre Art und Weise, in der Fantasie mit Alter und Zeitdauer zu spielen, führt zu einer gewissen Beweglichkeit, was die Betrachtung des Lebens betrifft, was vielleicht ihren Wunsch nährt, ihrer beruflichen Aktivität noch länger nachzugehen.

Sich für seinen psychischen und körperlichen Gesundheitszustand verantwortlich fühlen

Die Alternsarbeit unter Berücksichtigung seines psychischen und körperlichen Zustands zu leisten, erweist sich für die Psychoanalytiker als besonders wichtig, denn ihre klare Sicht auf ihr eigenes Altern hat direkte Auswirkungen auf die Ausübung ihres Berufes und ihre berufliche Verantwortung. Der Psychoanalytiker ist nicht reiner Geist, und selbst wenn manche Analysanden ihn sich als ständig in einem Sessel sitzend vorstellen, ist er nicht sein ganzes Leben lang dort festgenagelt. Ich würde sogar sagen, dass das Gegenteil der Fall ist: Damit er sich mühelos viele Stunden lang in seinem Sessel sitzen zu können, ist es für ihn geradezu obligatorisch, sich um seinen Körper zu kümmern.

Diese Hellsichtigkeit gehört auch zu seiner beruflichen Verantwortung den jungen Kollegen gegenüber. Die Verantwortung eines Analytikers wird nämlich oft mit dem Alter größer, weil sich seine Rolle diversifizieren kann: Er kann zur Teilnahme an der Ausbildung künftiger Analytiker herangezogen werden und verstärkt Supervisionen oder Seminare geben. Es entwickelt sich auf diese Weise ein Netz von Identifizierungen, sodass die Haltung eines Psychoanalytikers seinem Altern und seinem eigenen Tod gegenüber nicht nur seine Patienten beeinflusst, sondern auch die Analytiker in Ausbildung, also die zukünftigen Analytiker. Das Bewusstsein um diese Verantwortung erzeugt in ihm eine gewisse Bescheidenheit, denn sie führt ihn dazu, einen eventuellen Abstand zwischen der idealen Haltung, die er gerne eingenommen hätte, und der Art und Weise einzugestehen, in der er sie in die Praxis umgesetzt hat. Diese Umsetzung hängt im Übrigen von den persönlichen Anschauungen eines jeden Psychoanalytikers ab.

Ein Psychoanalytiker im Angesicht seines Lebensendes

Vertrautheit mit der Vergänglichkeit

Damit ein Analysand es wagen kann, die eigene Todesangst seinem Psychoanalytiker gegenüber zum Ausdruck zu bringen, ist er darauf angewiesen, dass letzterer mit seiner eigenen Todesangst hinreichend umgehen kann und genügend innere Freiheit hat, dem Patienten darin zuzuhören und frei mit ihm darüber sprechen zu können. Bemerkt er, dass dieses Thema seinen Analytiker ängstigt oder dass er es verleugnet, wird er es vermeiden, ohne dem große Aufmerksamkeit zu schenken; es sei denn, er nähert sich dem Thema auf solchen Umwegen, dass es dem Analytiker nicht gelingt, zwischen den Zeilen zu lesen, und er sich an den manifesten Sinn der Rede hält, ohne dessen latenten Inhalt zu erkennen. Ich denke beispielsweise an ein Sitzungsende, an dem ein Analysand unter Verdrängung seiner unbewussten Übertragungsaggression seine Todeswünsche mir gegenüber verleugnete und seine eigenen Ängste auf mich projizierte, indem er auf der Aussage herumritt, er werde mich in der morgigen Sitzung gesund und unbeschadet wieder antreffen. Ich erkannte, wie nötig es für mich war, den Gedanken an das Risiko gut zulassen zu können, dass ein Unfall – gleich welcher Natur – mich hindern könnte, gesund und unbeschadet zur nächsten Sitzung da zu sein, damit ich die Ambivalenz und die Projektionen dieses Analysanden deuten konnte.

Ein Analytiker hat also Anlass, sich mit dem Gedanken an seinen eigenen Tod öfter auseinanderzusetzen und sich mit dessen eventueller Nähe vertraut zu machen. Diese Vertrautheit mit der Vergänglichkeit erzeugt eine besondere Schwierigkeit, wenn sich ein Analytiker in seinem Privatleben mit Dramen konfrontiert sieht. Auch wenn er seinem Patienten nach wie vor zuhört, kann er das Bedürfnis haben, sich vor seinem eigenen Schmerz zu schützen und unbewusst dazu verleitet werden, die Todesangst zu banalisieren oder – ganz im Gegenteil – zu schüren; dieses Risiko erinnert daran, wie notwendig es ist, dass der Analytiker stets Selbstanalyse betreibt.

Die psychoanalytischen Gesellschaften haben größtenteils verstanden, dass ein ruhiges Bewusstsein der Prekarität des eigenen Lebens und der eigenen physischen und psychischen Gesundheit sehr wichtig dafür ist, dass ein Psychoanalytiker seine Rolle angemessen spielen kann; sie sind sich aber auch darüber im Klaren, dass sich dies nicht von selbst versteht und es nicht genügt, dass der Analytiker dies weiß, um es auch realisieren zu können. Sie versuchen, eventuellen Schwierigkeiten ihrer Mitglieder vorzubauen, indem sie letzteren in Erinnerung rufen, dass sie nicht ewig leben. Sind die Psychoanalytiker beispielsweise in der Ausbildung tätig und haben sie Verantwortung gegenüber künftigen Analytikern, fordern manche Gesellschaften sie deshalb auf, in bestimmten Zeitabständen immer wieder die Bewertungen und Bescheinigungen auszustellen, die für den Ausbildungsgang der von ihnen betreuten

Kandidaten erforderlich sind. Für die Analytiker in Ausbildung ist es nämlich wichtig, offizielle Aufzeichnungen ihres Ausbildungsgangs in ihren Dossiers für den Fall niedergelegt zu finden, dass ihr Supervisor oder Analytiker plötzlich und unerwartet nicht mehr in der Lage wäre, ihren Ausbildungsgang zu bestätigen.

In den Ruhestand gehen

Manche psychoanalytische Gesellschaften legen eine Altersgrenze fest, ab der sie den Psychoanalytikern empfehlen oder auferlegen, keine neuen Lehranalysen mehr zu beginnen, andere lassen jedem Mitglied die Freiheit, selbst über den Zeitpunkt zu entscheiden, zu dem es seiner Einschätzung nach in den Ruhestand gehen sollte. Es gibt so viele Arten zu altern, dass es mir sehr schwierig erschiene, eine Altersgrenze festzulegen, die allen gerecht werden könnte. Manche sehr alte Kollegen haben eine so wertvolle Erfahrung angesammelt, dass es schade wäre, sie den Analysanden vorzuenthalten; andere Senioren dagegen, die teilweise sogar noch relativ jung sind, merken nicht selbst, dass sie nicht mehr arbeitsfähig sind. Im letzteren Fall entsteht das Problem, wer es ihnen sagen soll. Sind keine für alle gültigen Normen festgelegt, wird dies zu einer sehr undankbaren Aufgabe. Wie manche andere in Privatpraxis tätige klinische Kollegen hat Henri Danon-Boileau im Vorhinein selbst das Alter festgesetzt, ab dem er keine neuen Patienten mehr in Psychoanalyse nehmen würde, und dies in seinen Vorträgen näher begründet. Die Festsetzung dieses Datums hatte keinesfalls mit Desinteresse an analytischer Arbeit mit den Patienten zu tun; er hatte das Gefühl, gute Arbeit zu leisten, und seine Kollegen schätzten ihn nach wie vor uneingeschränkt. Seine Sorge war aber, einen Analysanden nicht der Gefahr aussetzen zu wollen, dass seine Analyse durch Schwäche oder Tod seines Analytikers abgebrochen werden müsste, also aufgrund einer dem analytischen Prozess äußeren Ursache. Seine Aktivität als Supervisor setzte er fort, übrigens auch die als Kliniker, aber mit kürzeren Behandlungen. Die Schweizerische Gesellschaft für Psychoanalyse vertritt zur Frage des Pensionierungsalters gegenwärtig noch keine offizielle Position, und wir treffen hier auf so viel verschiedene Arten und Weisen, diese Fragen anzugehen, wie es Psychoanalytiker gibt.

Bei der Beobachtung, wie stark Senioranalytiker nach wie vor an der Praxis der Psychoanalyse interessiert bleiben, konnte ich je nach der Art, wie sie ihre Berufsrolle verstehen, schematisch zwei Sorten von Psychoanalytikern unterscheiden; zutreffender wäre vielleicht die Feststellung, dass sich beide Aspekte in jedem Psychoanalytiker wiederfinden lassen, wenn auch in unterschiedlichem Ausmaß: Bei den einen steht der Wunsch im Vordergrund, die Symptome ihrer Analysanden zu behandeln und ihnen weiterzuhelfen; andere sind stärker von der Möglichkeit fasziniert, jeden Menschen die Einmaligkeit seiner inneren Welt und der von ihm eingesetzten psychischen Mechanismen entdecken zu lassen, wobei der Rückgang der Symptome beiläufig hinzukommt. Ich möchte nicht die eine dieser Tendenzen höher bewerten als die andere, habe aber den Eindruck, dass besonders Analytiker, die der zweiten Tendenz zuneigen, mit weniger Zögern auch Behandlungen alter Patienten übernehmen. Als ich – damals noch Anfängerin – meine erste alte Patientin in Analyse nahm, spürte ich deutlich, dass die Freude an der Entdeckung der inneren Welt altersunabhängig ist. Die Frage, ob es rentabel wäre, eine solche Arbeit mit einem Menschen zu unternehmen, der davon vielleicht nur noch kurze Zeit profitieren würde, war für mich nicht von vorrangiger Bedeutung – und dies, obwohl mir ein 70-jähriger Mensch damals wirklich sehr alt erschien. Dies half mir übrigens, mir bewusst zu machen, dass im Zug meines eigenen Älterwerdens das Alter, ab dem mir jemand als sehr betagt erschien, in meinem Geist immer weiter hinausgeschoben wurde.

Schwer zu akzeptierende Einschränkungen

Ein Psychoanalytiker verbringt einen Großteil seines Lebens mit Zuhören, eine etwaige Verschlechterung seines Hörvermögens ist für ihn deshalb besonders schwer zu akzeptieren. Bei seiner *Alternsarbeit* muss er dann versuchen, auf innerpsychischer Ebene zu bewahren, was er objektiv verloren hat: Die Intensität seines inneren Zuhörens kann die objektive Verschlechterung seines Hörvermögens ausgleichen. *Inneres Zuhören* nenne ich die Haltung des Psychoanalytikers, der nicht nur zu verstehen versucht, was ein Patient mit seinen Worten manifest zum Ausdruck bringt, sondern die Gesamtheit dessen, was er zu kommunizieren hat, also auch auf dem Weg über nonverbale Sprache. Dieses Zuhören geht über das Hören der Worte weit hinaus: Es hört die latente Botschaft, die jenseits der manifesten Rede in Gesten, Handlungen, Haltungen und im Tonfall zum Ausdruck kommt. Die Intensität des inneren Zuhörens des Psychoanalytikers weckt im Analysanden dessen Fähigkeit, sich selbst und anderen zuzuhören.

Ein Analytiker, der sein eventuell reduziertes Hörvermögen berücksichtigt, wird seine Patienten in einem ruhigen Rahmen und einer Umgebung empfangen, die das Aufkommen inneren Schweigens begünstigt; der Analysand entdeckt auf diese Weise, wie wichtig die Schaffung äußerer Bedingungen ist, die ein Hören der inneren Welt ermöglichen. Und nicht zuletzt wird die Tatsache, dass der Psychoanalytiker seine Behinderung nicht verleugnet, ebenfalls das innere Hören des Analysanden fördern.

Es gibt allerdings eine Grenze, jenseits derer das innere Hören den Verlust des Hörvermögens nicht mehr kompensieren kann. Ein Bild kann sehr schön sein, auch wenn die Leinwand von schlechter Qualität ist, aber ohne Leinwand kann es kein Bild geben. Es kann dann nicht mehr darum gehen, einen äußeren Verlust auf die psychische Ebene zu verlagern; die Akzeptanz des äußersten Verlustes ist sehr schmerzhaft, und wir stoßen hier an die Grenze, jenseits derer als letzter innerer Reichtum nur noch die Fähigkeit bleibt, alles verlieren zu können, ohne sich selbst zu verlieren.

Senior- und Junioranalytiker

Die Akzeptanz einer Zeit der Ungewissheit: Eine Entdeckung im Lauf der Jahre

Empfängt ein Psychoanalytiker einen Patienten zur Analyse, setzt er sich einem Gefühl der Ungewissheit aus. Von der ersten Sitzung an kann ein Analytiker zwar davon überzeugt sein, der Analysand werde, wenn sich der psychoanalytische Prozess erst einmal entfaltet, mehr und mehr er selbst werden; der Analytiker weiß aber nie im Vorhinein, was dieses »er selbst« konkret sein wird. Es ist übrigens für ihn sehr spannend, die Originalität des Analysanden zur gleichen Zeit wie dieser selbst zu entdecken. Das Gefühl von Ungewissheit muss ein Analytiker auf einer tieferen Ebene akzeptieren: Er stellt dieses Gefühl ins Zentrum seiner Arbeitstechnik und respektiert die Ungewissheit als einen Zeitraum, der für die Kreation erforderlich ist. »Wir treffen in jeder Sitzung auf die Ungewissheit. ›Welchen Sinn wird das Material, das der Patient mitbringt, in Verbindung mit den vielfältigen Assoziationen und theoretischen Verweisen annehmen, die es uns weckt?‹« (D. Quinodoz 1990b).

Schrittweise entdecken die Psychoanalytiker in Ausbildung somit, dass das Unsicherheitsgefühl keine zu ertragende Behinderung, sondern eine zu ergreifende Chance ist, die zum ordnungsgemäßen Verlauf von Analysen dazugehört.

Hat ein noch wenig erfahrener Analytiker zu Beginn einer Sitzung das Gefühl, im Nebel zu stehen und sich nicht orientieren zu können, beginnt er manchmal, an seiner eigenen Fähigkeit zum Analysieren zu zweifeln. Die Zeit der Ungewissheit, die zur Reifung seines analytischen Verständnisses nötig ist, läuft dann Gefahr, sich in ängstliche Beklommenheit zu verwandeln, und er fragt sich: »Wird aus diesem Nebel wirklich eine neue Form hervortreten? Wird ein Gedanke entstehen? Wird in meinem Denken eine Deutung Gestalt annehmen?« Seine Beunruhigung kann sich nach und nach in Angst verwandeln: »Bin nicht vielleicht eher ich es, der nicht begabt ist und der nichts versteht?« In solchen Momenten schafft es ein Psychoanalytiker, der sich seiner selbst wenig sicher ist und an seinen Fähigkeiten zweifelt, kaum noch, weiterhin darauf zu vertrauen, dass sich mit der Zeit ein Verständnis des analytischen Prozesses in ihm herausbilden und sich der Nebel verziehen wird, wenn er ihm nur die Zeit dafür lässt. Er läuft dann Gefahr, sich aus Ängstlichkeit in verfrühte Deutungen zu stürzen, die nicht wirklich aus dem Erleben der originären Beziehung zwischen seinem Patienten und ihm hervorgegangen sind; der psychoanalytischen

Geschichte seines Patienten können so – ausgehend von externen rationalen Modellen – Deutungen aufgedrückt werden.

Mit der Zeit wird ein solcher Psychoanalytiker feststellen können, dass das Unsicherheitsgefühl voller Reichtum ist und lieber akzeptiert werden sollte. Er kann an Zutrauen gewinnen, wenn er die Erfahrung macht, dass aus dem Chaos ein Sinn auftauchen und die anfängliche Verschwommenheit nach und nach Form annehmen kann, womit die Möglichkeit entsteht, Deutungen zu geben. Mit zunehmendem Alter lernt er mehr und mehr, *die Zeit gewähren zu lassen*. Es ist aber auch wichtig, dass dieses Vertrauen in das Wirken der Zeit die Seniorpsychoanalytiker nicht vergessen lässt, dass die Ungeduld der Juniorpsychoanalytiker auch eine positive Seite hat. Es geht also wieder darum, der Sekunde Ewigkeit (die Zeit gewähren zu lassen) und der chronologischen Zeit (nicht über unbegrenzte Zeit zu verfügen) gleichzeitig Rechnung zu tragen. Ich möchte allerdings darauf hinweisen, dass Erfahrung allein nicht automatisch zu dieser Weisheit führt, denn sie kommt vorzugsweise jenen zugute, die diese Fähigkeit bereits von Anfang an besitzen.

Die Bedeutung der persönlichen Komponente

Die Akzeptanz einer Zeit von Unsicherheit ist in der Tat nicht nur eine Frage des Alters oder Erfahrung, sie hängt auch von der Persönlichkeit eines jeden ab: Manchmal können junge Psychoanalytiker ganz selbstverständlich *die Zeit gewähren lassen*, während Senioranalytiker dies nur mit Mühe schaffen. Alle Vergleiche zwischen Junioren und Senioren müssen übrigens relativiert werden; Françoise Dolto sagte beispielsweise, die besten Analysen würden von jungen Analytikern geleistet, weil sie noch nahe an ihrer persönlichen Analyse seien.

Wenn wir sehen, wie junge Psychoanalytiker mit Enthusiasmus sehr schwierige Fälle übernehmen, können wir uns vorstellen, dass sie sich später nicht mehr so leicht auf derartige Abenteuer einlassen werden, weil sie die Tücken des weiteren Verlaufs dann realistischer einschätzen werden. Dies ist richtig und falsch zugleich: Psychoanalytiker jeden Alters können abenteuerlustig sein und sich gern auf eine analytische

Reise voll unvorhersehbarer Konflikte einlassen, während andere die besser ausgeschilderten Wege vorziehen. Das Alter kann natürlich in diese Richtung wirken, ich denke aber, dass dies ganz grundsätzlich auch eine Sache des persönlichen Temperaments bleibt. Die Erfahrung kann die Leistungsfähigkeit einer Person verbessern, das beobachtbare Ergebnis hängt aber vom Ausgangspunkt und vom Rhythmus der weiteren Entwicklung ab. Innerhalb einer persönlichen Entwicklung zeigen sich die Vorteile, die jeder aus seiner Erfahrung gezogen hat; die Anzahl der Jahre, in denen Erfahrungen gesammelt wurden, reicht zur Bewertung der Qualität einer Person keinesfalls aus.

Zahlreiche andere Faktoren, die mit der Persönlichkeit eines jeden zusammenhängen, wirken ebenfalls mit, insbesondere die Fähigkeit, sich unablässig infrage zu stellen und auf die Entdeckungen neugierig zu sein, die die nachfolgenden Generationen fortlaufend machen. Eine der Gefahren, die dem Seniorpsychoanalytiker droht, ist nämlich der Glaube, er habe dank seiner immensen Erfahrung den Gipfel des Wissens in seinem Beruf erreicht. Das Wissen ist wie das Gleichgewicht oder die Liebe: Zu glauben, man habe geschafft, es zu besitzen, heißt, es bereits verloren zu haben. Ein Älterer, der da glaubte, die Jüngeren könnten ihm nichts mehr beibringen, würde seinen Niedergang damit selbst besiegeln.

Kann man den Sinn eines Theaterstücks erfassen, wenn man seine letzte Replik noch nicht kennt?

In Fragen des Alterns ist Vorsicht geboten. Ich kann Türen öffnen, aber jedem steht es frei, durch sie hindurchzugehen oder nicht. Die Problematik des Alterns führt mich aber zu dem zurück, was mich an der Psychoanalyse stets besonders fasziniert hat: zu sehen, worin die Originalität eines jeden liegt, die Grundlage der Identität zu entdecken, die es jedem Menschen ermöglicht, durch die Verschiedenheit der von ihm gemachten Erfahrungen und der darin vollzogenen Veränderungen hindurch er selbst zu bleiben. Dieses Gleichbleiben in der Veränderung macht, dass wir trotz überraschendster Theaterdonner erkennen, dass hier der gleiche Autor am Werk ist, der Stunde um Stunde das Szenario seines eigenen Lebens improvisiert. Dieser Konstanz begegne ich nun aber von der ersten bis zur letzten Replik des Stückes, von der Geburt bis zum hohen Alter. Man kann keinen Augenblick des Lebens einer Person isoliert betrachten; jede Minute eines Lebens verändert den Sinn des Vorangegangenen und dessen, was folgen wird; solange das letzte Wort noch nicht gesprochen ist, kann der Sinn der vorangegangenen Wortwechsel noch transformiert werden; alles, was vor der letzten Replik gesprochen wird, gibt deren Bedeutung im Übrigen eine gewisse Vorprägung.

In einem Leben, das ohne Generalprobe gespielt wird, wissen wir natürlich selbst nicht, welche Antwort wir in der nächsten Szene geben werden, zumal wir nicht wissen, was uns dort erwartet; aber vielleicht ist ja gerade das interessant: bereit zu sein, sich von sich selbst wie von seinen Partnern überraschen zu lassen, selbst wenn die Überraschung nicht immer eine gute ist. Es könnte nämlich sein, dass uns unsere letzten Entgegnungen am Lebensende furchtbar enttäuschen, aber ihre Wichtigkeit wird dennoch immer darin liegen, dass sie unsere eigenen Kreationen sind. Für einen Psychoanalytiker, der früher sehr aktiv war, ist es sehr schmerzhaft, wenn er erkennen muss, dass er seinen Beruf Patienten oder Analytikern in Ausbildung gegenüber nicht mehr ausüben kann, weil seine körperliche oder geistige Gesundheit nicht mehr zuverlässig genug ist. In den Fällen, in denen ein Analytiker zu geschwächt ist, um seinen Zustand selbst erkennen zu können, leidet am meisten seine Umgebung sowie alle, die ihn lieben.

An diesem Extrempunkt des Alterns eines Psychoanalytikers angekommen treffen wir aber wieder auf die Bedeutung einer der grundlegenden Entdeckungen der Psychoanalyse, die ich bereits mehrfach erwähnt habe: die Fähigkeit, ein *Gesamtobjekt* lieben zu können, das man in manchen Aspekten kritisiert, in anderen dagegen schätzt. Eine solche Legierung von Liebe und Hass der gleichen Person gegenüber ermöglicht ein Wohlwollen, das von grundlegendem Wert ist, wenn wir uns selbst als alternd wahrnehmen oder wenn wir andere in ihrem Altern betrachten. Ein Psychoanalytiker, der sich in seiner Fantasie eine ideale Art und Weise des Alterns ausdenkt, mag sich vorstellen, es komme darauf an, seine eigene innere Geschichte in deren dynamischer Einheit mit Wohlwollen zu betrachten – mit all dem, was an Gutem und Schlechtem zu ihr gehört, als eine wichtige, weil einzigartige Kreation. Die Zeit des Alterns eines Psychoanalytikers wird so zu einem wesentlichen Teil seines Lebens, der für das Ganze unverzichtbar ist, Sinn aber nur durch das erhält, was ihm vorausging. Manchmal ist es sogar wie im Theater so, dass nämlich die Zuschauer neue Bedeutungen für das entdecken, was ein Schauspieler gespielt hat, ohne dessen gesamten Sinn erfasst zu haben.

Kapitel 13
Großeltern und Generationsunterschied

Wir können nicht alle Großeltern werden. Auf symbolischer Ebene können wir diese Rolle aber alle einnehmen, denn es gibt nicht nur leibliche Großväter und Großmütter, sondern auch Großväter und Großmütter des Herzens. Wir haben jedenfalls alle Großeltern gehabt, und selbst wenn wir sie nicht gekannt haben, spielen sie unserem Leben eine Rolle, und sei es nur die, dass sie uns in eine Generationenfolge einschreiben. In der Tat bezeichnet die Existenz unserer Großeltern eine Etappe unserer transgenerationellen Geschichte und ermöglicht uns, zu spüren, wer wir sind, indem wir uns in Bezug auf die vorangegangenen Generationen positionieren.

Narziss und die Angst vor Falten

Uns selbst zu lieben geht mit einer Akzeptanz des Alterns einher

Mir ist ein Zusammenhang zwischen der Schwierigkeit zu lieben und der Schwierigkeit zu altern aufgefallen. Es geht dabei um den *Narzissmus*; er ist eines der Haupthindernisse beim Erlernen der Liebe und wird deshalb zu einem bedeutenden Hindernis für die Alternsarbeit.

Ein narzisstischer Mensch sieht die anderen nicht als von ihm getrennte, unabhängige Wesen; er liebt in den anderen nur sich selbst, weiß dies aber nicht. Er verurteilt bei den anderen das, was anders ist als bei ihm selbst, denn er nimmt sich selbst zum Ideal, zur einzigen Referenz. Er liebt letztlich nur ein idealisiertes Bild seiner selbst, was bedeutet, dass er weder die anderen noch sich selbst liebt. Hinter einem faszinierenden Äußeren sind *narzisstische* Menschen insgeheim verzweifelt, weil sie nicht lieben können.

Wir kennen alle narzisstische Menschen, die glauben, ihren Partner, ihre Kinder oder Freunde zu lieben, aber diese Personen stellen für sie nur Verlängerungen ihrer selbst dar. Sie sind nicht auf das Wohl dieser *anderen* aus, auf ein Wohl, das deren originären Gaben entspräche, sondern erwarten, dass diese anderen das verkörpern, was sie selbst gerne wären. Es ist das idealisierte Bild ihrer selbst, was sie in jenen *anderen* bewundern wollen.

Für narzisstische Menschen ist es unerträglich, dass das Alter die Perfektion des idealisierten Bildes zerstört, das sie von sich selbst haben. Die Schönheit der Jugend soll erstarren, um perfekt zu bleiben. Das Bild von sich selbst im Alter von 20 Jahren soll intakt bleiben oder in den 20 Jahren der Tochter, des Sohnes oder des idealisierten Analytikers wiedergefunden werden. Aber die Gegenwart entzieht sich bereits, kaum dass man nach ihr greifen will.

Diese illusionäre narzisstische Erwartung hat beim Älterwerden ihre Konsequenzen. Wir können uns nämlich nicht selbst lieben, ohne uns als lebendige Wesen zu lieben, und also als solche, die älter werden und sich in der Folge unserer Lebensalter und der vergangenen oder künftigen Generationen weiterentwickeln. Ein narzisstischer Mensch, der die ihn umgebenden Personen aber nicht als von ihm getrennt und von ihm verschieden wahrnimmt, betrachtet auch die Menschen der Vergangenheit nicht als von ihm getrennte Personen. Es ist, als seien seine Vorfahren nur dazu da gewesen, ihn zur Welt zu bringen: So wie seine Kinder seine Verlängerungen sind, sind die Ahnen nur seine Vorgänger. Aus diesem Grund macht das Älterwerden für einen narzisstischen Menschen keinen Sinn. Er lebt in einem gewissen Chaos. Es gibt keinen Generationsunterschied, keinen Geschlechtsunterschied und also auch keine Inzestschranke.

Der Mythos des Narziss

Mythologische Erzählungen beleuchten, wie schwer es für Menschen ist, für die die Spuren der vorangegangenen Generationen verwischt wurden, ihre eigene Identität zu finden; sie können sich nämlich von letzteren weder differenzieren noch mit ihnen identifizieren. Der Mythos des Narziss ist als Illustration des Leidens an der Unfähigkeit zu lieben bekannt. Ich möchte hier aber einen weniger bekannten Aspekt dieses Mythos herausarbeiten, in dem sich Narziss durch das Altern seiner Integrität bedroht fühlt.

Narziss erträgt das Bild seines Alterns nicht

Ovid präsentiert uns Narziss in den *Metamorphosen* als einen so schönen jungen Mann, dass er alle, die sich ihm nähern, in seinen Bann zieht. Er hat kein Alter: »Seinem Aussehen nach konnte er ein Kind sein, aber auch ein junger Mann« (1966, S. 98); seine Jugend verging nicht. Solange Narziss sich ausschließlich im Spiegel des klaren Wassers betrachtet, das noch nie durch irgendetwas getrübt wurde, sieht er darin das Bild seiner selbst in der Schönheit seiner Jugend, das er sich so vorstellt, als sei es Veränderungen aufgrund vergehender Zeit entzogen. Er ist von dieser Person angezogen, die er für eine andere hält, in Wirklichkeit aber die Widerspiegelung seiner selbst ist. In seinem Schmerz, nicht zu ihr hingelangen zu können, weint er. In Ovids Erzählung sind es die Tränen des Narziss, in anderen Versionen der Wind, die die Wasseroberfläche kräuseln, sodass Narziss sieht, wie sein Gesicht *Falten bekommt und ihm entschwindet.* Da er es nicht ertragen kann, dass die Zeit sein Gesicht verwelken lassen könnte, stirbt er und verwandelt sich in eine Blume, die jedes Jahr wieder neu zur Welt kommt.

Narziss hatte keinen Grossvater

Wir haben gerade gesehen, dass Narziss es nicht ertragen konnte, älter zu werden, weil er die Schönheit seiner zeitlosen Jugend idealisierte. Andere Versionen des Mythos lassen aber auch andere Gründe erahnen, zeigen sie doch, dass es in der Familie des Narziss keinen Generationenunterschied gab und Narziss die Frucht einer inzestuösen Beziehung zwischen dem Flussgott Kephisos und seiner Tochter war, der Nymphe Leiriope (U./R. Orlowsky, 1991, S. 24). Narziss hatte kein Beispiel vor Augen, an dem er hätte sehen können, wie man altert. Sein Vater Kephisos war in dieser Hinsicht kein gutes Vorbild, er war unsterblich. Darüber hinaus hatte er *Narziss aber einen Großvater vorenthalten*, weil er ihn mit seiner eigenen Tochter gezeugt hatte. Das Fehlen eines Generationenunterschieds öffnete inzestuösen Beziehungen Tür und Tor und machte die Durcharbeitung des Ödipuskomplexes unmöglich.

Narziss ist nicht die einzige mythologische Figur, die die Verankerung in ihrer Vorgeschichte verloren hat. In gleicher Weise wie Narziss konnten sich die Kinder des Ödipus nicht in die Generationenfolge einfügen, weil *sie keine Großmutter hatten.*

Martin Teising zeigt unter einem anderen Blickwinkel, wie eine fehlende Differenzierung zwischen den Generationen das Altern erschweren kann. Bei einem Mann, der in seiner frühen Kindheit auf die narzisstische Identifizierung mit seiner Mutter nicht verzichten konnte, kommt es ihm zufolge zu einer »spezifisch maskulinen narzisstischen Verletzlichkeit, die insbesondere beim alternden Mann kritische Ausmaße annehmen kann« (2007, S. 1342f.).

Spieglein, wie alt bin ich?

Es gibt viele, die wie Narziss die unerbittliche Spiegelprobe durchlaufen haben: Wir haben in ihm unser Alter *gesehen.* Wir altern nämlich so langsam, dass wir in uns selbst die Veränderung nicht oder kaum wahrnehmen. Wir wussten wohl, dass wir nicht mehr auf einen Viertausender klettern oder auch keine Nacht mehr durchfeiern würden, aber von solchen Extremsituationen abgesehen hatten wir den Eindruck, doch noch recht jung zu wirken. Und dann kommt eines Morgens beim Rasieren oder Schminken der Schock: Wir sind älter geworden, wir *sehen* im Spiegel die Falten in unserem Gesicht. Je nach unserem Temperament – und selbst wenn wir uns nicht in eine Narzisse verwandeln – ist diese Tatsche mehr oder weniger schwer zu ertragen.

Für die Großeltern verläuft diese Spiegelprobe etwas anders, wenn sie eine enge Beziehung zu ihren Enkeln aufgebaut haben. Ihr Spiegel ist kein unbewegliches und kaltes Objekt; er ist auch nicht, wie dies für Narziss der Fall war, das ungetrübte Gewässer, das nie auch nur mit dem kleinsten Eindringling in Kontakt gekommen wäre. Der Blick ihrer Enkel kann vielmehr zu einem lebendigen Spiegel werden. So musste sich eine Großmutter, die sich eigentlich immer noch sehr jung fühlte, eines Tages von ihrer Enkelin sagen lassen: »Aber ja, Großmutter, man sieht genau, dass du alt bist, du hast ja lauter kleine Falten im Gesicht!« Für diese Großmutter waren die Augen ihrer Enkelin ein Spiegel, der s ihr ermöglichte, ihr eigenes, im Werden begriffenes Bild zu sehen. Diese Kinderaugen spielten für sie die gleiche Rolle wie für ein Neugeborenes die Augen seiner Mutter und seines Vaters, denn es entdeckt sich selbst, wenn es sich in deren Blick wahrnimmt. Solche lebendigen Spiegel ermöglichen, nicht bei der scheinbaren Objektivität des Bildes stehen zu bleiben, sondern ein bewegliches Bild zu erzeugen, das durch all die Affekte und Fantasien koloriert wird, die aus den Augen der Person sprechen, die einen liebevoll betrachten. Auf diese Weise lernt das Kind zu lächeln. Die Mimik des Neugeborenen, die dem Außenstehenden als Grimasse erscheint, bringt den Blick der Eltern zum Leuchten, weil sie darin ein Lächeln sehen, das ihnen gilt. Das Kind hat das Verlangen, diese Flamme in den Augen seiner Eltern immer wieder zu entzünden, und wiederholt seine Mimik, die nun dank der Bedeutung, die Eltern ihr geben, ein Lächeln wird. Ob die Gesichtszüge des geliebten Gesichts ein Versprechen für die Zukunft tragen oder im Gegenteil die Falten der Vergangenheit, sie spiegeln in jedem Falle das Geheimnis eines Menschen und all dessen wider, was es an Unergründlichem in ihm gibt.

Es reicht nicht aus, alt zu sein, um sich als Großeltern zu entdecken

Bestimmte Vorurteile erschweren den Zugang zur Großelternrolle. Danon-Boileau prangert in diesem Zusammenhang beispielsweise die populäre Vorstellung an, derzufolge Großeltern Menschen seien, die Enkel verwöhnen »vor dem Hintergrund mehr oder weniger schamloser und demagogischer Nachsichtigkeit, in einer alles auf die leichte Schulter nehmenden Atmosphäre, die offensichtlich mit dem Nimbus des Charmes der Kindheit versehen ist« (2000, S. 192). Derartige Großeltern, die sich angeblich von den Kindern lieben lassen wollen, ohne an deren persönliche Entfaltung zu denken, könnten eine solche Haltung zweifellos nicht lange durchhalten. Der scheinbar idyllische Charakter dieses Bildes kann, auch wenn er vollkommen illusorisch ist, bei den Eltern dieser Kinder aber doch Besorgnis und Eifersucht hervorrufen, was die Beziehungen zu ihren eigenen Eltern alles andere als erleichtert.

Im Übrigen könnte allein schon die Bezeichnung *Großeltern* einer naiven Idealisierung ihrer Rolle Vorschub leisten, wenn sie vor einem Hintergrund kindlicher Bilderwelten gehört wird. Eine *Groß*mutter ist eigentlich nicht besonders *groß* und ein *Groß*vater auch nicht *größer* als der Vater. Die Rollen von Eltern und Großeltern sind nicht untereinander austauschbar, sie sind grundverschieden: Der gleiche Mann kann seinen Kindern gegenüber Vater, seinen Enkeln gegenüber aber Großvater sein. Karl Abraham (1913) hat die Allmachtfantasien herausgearbeitet, die sich in dieser Terminologie widerspiegeln können, und zeigt, dass die Rolle der Großeltern manchmal so aufgefasst wird, als seien die Großeltern *Supereltern*. Er schildert insbesondere das Beispiel eines Jungen, der seine Großeltern dazu benutzte, die Aggression gegen seine Eltern zum Ausdruck zu bringen. Dieser Junge spielte nicht nur eine Autorität gegen die andere aus, sondern verschaffte sich dadurch, dass er *seinen entthronten Großvater* und *seinen noch regierenden jungen Vater* einander gegenüberstellte, insgeheim den Trost, dass auch der Vater nicht ewig regieren, sondern eines Tages entthront werden würde. Dieses Kind fühlte sich hinsichtlich des Beherrschtwerdens durch eine höhere Instanz nicht allein: Über dem Vater gab es den »Groß«-Vater.

Abraham zeigt auch, dass die Großeltern als Stellvertreter ausgewählt werden können, um das direkte Austragen von Konflikten zu vermeiden. Seiner Auffassung nach ist es für manche Kinder weniger gefährlich, sich vorzustellen »von nun an heirate ich Großmutter« als »ich werde Mutter heiraten«, oder auch leichter, die Großmutter mit Schimpfworten zu titulieren als die Mutter.

Die generationenübergreifenden Beziehungen haben sich weiterentwickelt

Aufgrund der Verlängerung der Lebenserwartung und des späteren Sichtbarwerdens des Alterns haben sich die *Eltern-Kind-Enkel-*Beziehungen heutzutage verändert. Wir können heute häufiger als früher Eltern *erwachsener* Kinder sein, die selbst Eltern oder sogar Großeltern geworden sind. Ich bin einer 95-jährigen Mutter und ihrer 75-jährigen Tochter begegnet, die sich in einer Spezialeinrichtung für alte Menschen ein Zimmer teilten. Umgekehrt können wir länger als früher eine volle soziale, sexuelle und berufliche Aktivität beibehalten, obwohl wir alt sind, und sowohl Kinder wie auch erwachsene Enkel haben. Neue Beziehungsformen *zwischen Großeltern, Eltern und Kindern* haben sich entwickelt, deren wir uns nicht immer deutlich bewusst sind.

Diesen Veränderungen zum Trotz enthält unsere Sprache nach wie vor Ausdrücke, die Lebensbedingungen entsprechen, die nicht mehr aktuell sind, aber unsere Beziehungen zu Personen einer anderen Generation dennoch weiterhin beeinflussen. Sprechen wir beispielsweise von *Beziehungen zwischen Eltern und Kindern* oder *zwischen Großeltern und Kindern*, halten manche Menschen implizit an der Vorstellung fest, es handle sich um *minderjährige* Kinder. Und es stimmt ja auch, dass das Wort »Kind« zwei Bedeutungen hat, die nicht vollständig miteinander vereinbar sind: Es bezeichnet eine Person, *die noch nicht erwachsen ist*, aber es bezeichnet auch einen Sohn oder eine Tochter *jeglichen Alters* – es kann sich bei ihnen also sehr wohl um *Erwachsene* handeln. Früher war die Unvereinbarkeit dieser beiden Definitionen nicht so frappierend, weil die Lebenserwartung kurz und die Kinder in einer Familie, in der die Eltern noch am Leben waren, mit hoher Wahrscheinlichkeit noch minderjährig waren.

Die Mehrdeutigkeit des Wortes »Kind« hat Einfluss auf die Beziehungen zwischen den Generationen, und dies in zweierlei Hinsicht: Junge Erwachsene können sich *infantilisiert* fühlen, wenn die Älteren sie nicht danach fragen, ob sie die Elternverantwortung teilen wollen, aber umgekehrt haben manche Ältere, wenn sie ihre Elternrolle wahrnehmen, Angst, die jungen Erwachsenen zu infantilisieren. Diese Befürchtung kann – vielleicht noch unter dem Einfluss des Mai 1968 – letztlich zu dem Wunsch führen, die Generationsunterschiede abzuschaffen: »Da wir unter Erwachsenen sind, befinden wir uns alle auf gleicher Ebene, wir sind alle Freunde.« Verhalten sie sich nun aber so, bringen die Älteren ihre Kinder um ihre Eltern und um die Großeltern. In der Tat können Großeltern, Eltern und Kinder *alle Erwachsene* sein, aber *nicht Erwachsene gleicher Bedeutung*: Zwischen den Erzeugern und ihren Kindern besteht ein Generationenunterschied. Das soll nicht heißen, dass die einen stärker sind als die anderen. Es geht nicht darum, Kompetenzen zu vergleichen; wir bewegen uns vielmehr in unterschiedlichen Registern. Im Alltagsleben versteht sich dies allerdings nicht immer von selbst.

Beziehungsprobleme zwischen den Generationen konnten beispielsweise in der Schweizerischen Gesellschaft für Psychoanalyse zu bestimmten Zeiten beobachtet werden. Auf der einen Seite formulierten die *Älteren* ihre Befürchtungen, die Analytiker in Ausbildung zu *infantilisieren*, wenn sie sich selbst als Angehörige der Eltern- oder Großelterngeneration darstellten. Sie fürchteten, die Analytiker in Ausbildung könnten sich dadurch als *minderjährige* Kinder behandelt fühlen. Sie kritisierten andere *Ältere*, die aber mit Hinweis auf ihre Erfahrungen mit *erwachsenen* Kindern nur einfach *als Eltern* sprechen und ihr elterliches Verantwortungsgefühl gegenüber den jungen Kollegen sowie ihr Interesse an ihnen ausdrücken wollten.

Im Gegenzug formulierten Analytiker in Ausbildung sowie Mitglieder am Beginn ihres beruflichen Werdegangs dann und wann ihr Gefühl, durch die älteren Kollegen *infantilisiert* zu werden, die sie nicht aufforderten, in bestimmte Kommissionen zu gehen, die mit großer Verantwortung verbunden sind. Sie sahen beispielsweise nicht ein, warum sie nicht auch in der Ethikkommission mitarbeiten sollten. Sie argumentierten, sie seien ebenfalls Erwachsene und ihre ethische Bestimmtheit und die Klarheit ihres Urteilsvermögens habe den gleichen Wert wie die der Älteren – was richtig ist. Sie waren sich aber nicht darüber im Klaren, dass das nicht ausreicht. Es war außerdem noch lange Erfahrung im Umgang mit Verantwortung erforderlich sowie eine

Handlungsfreiheit, die erst in einem bestimmten Alter erworben wird. Aufgrund fehlender Erfahrung konnten sie sich beispielsweise nicht vorstellen, in welche moralischen und praktischen Schwierigkeiten sie geraten könnten, wenn sie ethische Prozeduren eventuell in Bezug auf Kollegen mitzutragen hätten, die ihre Lehrer waren und von denen ihr Ausbildungsgang vielleicht nach wie vor abhing.

Der Großelternstatus verdrängt den Elternstatus nicht, sondern kommt zu ihm hinzu

Die Geburt eines ersten Enkels bringt die Rollenverteilung innerhalb der Familie durcheinander: Die erwachsenen Kinder werden Eltern, die Eltern werden Großeltern. Jeder könnte glauben, er verlöre mit der neuen Rolle seine alte. Nach einer gewissen Anpassungszeit wird aber klar, dass die neuen Rollen zu den früheren hinzukommen, ohne sie abzuschaffen. Auf die vielfältigen Arten und Weisen, in denen dies ins Bewusstsein dringt, möchte ich hier nicht näher eingehen, so unterschiedlich sind sie, findet doch jeder seinen eigenen Weg und seine persönliche Art, diese Konflikte zu lösen. Ich möchte aber Aspekte hervorheben, die mir im Lauf der Analysen mit meinen Patienten besonders aufgefallen sind: bei bestimmten Analysanden eine Tendenz zur Regression auf eine Verschmelzungsbeziehung mit der Mutter, bei anderen Patienten ein neuerliches Aufwallen der ödipalen Rivalität.

Wenn meine Mutter Großmutter wird, werde ich sie verlieren: Sie ist dann nicht mehr meine Mutter

Oft konnte ich beobachten, dass eine Frau nach der Geburt ihres ersten Kindes sowohl den Wunsch wie die Befürchtung haben kann, in eine ambivalente Verschmelzungsbeziehung mit ihrer Mutter zurückzukehren. In einer Bewegung von Regression möchte sie in eine Verschmelzung mit der *prägenitalen* Mutter zurück, spürt aber, dass dies den Verlust einer höher entwickelten und freieren Beziehung zu ihrer *genitalen* Mutter nach sich ziehen würde. Die Verschmelzungsbeziehung vollzöge sich dann auf Kosten der triangulären Beziehung, in der Vater, Mutter und Kind in einem dynamischen Austausch von Liebe stehen, der sich fortlaufend weiterentwickelt.

Diese Mischung aus Wunsch und Angst findet in der Psychoanalyse in der Übertragungsbeziehung zum Analytiker ihren Ausdruck. Manche Analysandinnen meinen beispielsweise, die Analyse werde mit der Entbindung des ersten Kindes unterbrochen oder sogar definitiv beendet: Sie werden ihren Analytiker oder ihrer Analytikerin verlieren. Diese Überzeugung rechtfertigen sie oft mit rationalen Argumenten, die ihnen zwingend erscheinen: Wenn sie erst einmal Mütter wären, hätten sie zu viel Arbeit, müssten sich ganz ihrem Kind widmen oder Ähnliches. Mit großer Erleichterung wird ihnen dann bewusst, dass sie auch als Mütter die Tochter ihrer eigenen Mutter bleiben, denn neben dem unbewussten Wunsch, durch die eigene Mutterschaft symbolisch ihre Mutter verschwinden zu lassen, hatten sie auch einen tief verborgenen Wunsch, die Beziehung zu ihrer genitalen Mutter aufrechtzuerhalten und deren Tochter zu bleiben.

Gibt der Analytiker dem Druck der Patientin, die ihre Analyse mit der Geburt ihres Kindes abbrechen will, nicht nach und deutet – statt den Wunsch zu befriedigen – die über ihn ausgedrückte Fantasie, erlebt die Patientin zuweilen erst einmal eine Regung von Revolte. Wird ihr aber bewusst, dass ihre Mutter ihre Mutter bleibt, selbst wenn letztere Großmutter geworden ist, verspürt sie Erleichterung. Indem der Analytiker nämlich zeigt, dass er nicht die Absicht hat, die Analyse zu unterbrechen, zeigt er an, dass er seine Rolle als Vater oder Mutter in der Übertragung beibehalten will, auch wenn die Analysandin Mutter geworden ist. Dem Wunsch der Patientin zu widerstehen, kann hierbei die gleiche Funktion haben wie eine Deutung.

Eine andere Art und Weise, wie eine Patientin diese ambivalente Verschmelzungsbeziehung mit ihrer Mutter leben kann, besteht darin, diese Verschmelzung innerhalb einer *Zweierbeziehung* zu realisieren. Sie kann sich beispielsweise ihre Mutter ins Haus holen, um sich bei der Säuglingspflege helfen zu lassen, und dabei gleichzeitig ihren Ehemann fern halten. Sie kann sich auch, ohne dass die Mutter anwesend wäre, ausschließlich mit den mütterlichen Aspekten ihrer Mutter identifizieren und ihre Seite als Liebhaberin aufgeben; es kommt auch vor, dass die Mutter aus Angst vor einer Verschmelzung mit ihr auf Abstand gehalten wird.

Ödipale Rivalität zwischen Großeltern und Eltern: Neu zu erfindende Rollen

Die Rivalität zwischen einem Vater und seinem erwachsenen Sohn, der seinerseits Vater geworden ist, kann sich innerhalb der Familie zeigen; oft aber kommt sie auf beruflicher oder sozialer Ebene zum Ausdruck. Sind beide im gleichen Berufsfeld tätig, können Vater und erwachsener Sohn in Rivalität miteinander geraten, und weder für die Kinder noch für die Eltern ist der Gedanke einfach, der eine könne den anderen wirklich in seinen Fähigkeiten überflügeln: Die Befürchtung, der Sohn könne seinen Vater entthronen, sowie die Kastrationsdrohung und der Krieg zwischen Ödipus und seinem Vater Laios stehen dabei im Raum. Wird es Vater und Sohn gelingen, ihr jeweiliges Königreich zu entdecken und das des anderen zu respektieren?

Manchmal scheinen erwachsene Kinder diese Klippe umschiffen zu wollen, indem sie ihre Fähigkeiten in einem Bereich entfalten, von dem ihre Eltern überhaupt nichts verstehen. Dass es nicht dennoch zum Krieg kommt, wird dadurch nicht unbedingt verhindert; die Senioren können den Bereich, den sie nicht kennen, beispielsweise abwerten. Jedenfalls müssen Großeltern und Eltern neue Rollen erfinden – gleich, ob die Enkel nun *biologische* oder *symbolische* sind. Bei dieser schrittweisen Suche nach Gleichgewicht müssen alle Protagonisten ihren Platz finden. In den Fällen, in denen eine Mutter und ihr Kind eine ambivalente Verschmelzungsbeziehung eingehen, mit der sie die Männer der Familie ausschließen, können letztere beispielsweise aktiv den Platz einnehmen, der ihnen zukommt, und entdecken, wie wichtig ihre Rolle als eine Instanz ist, die Kind und Mutter trennen kann.

Drittes und viertes Alter

Innerhalb der Gruppe der Alten hat sich eine neue Staffelung ergeben. Es gibt jetzt die noch jungen Alten und die alten Alten. Es ist für die Alten nicht leicht, den eigenen Platz im Hinblick auf diese neuerliche Abstufung zu definieren und sich an ihre jeweiligen Rollen anzupassen.

Die Beziehung zwischen den *noch jungen Alten* und ihren *erwachsenen Kindern* kann zum Problem werden. Den erwachsenen Kindern ist oft nicht bewusst, dass die *jungen* Großeltern, die so aktiv erscheinen, nicht ebenso gesund sind wie sie selbst, sondern trotz allem einige mit dem Altern verbundene Probleme haben. Die Großeltern ihrerseits machen sich nicht klar, dass ihre erwachsenen Kinder nicht erraten können, wie man sich fühlt, wenn man älter ist, und man ihnen erklären muss, dass ihre Eltern nicht mehr die gleichen Kräfte haben wie früher.

Im Übrigen akzeptieren die erwachsenen Kinder manchmal nur schwerlich, dass diese *jungen Großeltern*, die sozial, beruflich und sexuell noch voll aktiv sind, nicht *mehr* Zeit zur Verfügung haben, um ihnen zu helfen. Sie würden sie gern aus dem aktiven Leben hinausdrängen. Dieser neue Status *junger Großeltern* kann gegenseitige Eifersucht wecken, die sich sogar auf die Enkel erstrecken kann. Je nach dem Protagonisten, der gerade spricht, können wir dann hören: »Wenn die Eltern da sind, existieren wir, die Großeltern, nicht mehr«, und: »Wenn die Großeltern da sind, existieren wir, die Eltern nicht mehr.« Diese Situation kann alle Beteiligte verunsichern.

Für die Älteren, die es sich zur Gewohnheit gemacht hatten, fit zu bleiben, entsteht ein neuerer, schwierig zu verwirklichender Übergang: Wie bewerkstelligen sie den Übergang von der Phase der *noch jungen Alten* zu der Phase, in der sie wirklich zu *alten Alten* werden? Ich denke, es gibt viele unterschiedliche Reaktionen – angefangen von denen, die das Altern verleugnen, bis hin zu jenen, die aus der Gesellschaft zu flüchten versuchen. Es gibt aber auch die *Weisen*, die sich bewusst sind, dass ihre Existenz eine wichtige Rolle spielen kann.

Versteifen sich *alte Alte* auf eine Form defizitären Alterns, sehen sich ihre erwachsenen Kinder, die manchmal selbst bereits alt sind, im

Übrigen gezwungen, für sie zu sorgen. Auf letztere kommt damit eine zusätzliche Belastung zu, die umso schwerer zu tragen ist, je mehr die *alten Alten* unfähig sind, diese Situation bewusst wahrzunehmen.

Die Rolle der Großeltern

Es gibt keine zwei Großeltern, die sich gleichen. Jeder Großvater und jede Großmutter erfinden ihre Art und Weise, diese Rolle zu leben; dies hängt übrigens auch von der Persönlichkeit und den Bedürfnissen ihrer Kinder und Enkel ab. Ich kann deshalb auch keine Rolle beschreiben, die großelternspezifisch wäre. Ich möchte aber zwei Beispiele geben, die die Bedeutung herausstellen, die die Präsenz der Großeltern haben kann, wie diese Rolle auch im Einzelfall improvisiert werden mag. Sie können nämlich im Falle von Konflikten oft die Rolle eines Stoßdämpfers übernehmen oder zu einer gewissen Abstandnahme verhelfen, wenn eine Situation zu stark zugespitzt ist, da sie im Allgemeinen keine direkte tägliche Verantwortung für die Enkel haben. Sie können diese Rolle entweder den Eltern gegenüber ausspielen, indem sie ihnen helfen, die Wucht eventueller Verletzungen ihres Selbstwertgefühls zu mindern, oder aber direkt gegenüber den Enkeln.

Ein Vater erzählte mir beispielsweise, wie er sich von seinem eigenen Vater hatte helfen lassen können, als er erfuhr, dass sein Sohn, der ihm bis dahin als Modellkind erschienen war, wegen einer großen Dummheit der Schule verwiesen wurde. Dieser Vater brach gleich doppelt zusammen. Er machte sich mit vollem Recht Sorgen um die Zukunft seines Sohnes. Aber er war auch in seiner Selbstachtung verletzt; er schämte sich, und diese narzisstische Verletzung hinderte ihn daran, adäquat zu reagieren. Der Großvater stand nicht in vorderster Linie, sodass die Wucht, mit der er persönlich getroffen wurde, geringer war als bei seinem Sohn. Mit seiner Haltung konnte er dem Sohn helfen, die soziale Tragweite dieser Dummheit zu relativieren und von der Verletzung seiner Selbstachtung Abstand zu gewinnen, um das Wesentliche freizulegen. Unter anderem hatte einer seiner Sätze den Sohn sehr berührt: »Was die Leute sagen werden? Das ist doch nur heiße Luft!«

Als zweites Beispiel möchte ich eine Großmutter anführen, die, ihrer Erzählung nach, durch direkte Einwirkung auf ihren Enkel eine Situation hatte entspannen können. Diese Großmutter kam zu ihrem Sohn, ihrer Schwiegertochter und deren beiden Kindern, Max, knapp vier Jahre alt, und Alice, 18 Monate alt, um gemeinsam ein Fest zu feiern. Es herrschte Freude in der Wohnung – außer für Max, der sich unter dem Wohnzimmersofa versteckt hatte und bittere Tränen weinte. Seine Eltern hatten ihn gerade ausgeschimpft, weil er seine kleine Schwester, die über seine Lego-Konstruktion marschiert war, heftig weggestoßen hatte, wodurch sie gefallen war. Die Großmutter hatte sich neben das Sofa auf den Boden gesetzt und wie zu sich selbst gesagt, sich dabei aber an Max wendend: »Manchmal ist eine kleine Schwester wirklich lästig, man kann nicht in Ruhe spielen.« Überraschend hatte Max im Weinen innegehalten und voller Überzeugung gesagt: »Ja, wirklich!« Die Großmutter hatte dann langsam hinzugefügt: »Es ist komisch: Wenn einem eine kleine Schwester auf die Nerven geht, möchte man sie wirklich total fertig machen … und doch liebt man sie gleichzeitig so sehr!« Max war ganz ruhig geworden, hatte nichts gesagt, war aber unter dem Sofa hervorgekrochen und hatte sich dem Fest angeschlossen. Er hatte zweifellos gerade gespürt, dass er gleichzeitig gegensätzliche Gefühle hatte haben können. Die Tatsache, dass dies durch eine erwachsene Person in Worte gefasst worden war, hatte ihm wohl erlaubt, den Gegensatz in sich selbst akzeptieren zu können. Die Eltern hatten ihre Rolle als Eltern gespielt, sie hatten geschimpft. Die Großmutter hatte ihre Rolle wahrgenommen; sie hatte es ermöglicht, dass sich in der Innenwelt ihres Enkels ein Freiheitsraum öffnete, damit die aggressiven Gefühle nicht alles überschwemmten, sondern noch Platz für die anderen Gefühle lassen konnten.

Die Improvisation geht unablässig weiter

Jeder hat seine eigene Rolle zu improvisieren. Die Improvisation ist nie perfekt, Großeltern sind ständig dabei, die Beziehungen zu ihren Enkeln neu auszutarieren, um weder zu nah nach zu fern zu sein. Die

Kinder tun das Gleiche. Das ist nicht weiter dramatisch, vorausgesetzt jeder sucht weiterhin den Abstand, der an die sich ständig weiterentwickelnde Situation besser angepasst ist.

Die Beziehung zwischen Großeltern und Enkeln ist nicht symmetrisch. Die gefühlsmäßige Besetzung ist unterschiedlich: Für ein Kind gehören seine Großeltern zur natürlichen Umgebung, selbst wenn es ihnen sehr zugetan ist, während sich die Großeltern im allgemeinen des außerordentlichen Charakters der Existenz jedes Enkels sehr bewusst sind. Für ein Kind gehört der Tod einer Großmutter oder eines Großvaters im Übrigen zum Lauf der Dinge, selbst wenn es schmerzlich ist. Der Tod eines Enkels scheint dagegen unter allen Umständen unannehmbar zu sein.

Die *Jungen* entwickelten sich auf jeden Fall viel schneller als die *Alten*, und ihre Kommunikationsformen spiegeln diese Unterschiede wieder: Der Jugendliche, der seinen Großeltern von Zeit zu Zeit zwischen einem Fußballspiel und einer Mathematikprüfung einen Blitzbesuch abstattet, liebt sie nicht weniger als zu der Zeit, als er mit ihnen seine Nachmittage damit verbracht, dass man mit *Spielzeugautos* oder der *Puppenstube* spielte. Die affektive Verbindung geht unter der Oberfläche weiter, und ein Jugendlicher kann nach langer Abwesenheit wieder bei seinen Großeltern auftauchen, wenn er in eine schwierige Phase kommt; er wird dies umso lieber tun, wenn er auf eine Zuneigung vertrauen kann, die er als bedingungslos empfindet. Es ist in der Tat sehr wichtig, dass die Großeltern drauf vertrauen, dass ihre Enkel sie lieben, selbst wenn die Liebe an der Oberfläche nicht sichtbar ist: Sie ertragen es dann viel besser, dass die äußeren Manifestationen dieser Liebe zeitweise verschwinden und sich permanent verändern. In diesem Punkt kann ihre Liebe zu den Enkeln bedingungslos werden.

Kapitel 14
Der blaue Ton und die Entdeckung der Liebe

Zu Beginn meines Buches hatte ich erwähnt, dass sich alte Menschen, die sich auf der letzten Zielgeraden ihres Lebens befinden, existenzielle Fragen stellen oder wieder stellen: »Welchen Sinn hat mein Leben? Kann Altern eine Bedeutung annehmen?« Nun, am Ende dieses Buches, klingen diese Fragen in uns vielleicht etwas anders, nachdem im Lauf der verschiedenen Kapitel neue Perspektiven hinzukommen sind, aus denen wir die Alternsarbeit betrachten können.

Wir konnten feststellen, wie schwer es ist, zu akzeptieren, älter zu werden, und zwar wegen all der Verluste, mit denen wir konfrontiert werden. Diese Verluste sind ganz unterschiedlicher Natur, schließlich können wir ja sogar den Kopf verlieren! Und doch schlagen manche alte Menschen einen Weg ein, der über das physische oder psychische Leiden hinausgeht. Sie bewahren auf psychischer Ebene, was sie in der Realität verloren haben, und mit fortschreitender altersbedingter Ernüchterung scheint sich für sie eine Entdeckung herauszuschälen: wie wichtig es ist zu lieben. Diese Bewegung ist nicht spezifisch für das Alter, sie kann unterschwellig das ganze Leben begleiten, aber oft werden wir uns dessen erst bewusst, wenn unser Lebensende näher rückt. Aktiv zu altern heißt vielleicht auch, zu lernen, besser zu lieben.

Die Angst, zu lieben

Vom Lieben zu sprechen ist genauso schwierig wie etwas über das Altern zu sagen. Beide Themen machen Angst. Wenn wir die Flucht ergreifen wollen, wenn wir vom *Lieben* sprechen hören, dann vielleicht deshalb, weil wir tief in unserem Inneren so sehr wünschen, geliebt zu werden und zu lieben, dass wir dieses Gefühl idealisieren. Wie wir am Beispiel des Narziss-Mythos gesehen haben, wären wir recht naiv, wenn wir glauben würden, dass nur ein von keinem Konflikt getrübtes stilles Wasser das Bild einer perfekten Liebe widerspiegeln könnte. Diese illusionäre Sichtweise wäre nur eine Verleugnung dessen, was uns ängstigt.

Das Erlernen der Liebe, wie sie in der Alternsarbeit in Erscheinung tritt, hat nichts Naives und Leichtes. Manchmal ist die ganze Lebenszeit erforderlich, um sie zu entdecken, denn es geht hierbei nicht darum, Konflikte zu vermeiden, sondern sie zu integrieren. Viel Zeit ist erforderlich, um zu lernen, unseren gegensätzlichen Kräften Rechnung zu tragen und sie in uns zu versöhnen, ohne eine der beiden auszuschalten: Aggression und Zärtlichkeit, Heftigkeit und Weichheit, Eisiges und Brennendes, Schweigen und Reden und viele andere Gegensätze. Dies umso mehr, als die geliebten Personen voller Qualitäten sind, die uns erfreuen, aber auch voller Fehler, die uns verstören; als Momente des Wiedersehens wunderbar sind, Trennungen dagegen herzzerreißend; als Erfolge uns begeistern, Leid dagegen niederschmettert.

Wie lassen sich die Regungen von *Liebe* und *Hass* der gleichen Personen gegenüber vereinen, damit *Liebe* entstehen kann? Die Schwierigkeit, diese Ambivalenz zu integrieren, wird augenfällig, wenn wir sehen, dass das gleiche Wort »Liebe« im vorangegangenen Satz zwei unterschiedliche Bedeutungen hat. Eine Person in ihrer Gesamtheit zu *lieben* impliziert, von den Anteilen eben dieser Person die einen *lieben* und andere *hassen* zu können, aber die Gesamtperson weiterhin zu lieben, auch wenn wir manche Züge ihrer Persönlichkeit *hassen*. Eine *Person insgesamt zu lieben*, von der man weiß, dass sie nicht perfekt ist, ist etwas anderes, als Teilaspekte eben dieser Person zu lieben: Im ersten Fall steht der Liebe die Indifferenz gegenüber, im zweiten Fall der Hass.

Ein ganzes Leben, um Lieben zu lernen

Liebe lässt sich nicht anfassen und ist nicht direkt sichtbar. Wir sehen die Gesten und Zeichen, über die sie zum Ausdruck kommt. Wir brauchen ein ganzes Leben, um Tag für Tag zu lernen, Frustrationen und Aggressionen mit Zärtlichkeit und Sinnlichkeit auf dem Weg über die kleinen Dinge des Alltags miteinander zu verbinden, um Liebe entstehen zu lassen. Manche lernen es schnell, andere brauchen dazu viel Zeit.

Wie lässt sich das Empfinden und Fühlen von Liebe beschreiben? Wie davon sprechen? Dies umso mehr, als wir sie mit zunehmendem Alter in immer neue Nuancen entdecken. Dies ist auch der Grund dafür, dass der Begriff der Liebe so viel verschiedene Empfindungen und Bedeutungen umfasst.

Es gibt sogar Formen der Liebe, die so destruktiv sind, dass sie die geliebten Menschen terrorisieren, verschlingen oder einsperren. Die Liebe mancher Personen kann uns in die Flucht schlagen: Auf keinen Fall möchte man sich von ihnen lieben lassen! Warum sollten wir uns auch von jemanden lieben lassen, der unter dem Vorwand, uns zu lieben, unsere Kräfte und unsere Zeit verschlingen oder uns aus Angst, uns verlieren zu können, an die Kette legen will?

Und doch gab es eine Zeit, in der ich akzeptiert habe, dass meine Zeit und mein Raum durch ein Neugeborenes *verschlungen* wurde, das mich vollständig mit Beschlag belegte: Diese verschlingende Liebe entsprach seinem Alter. Seine orale Gier mit ihrer Art, mich *aufzusaugen*, oder seine anale Kontrolle samt seiner Art, mich *gefangen zu nehmen* oder *auszustoßen*, waren unterschiedliche Ausdrucksformen von Liebe, die Phasen seiner Entwicklung entsprachen. Mit zunehmendem Alter erwartete ich von ihm dann auch eine andere Form der Liebe. Die Liebe entwickelt sich unablässig weiter; sie nimmt, kaum dass wir sie zu empfinden glauben, bereits eine neue Gestalt an und stürbe sicherlich, wenn wir glaubten, sie nun endlich zu besitzen.

Der blaue Ton

Liebe ist ein Gefühl, das ebenso schwer zu beschreiben wie zu leben ist. Sie erinnert mich an den von Chopin und Delacroix gesuchten *blauen Ton*. George Sand hat versucht, uns diesen mysteriösen blauen Ton zu Gehör zu bringen, indem sie uns von einer Unterhaltung berichtet, die ihr Sohn Maurice, ein Schüler von Delacroix, im Beisein von Chopin mit dem Maler führte.

Für Delacroix gibt es keine isolierte Farbe; sie ist immer von anderen Farben umgeben, die ihre Tönung nuancieren. Deshalb zog Delacroix auch nie eine Linie, um die Umrisse von Personen oder Objekten einzugrenzen; er zog es vor, die Farben gegeneinander spielen zu lassen: »Die (optische oder chemische) Reaktion einer Farbe mit der benachbarten Farbe – und nicht das Kroki der Zeichnung – trägt dazu bei, den Umriss des Objekts zur Geltung zu bringen« (zitiert nach Eigeldinger 2000, S. 172).

Was Delacroix Maurice erklärte und uns von George Sand berichtet wird, ist folgendes:

> »Sieh mal! Gib mir dieses blaue Kissen und den roten Teppich. Legen wir sie nebeneinander. Du siehst, dass sich die beiden Farbtöne an der Stelle, an der sie sich berühren, gegenseitig etwas nehmen. Das Rot wird blau getönt, das Blau mit Rot überzogen, und in der Mitte ergibt sich ein Violettton. Du kannst die intensivsten Farbtöne in einem Bild unterbringen; gib ihnen einen Schimmer, der sie verbindet, und es wird nie grell aussehen. Ist die Natur in ihren Farbtönen denn gemäßigt? Ist sie nicht übervoll an wilden Gegensätzen, die aber die Harmonie in keinster Weise zerstören? Über die Spiegelungen der Farben verknüpft sich alles« (1873, S. 99).

Chopin sitzt am Klavier, hört Delacroix zu und improvisiert, er kostet die Noten aus, spielt jeweils eine neben verschiedenen anderen. Chopin kommentiert:

> »›Ich suche die Farbe, finde aber nicht mal die Zeichnung.‹
>
> ›Sie werden das eine ohne das andere nicht finden‹, entgegnet Delacroix, ›und Sie werden alle beide finden.‹
>
> ›Wenn ich aber nur Mondschein finde?‹
>
> ›Dann haben Sie den Widerschein eines Widerscheins gefunden‹, antwortet Maurice.«

George Sand notiert, dass Chopin dieser Gedanke gefällt; er nimmt die Improvisation wieder auf, und Sand schreibt die Eindrücke nieder, die sie beim Zuhören hat:

»Sein Entwurf ist vage, fast ungewiss. Unsere Augen füllen sich zunehmend mit zarten Farbtönen, die den Modulationen entsprechen, die vom Gehör erfasst werden. Und dann erklingt der blaue Ton und wir stehen im Blau der durchsichtigen Nacht… Ein sublimer Gesang erhebt sich« (ebd., S. 103).

Dieser Schimmer, der beim Aufeinandertreffen von zwei Farben oder Tönen entstehen kann, dieser *Abglanz*, der von den beiden Elementen ausgeht und sie in der Schaffung einer Harmonie vereint, kann auch zwischen zwei Menschen entstehen. Dies entspricht dem, was Delacroix in sein Tagebuch schreibt: »Es entsteht eine Verbindung zwischen den Objekten, eine Art Verbindung, die durch die sie umgebende Atmosphäre und die Widerspiegelungen aller Art erzeugt wird, und die jedes Objekt an einer Art allgemeinen Harmonie teilhaben lässt.« Es gibt Farben, die untereinander keinen Glanz erzeugen können, der sie verbindet und zur Geltung bringt; es kommt keine Harmonie auf. Ich stelle mir vor, wie Delacroix solange Kissen verschiedener Farben zusammensucht, bis er *das* Blau findet, das zusammen mit dem roten Teppich den richtigen Schimmer erzeugt, beide Gegenstände zur Geltung bringt und Harmonie erzeugt: das Spiel der Spiegelungen, das trennt und doch vereint.

Die Widerspiegelung der Widerspiegelung

Könnte das Altern dazu beitragen, jenen *Widerschein* zu erkennen, in dem sich zwei *Personen*, zwei *Gegenstände* unterscheiden und vereinen und der zwischen zwei Farben oder Tönen Harmonie entstehen lassen kann? »Die Harmonie, sagt Delacroix, besteht in der Musik nicht nur in der Bildung von Akkorden, sondern auch noch in ihren Beziehungen untereinander, ihrer logischen Abfolge, ihrer Verkettung, was ich – wenn nötig – ihre auditiven Spiegelungen nennen würde« (Sand 1873, S. 99).

Chopin ging aber noch weiter als bis zur Entdeckung der Harmonie, die durch den *Resonanzreflex* entsteht, der zwei Noten vereint; er entdeckte das, was diese Harmonie evoziert, nämlich den *Widerschein des Widerscheins*: den Mondschein und das Gefühl, das er in ihm auslöst. Wir sind auf einer anderen Ebene, es geht nicht mehr bloß um Darstellung, sondern um die Schöpfung einer Realität in Chopins Innenwelt, die er kommunizieren und teilen kann.

Ebenso scheint mir die Liebe eine *Widerspieglung der Widerspiegelung* zu sein. Sollte es nun dank der Alternsarbeit möglich sein, zu lernen, die *Widerspieglung der Widerspiegelung* zu entdecken?

Den blauen Ton genießen

Der blaue Ton! Werde ich ihn je erreichen können? Der Versuch, ihm nachzuspüren, bedeutet bereits, ihn ein wenig auszukosten.

Ich erinnere mich an ein Konzert in einer Bergkapelle[14]. Die Musiker spielten ein Schubert-Quintett. Es war sehr schön. Sie hörten aufeinander, jeder arbeitete intensiv, um der Musik durch sein Instrument Ausdruck zu verleihen, und jede Stimme trug zu den vier anderen Klangfärbungen bei, auf eine Art und Weise, dass dadurch jede Stimme verklärt wurde. Der blaue Ton war nahe. Und dann hat das zweite Cello nach einer kurzen Pause einen neuen Einsatz: Der Cellist hat die Augen geschlossen, tief in sich spürt er die Quelle der Musik, seine Finger und sein Bogen werden sie erklingen lassen, und plötzlich nimmt der Ton den ganzen Raum ein, die Zeit steht still. Für mich war dieser Augenblick ein blauer Ton, *eine Sekunde Ewigkeit*. Die Zuhörer hielten die Luft an, die Stille wurde noch intensiver. Es ist – wie die Liebe – nicht in Worte zu fassen. Es ist eine Beziehung, in der man ahnt, wie eine Harmonie sein könnte, die selbst Dissonanzen sowohl ihren Platz einräumt wie sie integriert.

Das Zusammenfallen von Ewigkeit und chronologischer Zeit

Der blaue Ton rührt sowohl an die chronologische Zeit wie an die Ewigkeit. Die Brillanz mit ihrem Aspekt von *Ewigkeit* braucht Töne,

14 In der *Chapelle des Haudères* im Kanton Wallis; Schubert-Quintett in C-Dur für zwei Celli, op. 956; aufgeführt im Juli 2007 vom Quartett Terpsychorde mit François Guye am zweiten Violoncello.

die innerhalb der *chronologischen Zeit* gespielt werden, damit sie überhaupt gehört werden können; aber jede in die chronologische Zeit eingeschriebene Note bezieht ihre Färbung aus der Beziehung zu allen anderen, und zwar auf dem Weg über das Leuchten aus dem Anteil *Ewigkeit*, der allen die Richtung weist.

Die Suche nach dem Zusammenfallen dieser beiden Zeiten macht es so schwierig, ganz nahe an den blauen Ton heranzukommen. Wir schwanken zwischen chronologischer Zeit und Ewigkeit hin und her – und laufen dabei Gefahr, die Orientierung zu verlieren. Manchmal möchten wir nur den Aspekt der Ewigkeit des blauen Tons festhalten, aber ohne uns damit abzumühen, die Tonleitern zu üben; analog dazu möchten wir lieben, aber ohne uns damit zu plagen, im Alltag die entsprechenden Zeichen zu geben. So aber gelingt uns der blaue Ton nicht. Manchmal bemühen wir uns dagegen, Tonleitern zu spielen, die aber das Leuchten der Musik nicht widerspiegeln; wir geben die Zeichen der Liebe, ohne dass sie wirklich präsent wäre. Auch so gelingt uns der blaue Ton nicht. Treffen sich beide Zeiten, können die Tonleitern trotz ihres eintönigen Charakters Sinn bekommen, weil der blaue Ton irgendwo präsent ist. Er ist also in den Tonleitern bereits in verborgener Form gegenwärtig.

Um sich entfalten zu können, braucht das *Lieben* die Einschreibung in beide Zeiten

Altern zu lernen heißt vielleicht auch, nach und nach zu entdecken, wie wir unsere Art zu *lieben* in beide Zeiten zugleich einschreiben können, in die Ewigkeit und die chronologische Zeit. Fehlt eine der beiden Einschreibungen, hinkt die Liebe und entfaltet sich schlecht. Mit der Einschreibung in die chronologische Zeit konkretisiert die Liebe Minute um Minute, Tag für Tag das, was sie in der Sekunde Ewigkeit in helles Licht taucht. Es handelt sich nicht um zwei aufeinander folgende Zeiten, als müsse man innerhalb der chronologischen Zeit erst mühselige Liebesbezeugungen an den Tag legen, um dann später zum hellen Licht der Liebe vorzudringen. Oder als müsse man, umgekehrt formuliert, sich die Erleuchtung der Entdeckung der Liebe durch eine ganze Reihe mühsamer Aufgaben erst verdienen.

Wir fühlen, dass wir uns dem blauen Ton nähern, wenn sich die Entdeckung der Liebe, die der Ewigkeit zuzurechnen ist, auch auf chronologischer Ebene entfaltet, und zwar in Form der Sorge, die wir dem geliebten Menschen entgegenbringen. Dies trifft meiner Auffassung nach auf die verschiedensten Formen von Liebesbeziehungen zu, die so zahlreich sind wie Menschen überhaupt geliebt werden. Die Überraschung, die beispielsweise von Eltern oft empfunden wird, wenn sie ihr Baby zum ersten Mal in den Armen halten, entspricht einer Sekunde Ewigkeit; aber diese Sekunde Ewigkeit muss sich, um existieren zu können, über die tägliche Sorge für das Kind in die chronologische Zeit einschreiben, das heißt über die Freude an Kindersprache oder -spielen, aber auch über die Mühe der Nächte ohne Schlaf und den Tage voller Arbeit im Haushalt. Jede Mühe dieser Art wird zur Last, wenn sie nicht von dem Sinn erleuchtet wird, in den die *andere Zeit* sie taucht, diese *Erhellung* verschwindet aber, wenn sie nicht durch die Mühen zum Ausdruck kommt, die zum Alltag gehören. Was wir *Liebe* nennen und dadurch in die Ewigkeit einschreiben, könnte manchmal auch *Geduld* genannt werden, wenn wir es innerhalb der chronologischen Zeit verbuchen.

Zu oft fallen die beiden Zeiten des Liebens – die ewige und die chronologische – nicht zusammen. Viele Verliebte meinten es in dem Moment, als sie ihrem Partner ewige Liebe geschworen haben, ehrlich. Verstohlen hatten sie wahrgenommen, was die Beleuchtung durch die *andere Zeit* sein kann, waren sich aber nicht bewusst, dass die Liebe, um existieren und sich weiterentwickeln zu können, in beide Zeiten eingeschrieben sein und in beiden gelebt werden muss. Vielleicht müssen wir unser Leben manchmal in die Dauer einschreiben, das heißt älter werden, um entdecken zu können, dass lieben zu lernen heißt, beide Zeiten in Einklang miteinander zu bringen. Das Erlernen dieser Koinzidenz ermöglicht uns vielleicht, an bestimmten Aufgaben, die uns innerhalb unserer chronologischen Zeit mühselig erscheinen können, Gefallen zu finden. So empfindet ein Lehrer manchmal Überdruss, wenn er Stunden um Stunden damit verbringt, Arbeiten zu korrigieren oder Unterricht vorzubereiten. Dies mag ihm weit von der Sekunde Ewigkeit entfernt zu sein scheinen, die er erlebt, wenn der schwierigste Schüler seiner Klasse Fortschritte macht oder wenn er spürt, dass er guten Unterricht gegeben hat, oder wenn ein Schüler ihn 20 Jahre später besucht, um ihm zu danken. Aber es gibt vielleicht auch Augenblicke, in denen der Lehrer die beiden Zeiten zusammenbringt und ihm klar wird, dass die Liebe, die er seinen Schülern in beiden Fällen entgegenbringt, die gleiche ist. Ich denke, dass er dem blauen Ton dann nahekommt.

Die Entdeckung, dass man altert

Lange Zeit habe ich mir den Menschen ausgestreckt zwischen Erde und Himmel vorgestellt, die Füße fest auf dem Boden, den Kopf aber in den Sternen. Victor Hugo hat uns beschrieben als »den Wurm, der in einen Stern verliebt ist« (1838, S. 1549). Was ich aber im Fortgang meines Lebens entdecke, bringt mich dazu, die Dinge anders zu verstehen: Der Stern ist im Inneren des Menschen; wir sind nicht unbedingt zweigeteilt zwischen Himmel und Erde, denn der Himmel kann in uns sein. Wir stehen nicht in einem Spannungsverhältnis zwischen chronologischem Zeitablauf und Ewigkeit, weil beide eins sind: Die Ewigkeit kann in uns sein. Wir müssen jeweils nur immer in jedem Augenblick das Stück Ewigkeit entdecken, das sich in jedem von uns befindet, auch wenn es manchmal sehr gut versteckt ist.

Der blaue Ton ist das ganze Buch über präsent: Marcelle hatte ihn schon sehr früh gespürt, als sie mit ihrer Großmutter *die Erbsen enthülste*, oder Claire, als sie den *halbtiefen Teller* betrachtete, als sähe sie ihn zum ersten Mal. Man muss allerdings sehr aufmerksam sein, um den blauen Ton zu hören und im Flug zu erhaschen. Man wendet sich oft zu schnell der nächsten Aufgabe zu, ohne sich jenes Zuhören oder jenen inneren Blick zuzugestehen, das oder der es ermöglichen würde, ihn zu erkennen. Zuweilen wirken die Lebensumstände wie ein Augenzwinkern, das uns an die Möglichkeit erinnert, beide Zeiten so zusammenfallen zu lassen, dass die *chronologische* Zeit mehr und mehr ins Licht der *Ewigkeit* getaucht wird. Der blaue Ton taucht nicht nur in prestigeträchtigen Bereichen auf, wir finden ihn im Alltag, und jeder kann ihn auf *seinem* Gebiet erreichen, das heißt in dem Bereich, für den er begabt ist: der Maurer, der eine Mauer mit letzten kleinen Korrekturen fertigstellt und schön findet, die Schneiderin, die gerade ein Kleid beendet und sieht, dass es so ist, wie es sein sollte, das Kind, das spürt, dass seine Zeichnung gelungen ist, der Forscher der allein in seinem Laboratorium ein Ergebnis gefunden hat.

Das Lieben ist sicher nach wie vor einer der wenigen hinreichend intimen Bereiche, um jeden von uns zu betreffen. Die Fähigkeit, zu lieben und geliebt zu werden, ist aber nicht gleichmäßig verteilt; und insbesondere sind manche so wenig geliebt worden, dass es schwer für sie ist, Liebe zu empfinden oder es sich zu gestatten, sie anzunehmen. Trotz unserer so unterschiedlichen Arten zu lieben habe ich aber doch den Eindruck, dass tief im Inneren eines jeden von uns der Wunsch existiert, zu lieben und geliebt zu werden. Um dies zu erlernen, ist aber ein ganzes Leben nötig. Altern ist vielleicht die Zeit, die wir brauchen, um von Beginn unseres Lebens an bis zu dessen Ende Tag für Tag geduldig zu entdecken, welchen Ausdruck wir der Liebe geben können, deren Existenz wir in einer Sekunde Ewigkeit intuitiv erfasst haben.

Literatur

Abraham, Karl (1913): Einige Bemerkungen über die Rolle der Großeltern in der Psychologie der Neurosen. In: Gesammelte Schriften, Band I. Frankfurt/M. 1982 (Fischer), S. 30–35.

Ansermet, François & Magistretti, Pierre (2004): À chacun son cerveau. Paris (Odile Jacob).

Balzac, Honoré de (1831): La Peau de chagrin. Paris 1950 (Garnier Frères).

Bion, Wilfred R. (1962): Lernen durch Erfahrung. Frankfurt/M. 1992 (Suhrkamp).

Bion, Wilfred R. (1967): Réflexion faite. Paris 1950 (PUF).

Bobin, Christian (1999): La présence pure. Cognac (Le Temps qu'il fait).

Bocksberger, Jean-Philippe (1989): Vieillesse et lieu de vie: un aspect du problème de la localisation des pulsions. Psychogériatrie 1(3), 25–29.

Brel, Jacques (1977): Vieillir. Bruxelles (Éd. musicales Pouchenel); auch in: Brel, Jacques (1998): L'œuvre intégrale. Paris (Robert Laffont), S. 351–352.

Cheng, François (2009): Der lange Weg des Tianyi. München (dtv).

Charazac, Pierre (2005): Comprendre la crise de la vieillesse. Paris (Dunod).

Danon-Boileau, Henri (2000): De la vieillesse à la mort. Point de vue d'un usager. Paris (Calmann-Lévy – Hachette).

Deniau, Jean-François (1990): La Désirade. Paris (Pocket).

Diatkine, René (1992): Le concept d'objet et l'analyse du transfert. Bulletin de la FEP 39, 57–69.

Eigeldinger, Jean-Jacques (2000): L'univers musical de Chopin. Paris (Fayard).

Ellonen-Jéquier, Mireille (1985): Psychanalyse d'enfant. Signification et dynamique de l'agi des parents. Psychanalyse 1985, 49–63.

Freud, Sigmund (1900a): Die Traumdeutung. GW II/III.

Freud, Sigmund (1905a): Über Psychotherapie. GW V, S. 13–26.

Freud, Sigmund (1911c): Psychoanalytische Bemerkungen über einen autobiographisch Beschriebenen Fall von Paranoia (Dementia paranoides). GW VIII, S. 239–316.

Freud, Sigmund (1912): Beiträge zur Psychologie des Liebeslebens. GW VIII, S. 78–91.

Freud, Sigmund (1914g): Erinnern, Wiederholen und Durcharbeiten. GW X, S. 126–136.

Freud, Sigmund (1915c): Triebe und Triebschicksale. GW X, S. 210–232.

Freud, Sigmund (1916–17g): Trauer und Melancholie. GW X, S. 428–446.

Freud, Sigmund (1926d): Hemmung, Symptom und Angst. GW XIV, 112–205.

Freud, Sigmund (1933a): Neue Folge der Vorlesungen zur Einführung in die Psychoanalyse. GW XV, S.1–197.

Freud, Sigmund (1940 [1938]): Abriß der Psychoanalyse. GW XVII, S. 63–138.

Gavalda, Anna (2006): Zusammen ist man weniger allein. Frankfurt/M. (Fischer).

Goethe, Johann Wolfgang von (1808): Faust. München 2006 (C.H. Beck)

Gorostiza, Carlos (1990): Aeroplanos. Buenos Aires (Ediciones De La Flor).

Grinberg, Léon (1985): Teoría de la identificación. Madrid (Tecnipublicaciones).

Guénard, Tim (2007): Boxerkind. München (Pattloch).

Etty Hillesum; Maria Csollany(1981): Das denkende Herz. Die Tagebücher von Etty Hillesum 1941–1943. Reinbek 1985 (Rowohlt).

Hugo, Victor (1838): Ruy Blas. Paris 1963 (Gallimard-NRF, »La Pléiade«).

Huston, Nancy (1999): Nord perdu. Arles (Actes Sud).

Jaques, Eliott (1965): Mort et crise du milieu de la vie. In: Anzieu, D. et al. (Hg.) (1974): Psychanalyse et génie créateur. Paris (Dunod), S. 238–263.

Junkers, Gabriele (2002): Denial of aging as an obstacle for transference and countertransference. Vortrag auf dem Kongress der Europäischen Psychoanalytischen Föderation in Prag vom 4.–7. April 2002.

Klein, Melanie (1927): Frühstadien des Ödipuskomplexes. In: Frühstadien des Ödipuskomplexes. Frühe Schriften 1928–1945. Hg. von J. Storck. Frankfurt/M. 1995 (Fischer), S. 7–21.

Klein, Melanie (1940): Die Trauer und ihre Beziehung zu manisch-depressiven Zuständen. In: Gesammelte Schriften, Band I.2. Stuttgart, Bad Cannerstadt 1996 (frommann-holzboog), S. 159–199.

Klein, Melanie (1946): Bemerkungen über einige schizoide Mechanismen. In: Gesammelte Schriften, Band III. Stuttgart 2000 (frommann-holzboog).

Klein, Melanie (1948): Zur Theorie von Angst und Schuld. In: Das Seelenleben des Kleinkindes. Stuttgart 1983 (Klett-Cotta), S. 164–186.

Klein, Melanie (1957): Neid und Dankbarkeit. In: Gesammelte Schriften, Band III. Stuttgart 2000 (frommann-holzboog).

Le Gouès, Gérard (1991): Le psychanalyste et le vieillard. Paris (PUF).

Le Gouès, Gérard (2006): Tendresse et dignité au cours du vieillissement. In: Perron, Roger (Hg.): Psychanalystes, qui êtes-vous? Paris (InterÉditions), S. 121–126.

Ludwig, Catherine (2007): Vortrag am 14. März 2007 in Genf (Uni-Dufour) während der »Semaine du cerveau« vom 12.–18. März 2007, http//:www.cerveau.ch

Ludwig, Catherine & Chicherio, Christian (2007 b): Pertes et gains dans le développement adulte: la perspective des neurosciences cognitives du vieillissement. Gérontologie et société 123, 109–134.

Mann, Thomas (1924): Der Zauberberg. Frankfurt/M. 2000 (Fischer).

Maisondieu, Jean (1995): Quand les déments auront-ils le droit de guérir? Actes du Ve Congrès des droits de l'homme âgé. Reims, 16.–18. November 1995.

Maisondieu, Jean (1996): Le bruyant silence des déments. Rééducation orthophonique 4(185), 47–60.

Maisondieu, Jean (1997): Maladie d'Alzheimer ou syndrome de la muselière? XXVIIe Congrès national de la Société médicale Balint, Grenoble.

Miller, E. (1987): The Œdipus complex and rejuvenation fantasises in the analysis of a seventy year-old woman. J. Geriatr. Psychiatry 20(1), 29–60.

Némirovsky, Irène (2009): Leidenschaft. Aus dem Franz. von Eva Moldenhauer. München (Knaus).

Nietzsche, Friedrich (1883–1885): Also sprach Zarathustra. Köln 2005 (Anaconda).
Orlowsky, Ursula & Orlowsky, Rebekka (1992): Narziß und Narzißmus im Spiegel von Literatur, bildender Kunst und Psychoanalyse. München (Fink).
Ovid (1966): Les Métamorphoses. Narcisse III, 353–388, Paris (Flammarion, »GF«).
Prévert, Jacques (1947): Gedichte und Chansons. Französisch und Deutsch. Nachdichtungen von Kurt Kusenberg. Reinbek bei Hamburg 1962 (Rowohlt).
Purves, Dale et al. (2005): Neurosciences. La production de neurones dans le cerveau. Brüssel (De Boeck), S. 605–607.
Quinodoz, Danielle (1990a): Figer le temps pour tuer le souvenir: Rev. franç. Psychanal. 54(4), 1001–1006.
Quinodoz, Danielle (1990b): L'insoutenable incertitude: le fantasme du berceau vide. Rev. franç. Psychanal. 54(6), 1567–1572.
Quinodoz, Danielle (1991): Vieillir: appauvrissement ou enrichissement? Psychothérapies 1, 27–32.
Quinodoz, Danielle (1994a): Le vertige entre angoisse et plaisir. Paris (PUF).
Quinodoz, Danielle (1994b): Le travail de vieillir. L'Information psychiatrique 4, 319–328.
Quinodoz, Danielle (1999): Psychothérapie et personnes âgées: le point de vue d'une Psychanalyste. In: Léger, J.-M.; Wertheimer, J. & Clément, J.-P. (Hg.): Psychiatrie du sujet âgé. Paris (Flammarion), S. 407–422.
Quinodoz, Danielle (2004): Worte die berühren. Tübingen (edition diskord).
Quinodoz, Danielle (2005): La crise existentielle du »milieu de la vie«: la porte étroite. Rev. franç. Psychanal. 69(4), 1071–1086.
Quinodoz, Jean-Michel (2004): Die gezähmte Einsamkeit: Trennungsangst in der Psychoanalyse. Aus dem Franz. von Monika Noll. Tübingen (edition diskord).
Rezvani, Serge (2003): L'éclipse. Arles (Actes Sud).
Ricœur, Paul (2007): Vivant jusqu'à la mort. Paris (Le Seuil).
Rufo, Marcel (2000): Œdipe toi-même! Consultations d'un pédopsychiatre. Paris (Éditions Anne Carrière).
Sand, George (1873): Impressions et souvenirs. Paris 2005 (Des Femmes).
Sandler, Anne-Marie (1978): Psychoanalysis in later life: Problems in the analysis of an aging narcissistic patient, J. Geriatr. Psychiatry 11, 5–36.
Schmitt, Éric-Emmanuel (2002): Lorsque j'étais une œuvre d'art. Paris (Albin Michel).
Segal, Hanna (1952): Une approche psychanalytique de l'esthétique. In: Délire et créativité. Paris 1987 (Des Femmes), S. 307–343.
Segal, Hanna (1957): Notes sur la formation des symboles. In: Délire et Créativité. Paris 1987 (Des Femmes), S. 93–120.
Segal, Hanna (1958): La peur de la mort: notes sur l'analyse d'un homme âgé. In: Délire et Créativité. Paris 1987 (Des Femmes), S. 289–306.
Segal, Hanna (1993 [1996]): Rêve, art et phantasme. Paris (Bayard). Dt. (1996): Traum, Phantasie und Kunst. Aus dem Engl. übers. von Ursula Goldacker. Stuttgart (Klett-Cotta).
Segal, Hanna (2002): Durch Erfahrungen nicht lernen: Hiroschima, der Golfkrieg und der 11. September. Psychoanalyse im Widerspruch 28, 7–13.
Sève-Ferrieu, Nicole (2008): Indépendance, autonomie et qualité de vie. Analyse et évaluations. In: Encycl. méd.-chir. kinesithérapie-rééducation fonctionnelle. Paris (Elsevier).
Talpin, Jean-Marc (2005): Les structures psychiques à l'épreuve du vieillissement. In: Cinq paradigmes cliniques du vieillissement. Paris (Dunod).

Teising, Martin (2007): Narcissistic mortification of ageing men. Int. J. Psycho-Anal. 88(6), 1329–1344.
Von Burg, Dominique (2007): Tribune de Genève vom 11. Juli 2007, S. 17 (Statistiken publiziert auf der Website von Ocstat: www.geneve.ch/statistique).
Wilde, Oscar (1892): Lady Windermeres Fächer. Reclam 1998 (Ditzingen).
Yalom, Irvin D. (2005): Die Schopenhauer-Kur. München (btb).